国际贸易与出口信用保险案例集

（第三辑）

中国出口信用保险公司贸易险理赔追偿部　编

中国商务出版社
CHINA COMMERCE AND TRADE PRESS

图书在版编目（CIP）数据

国际贸易与出口信用保险案例集. 第三辑／中国出口信用保险公司贸易险理赔追偿部编. —北京：中国商务出版社，2021.10（2023.1重印）

ISBN 978-7-5103-3962-2

Ⅰ.①国… Ⅱ.①中… Ⅲ.①出口信贷—信用保险—案例 Ⅳ.①F840.682

中国版本图书馆 CIP 数据核字（2021）第 218982 号

国际贸易与出口信用保险案例集（第三辑）
GUOJI MAOYI YU CHUKOU XINYONG BAOXIAN ANLIJI（DISANJI）

中国出口信用保险公司贸易险理赔追偿部　编

出版发行：	中国商务出版社
地　　址：	北京市东城区安定门外大街东后巷 28 号　　邮　　编：100710
网　　址：	http：//www.cctpress.com
电　　话：	010-64212247（总编室）　　010-64269744（事业部）
	010-64208388（发行部）　　010-64266119（零售）
邮　　箱：	bjys@cctpress.com
印　　刷：	三河市明华印务有限公司
开　　本：	787 毫米×1092 毫米　1/16
印　　张：	23.75
字　　数：	388 千字
版　　次：	2021 年 11 月第 1 版
印　　次：	2023 年 1 月第 2 次印刷
书　　号：	ISBN 978-7-5103-3962-2
定　　价：	68.00 元

版权所有　侵权必究　盗版侵权举报可发邮件至 cctp@cctpress.com
本社图书如有印装质量问题，请与本社印制部联系（电话：010-64248236）

编 委 会

顾　　问：宋曙光
主　　任：蔡希良
副 主 任：查卫民
主　　编：李志博
副 主 编：陆　粤　赵　洋
委　　员：董振华　张　雪　陈　婧　李　雪
　　　　　姜　楠　刘丹丹　殷　鹏　黎荣天
　　　　　孙　阳　陈　菁　赵一臻

序

2001年，中国为应对加入WTO可能带来的挑战，组建了中国出口信用保险公司（简称"中国信保"），专门从事政策性出口信用保险业务。到2021年12月，中国信保已走过20年的发展历程。20年来，中国信保始终以"履行政策性职能，服务高水平开放"为己任，有效服务国家战略，精准支持企业发展，确保财务可持续。中国信保积极扩大出口信用保险覆盖面，在服务共建"一带一路"、全力促进外贸发展、培育国际经济合作和竞争新优势等方面发挥了不可替代的作用。

自2018年以来，全球贸易局势风云变幻，2020年新冠肺炎疫情又席卷全球。面对错综复杂的外部环境和新冠肺炎疫情的严重冲击，中国信保作为政策性金融机构，坚决贯彻落实习近平总书记重要讲话精神和党中央、国务院决策部署，充分发挥了防风险、促融资、稳外贸、保就业的独特作用，为我国外贸逆势增长贡献了重要力量，为稳住外贸外资基本盘、深化对外经贸合作作出了积极贡献。

2021年是国家"十四五"规划开局的第一年，是进入中国特色社会主义新时代进程中具有特殊重要性的一年。为充分发挥出口信用保险作用，不断提高我国出口企业的风险防范意识和风险管理能力，中国信保贸易险理赔追偿部对近年来的一些典型案例进行了提炼和总结，整理汇编了这本《国际贸易与出口信用保险案例集（第三辑）》。本书以中国信保处理的真实案例为基础，深入分析案件成因、介绍案件处理过程、总结处理经验、反馈风控建议，凝聚了中国信保贸易险理赔追偿系统同志们的智慧经验，希望能对出口企业防范和应对国际贸易风险提供有益经验和切实参考。

中国信保将在党中央、国务院的决策部署下，全面贯彻新发展理念，努力开拓进取，积极服务构建新发展格局，促进外经贸事业高质量发展，也希望本书能助力广大出口企业在国际贸易中破浪前行，奋力谱写新时代外经贸发展的新篇章！谨以此书作为中国共产党建党一百周年及中国信保成立二十周年之献礼，祝愿我国的出口信用保险事业发展的又好又快！

中国出口信用保险公司董事长、党委书记

2021 年 7 月 1 日

国别篇

1. 出口企业突遇"双反调查" 如何积极应对
　……………………………………… 贸易险理赔追偿部　刘丹丹
　　　　　　　　　　　　　　　　　福建分公司　陈明雅／2
2. 一张奇怪的传票
　——浅谈"偏颇性清偿"之诉的处理思路 …… 河北分公司　吴　磊／6
3. 巧用UCC规则　提升风控水平 …… 福建分公司　陈明雅　周　麒／10
4. 从一宗法国案件看域外法律追讨 ……………… 浙江分公司　吴　铮／13
5. 浅析意大利破产和解制度 ……………………… 山东分公司　孙彦文／17
6. 从意大利地域文化看买方信用风险 …… 贸易险理赔追偿部　孙　凌／22
7. 印度拒收风险处置困难重重　中国信保助力企业减损脱困
　…………………………………………………… 宁波分公司　周希茜／25
8. 浅析沙特阿拉伯诉讼程序 ………… 贸易险理赔追偿部　赵　伟／29
9. 交易国风险严管理　目的港政策了于胸
　——中国信保追偿服务助力企业扬帆远航
　…………………………………………………… 河北分公司　吴　磊／34

・001・

10. 百密一疏遭套路　合规风险不容忽视……………上海分公司　张舒艺 / 40
11. 突遇暴力事件　老买方变巨额"老赖"………湖北分公司　刘　曦 / 44
12. 浅析英国破产重整制度之公司自愿安排程序
　　………………………………………………山东分公司　孙彦文 / 47
13. 东南亚工程机械行业风险高　企业严格风控是关键
　　……………………………………………贸易险理赔追偿部　孙　阳 / 52
14. 不按套路出牌的孟加拉国开证行…………山东分公司　孙彦文 / 57
15. 浅谈孟加拉国信用证风险……………………浙江分公司　胡芳芳 / 61
16. 新加坡拖欠案件追偿初探………………………山东分公司　孙彦文 / 65
17. 一宗韩国买方破产案件的启示………贸易险理赔追偿部　贾　真 / 69
18. 面壁三年图破壁
　　——安哥拉外汇管制下的追偿实务
　　……………………………………………贸易险理赔追偿部　贺力群 / 73
19. 巴西进口代理制度下的投保主体分析………山东分公司　李晓甜 / 77
20. 一宗阿根廷拒收案件的启示…………贸易险理赔追偿部　纪晓晴 / 80
21. 浅谈国际贸易中特定风险的防范与处理
　　——以也门系列案件为视角…………………河北分公司　吴　磊 / 83
22. 俄罗斯买方的"连环套"………………………贸易险承保部　隗　鹏 / 88
23. 浅析非洲市场风险………………………………江苏分公司　许丹慧 / 92

行业篇

24. 快速赔付解企业燃眉之急　中国信保助力企业渡破产浪潮
　　……………………………………………贸易险理赔追偿部　陈先宇 / 96
25. 美国家纺巨头破产引行业震荡　中国信保为出口企业保驾护航
　　……………………………………………贸易险理赔追偿部　巩潇雨 / 99
26. 撑起绝渡一叶舟
　　——新冠肺炎疫情下拒收风险化解………四川分公司　罗谦益 / 102
27. 一宗照明灯具出口案件下质保协议引发的思考
　　………………………………………………江西分公司　江海睿 / 106
28. 发挥出口信保作用　助力车企坚定远航……河南分公司　丁博雄 / 109

29. 从一宗案例看汽车行业出口风险防范 …… 安徽分公司　杨姗姗 / 112
30. 全球通信行业风险连发　中国信保助力企业扬帆国际
　　　………………………………… 贸易险理赔追偿部　冯　程 / 115
31. 快赔强追　巧妙施压　助力通信巨头化解债务风险
　　　………………………………………… 上海分公司　王晨程 / 119
32. 中国信保雪中送炭，支持企业复工复产
　　　………………………………………… 辽宁分公司　卢爱华 / 124
33. 恶意拒收
　　——漂泊流离的蛋氨酸究竟归往何处
　　　………………………………… 贸易险理赔追偿部　赵一臻 / 128
34. 欧美零售巨头突发重大风险　中国信保助力"敦刻尔克"大撤退
　　　………………………………… 贸易险理赔追偿部　黎荣天 / 132
35. 起底印度药品市场　中国信保护航中国制药
　　　………………………………… 贸易险理赔追偿部　田　伶 / 136
36. 从一宗工程机械行业拖欠案浅谈出口贸易风险
　　　………………………………… 贸易险理赔追偿部　宋霄霖 / 140
37. 从一宗拖欠案件浅析东南亚工程机械行业买方风险
　　　………………………………… 贸易险理赔追偿部　王学敏 / 144
38. 进口国采取临时措施　中国信保为企业出口保驾护航
　　　………………………………… 贸易险理赔追偿部　陈国晖 / 148
39. 步步惊心
　　——一宗小微案件回头看 ………… 山东分公司　王广霞 / 151
40. 从一宗美国买方破产案浅析咖啡豆行业出口贸易风险
　　　………………………………………… 云南分公司　侯复新 / 154
41. 中国信保助力鲜果企业乘风破浪 …… 陕西分公司　李　栋 / 157

追偿减损篇

42. 出口企业面临巨额损失　中国信保实现成功减损
　　　………………………………… 贸易险理赔追偿部　刘丹丹 / 162

43. 俄罗斯买方拖欠大额欠款　中国信保解企业燃眉之急
　　……………………………………… 贸易险理赔追偿部　孙　征 / 165
44. 开辟理赔绿色通道　极速推进线上理赔…… 湖北分公司　刘　曦 / 168
45. 不畏疫情　快速响应　解决企业燃眉之急
　　……………………………………………… 重庆分公司　王　敏 / 171
46. 积极研判　高效处理
　　——一宗汽配件拒收案的经验启示 ……… 江西分公司　冷迎娅 / 174
47. 货代无单放货　中国信保助力解危机 …… 厦门分公司　郭妙莊 / 177
48. 中国信保助力小微企业脱离贸易陷阱
　　……………………………………… 贸易险理赔追偿部　黎荣天 / 181
49. 履行政策性职能　为小微企业解燃眉之急
　　……………………………………………… 四川分公司　欧忠依 / 184
50. 又爱又恨的"老买方" ……………………… 山东分公司　范献亮 / 187
51. 疫情寒冬　老伙伴也有宕机的时候 ……… 厦门分公司　陈　韬 / 191
52. 货物处理帮助企业摆脱买方破产困境 …… 厦门分公司　陈　惟 / 194
53. 从一宗仲裁案谈减损策略 ………………… 厦门分公司　郭妙莊 / 197
54. 突遭买方破产　中国信保雪中送炭 ……… 湖北分公司　刘　曦 / 202

法律技术篇

55. 货发第三方的理赔案例及风险分析 ……… 浙江分公司　许克文 / 206
56. 买方破产无所惧　物权保留显神威 ……… 河北分公司　吴　磊 / 210
57. 谨防"合同变更"的陷阱 …… 中策律师事务所　祝琳曦　李曦冉 / 214
58. 设计合同条款　应对质量异议 ……… 中策律师事务所　李曦冉 / 218
59. 保管及仓储费用　你不知道的那些事 …… 江苏分公司　张华凯 / 222
60. 破产案件起死回生　物权条款减损立功 … 上海分公司　石　诚 / 226
61. 破产案件中的"关键供应商"问题之利弊分析
　　……………………………………………… 江苏分公司　夏　凡 / 229
62. 信用证结算并非高枕无忧　投保出口信用保险化险为夷
　　……………………………………………… 河北分公司　吴　磊 / 233

63. "进口代理"项下的买方认定 …………… 锦天城南京　姜　涛 / 236
64. "触不及"的信用证 …………………………… 广东分公司　刘嘉琼 / 239
65. 浅析免责事由
　　——不可抗力 ……………………… 中策律师事务所　袁　杰 / 243
66. "小"标识　"大"风险
　　——违反原产地标识规定致严重经济损失
　　　 ……………………………………… 华泰保险公估　夏　萍 / 247
67. 装港检验还是卸港检验？ ………………… 安徽分公司　蒋　亮 / 251

贸易纠纷篇

68. 无惧纠纷　巧用法律武器维权 …… 贸易险理赔追偿部　孙　悦 / 256
69. 浅谈与国际大客户进行出口贸易的风险防范
　　 ………………………………………… 宁波分公司　许宁颖 / 260
70. 三招帮助出口企业处理和防范"质量争议"
　　 ………………………………………… 河北分公司　孙　曼 / 264
71. 说不清的债务关系
　　——探讨确认债务主体的重要性 …… 河北分公司　孙　曼 / 267
72. 中国信保协助企业化解质量问题纠纷 …… 天津分公司　郭雅雯 / 270
73. 出口商如何在贸易纠纷中"理直气壮" …… 浙江分公司　杨圣洁 / 273
74. 一宗"贸易纠纷"案件带来的启示 ……… 新疆分公司　戴名庆 / 276

贸易欺诈篇

75. 擦亮慧眼　谨防贸易欺诈 ………… 贸易险理赔追偿部　张瑾钰 / 280
76. 国际贸易中如何防范第三方欺诈 ………… 河北分公司　孙　曼 / 283
77. 仔细核对贸易细节　谨防黑客诈骗 ……… 广东分公司　李亚飞 / 287
78. 国际贸易货款支付需警惕"网络黑手" …… 宁波分公司　许宁颖 / 289
79. 从托收信息识别买方欺诈风险 …………… 安徽分公司　杨姗姗 / 293
80. 防范第三方冒用买方名义进行交易 ……… 广东分公司　陈斯路 / 296
81. 神秘"中间人"　风险巧防范 …………… 山东分公司　李　青 / 299

82. 防不胜防的花式骗局 …………………… 福建分公司　连雨菲 / 302
83. 一宗第三方欺诈案件的风险提示 ………… 宁波分公司　张　帆 / 306
84. 第三方欺诈风险新特点及防范建议 ……… 厦门分公司　陈　惟 / 310
85. 关于乌干达买方欺诈风险的提示 ………… 江苏分公司　朱欣欣 / 314
86. "真"水单也有可能是假买方 …………… 厦门分公司　林睿娴 / 318
87. 别让黑客"偷"了你的应收货款 ………… 第三营业部　吕元乔 / 322
88. 提前识别新买方风险的几点建议 ………… 浙江分公司　毛　玮 / 325
89. 美国华人买方冒用第三方名义进行欺诈的案件启示
　　　　　　　　　　　　　　　　　　　　江西分公司　江海睿 / 328
90. 理赔追偿信息反哺　出口企业风控受益
　　——一宗希腊系列买方欺诈案的启示 …… 河北分公司　吴　磊 / 331

其他类型篇

91. 谨慎签署单据　从容应对风险 …… 贸易险理赔追偿部　徐铭婕 / 336
92. 小心买方合同陷阱！ ……………………… 厦门分公司　林睿娴 / 339
93. 信用证不保险　浅谈"不符点"风险防范
　　　　　　　　　　　　　　　　　　　　上海分公司　金　戈 / 342
94. 疫情之下企业如何应对　信用证下的"失信"风险
　　　　　　　　　　　　　　　　　　　　厦门分公司　陈　惟 / 345
95. 滞箱费和滞港费对货物贸易的影响 ………… 华泰公估　夏　萍 / 348
96. 危石险礁江中起
　　——防疫物资预付款采购的风险暗流 …… 四川分公司　罗谦益 / 352
97. 履行使命　勇于担当　积极支持医疗防疫物资进口 …… 侯复新 / 355
98. 小微企业面对买方破产案件的启示 ………… 深圳分公司　刘　森 / 358
99. 小微企业如何应对合同变更风险 …………… 广西分公司　游柳宁 / 360
100. 老买家未必真君子　控风险切忌久拖延
　　　　　　　　　　　　　　　　　　　　河北分公司　林　青 / 363

国别篇

出口企业突遇"双反调查" 如何积极应对

贸易险理赔追偿部 刘丹丹

福建分公司 陈明雅

摘要： 2020年春节到来之际，本就复杂多变的中美贸易局势再次"变脸"，美国装饰线条生产商联盟（Coalition of American Millwork Producers）于1月8日向美国商务部和美国国际贸易委员会提出申请，要求对来自中国的某些木质装饰线条产品启动反倾销及反补贴调查（以下称"双反调查"）。本次"双反调查"被调查产品包括但不限于任何木质装饰线条产品。据了解，福建省同类产品的生产企业较多，且主要集中在南平、三明、莆田等地，相关产品出口可能遭受较大影响。现结合中国信保案件实例，从勘查、减损、定损等角度进行分析，为出口企业预防、处理、解决同类案件提供参考意见及建议。

一、美国突征反倾销税，出口企业面临大额损失

2017年10月，某铝箔生产企业向美国买方A出运2票货物，货值约146.2万美元，支付方式OA90天，并向中国信保投保。

货物出口后，因美国商务部突然宣布对进口自中国的铝箔作出反倾销初裁，初始征税税率（138.16%），买方拒收本案项下货物，出口企业遂立即向中国信保通报可能损失。

二、中国信保主动作为，指导出口企业积极应对

（一）积极应诉，维护自身合法权益

收到出口企业报损通知后，中国信保立即指导企业分别委托国内和美

国相关领域专业律所进行应诉工作。2018年3月，美国商务部发布了终裁结果，律师帮助出口企业在此次反倾销仲裁中成功获得了分别税率资格，对出口货物税率大幅下调至73.66%。

（二）处理货物，最大程度减少损失

考虑到应诉工作时间较长，结果不确定性较大，货物滞港费用不断增加，在指导出口企业积极应诉的同时，中国信保同时指导企业处理货物，争取最大程度减少损失。因买方拒收意愿明确，货物为美国定制产品，无法转卖给其他国家买方，中国信保遂指导出口企业就本案项下货物退运回国并转卖第三方处理，成功获得转卖收益83.2万美元，大幅减少了企业的损失。

（三）快速赔付，弥补企业经济损失

2018年8月底，出口企业就货物处理差价向中国信保提出索赔申请。中国信保经核查后认为本案贸易真实、单证齐全，买方拒收货物属于保险责任，并快速就本案项下损失启动定损核赔程序，于2018年10月足额向出口企业支付赔款56.6万美元，距离出口企业索赔仅一个半月。

三、"双反调查"来势汹汹，中国信保风险建议

随着中国对外开放脚步加快，出口大幅增长，随之而来的贸易摩擦、贸易保护也呈上升趋势，"反倾销""反补贴"等情形多有发生。在目前中美经贸关系存在诸多不确定因素的情况下，"双反调查"无疑让原本已面临多重压力的中美贸易，又增加额外的"负担"。在此情况下，中国信保建议出口企业做好以下几方面工作，以便积极应对外贸风险。

（一）积极应对风险，通过法律途径专业应诉

中国信保经验表明，面对国外反倾销，出口企业一定要积极应对，逃避不应诉对出口企业来说并非明智之举。统计数据显示，美国一般只有27%的反倾销案被裁定倾销成立，出口企业完全有可能通过法律途径获得公平待遇。如果企业不积极应诉或者配合调查机关的调查，容易错过最佳

抗辩时机。根据商务部的应诉规定和"谁应诉、谁受益"原则，以及国外调查机关给予应诉企业的"分别裁决"，应诉企业完全可以通过应诉取得竞争优势，争取零征税或大幅降低征税，继续出口；而没有应诉的企业将可能被裁定对出口商品征收高额反倾销/反补贴税，严重影响后续出口。所以，出口企业一定要积极应诉，迅速反应，否则可能因高额反倾销/反补贴税而最终失去进口国市场。

虽然上述案例最终并未完全胜诉，但一定程度上彰显了出口企业维护自身合法权益的决心和信心。如果中国出口企业在遭遇反倾销时均能积极专业应诉，反倾销应诉的胜诉率达到一定比例，美国企业将不会愿意把金钱投入到无法获胜的官司中去。同时，部分败诉反倾销案件也显示出部分出口企业仍处在低价低质竞争阶段。为有效规避反倾销风险，出口企业可以考虑在海外建厂，并加大研发投入，打造国际品牌。

（二）密切关注货物状态，及时处理减损

一旦开始向进口商征收高额反倾销/反补贴税，买方拒收货物风险可能急剧上升。因此，中国信保建议相关出口企业（涉及木质装饰线条产品）分析目前在手订单情况，提前着手以下事项，以尽可能减少损失：

1. 密切关注"双反调查"进展，控制好与买方交易规模及出运时间（建议不超过买方信用限额），不可过于激进，同时准备好完整的基本贸易单证（合同/订单、发票、提单等），保留关键贸易节点书面证据。

2. 若在手订单尚未出运，建议出口企业与买方充分协商，在贸易合同中约定关税责任条款及仲裁或诉讼条款，以更好地保障自身权益。

3. 若货物已出运，建议出口企业及时与承运人取得联系，如果货物仍在海运途中，或处于滞港状态，出口企业可以继续控制货权，直至收到来自买方关于处理货物的保证：①如果货物的债权不存在争议，出口企业应督促买方尽快付款提货；②如果买方对在途货物提出拒收，出口企业可行使"中途停运权"，对货物进行转卖或退运减损处理；③如果货物已到港并滞港，出口企业应尽快与买方协商货物处理方案，最大程度减损。

4. 若买方已提取货物，建议出口企业及时与买方对账，督促买方付款或出具详细的还款方案。

为积极应对中美贸易摩擦，帮助出口企业最大限度控制风险和减少损

失，中国信保将积极指导出口企业应对风险，在出口企业损失发生后快速赔付弥补出口企业损失，与出口企业"并肩作战"。出口企业在遇到突发风险事件时可充分借助信用保险工具保障自身合法权益，不畏难不退缩，积极应对风险，最大程度减少损失。

一张奇怪的传票

——浅谈"偏颇性清偿"之诉的处理思路

河北分公司　吴　磊

摘要： 出口企业在国际贸易实务中，因买方破产所导致的海外应收账款损失时有发生。特别是在整个国际宏观经济形势低迷的时候，往往进口国采取紧缩的货币政策和财政政策，银行也相继收紧银根，导致国外买方经常出现资金紧张甚至资金链断裂的情况，进而发生买方破产风险。本文就以一个典型的出口企业遭遇的买方破产案件项下的"偏颇性清偿之诉"的案例，向广大出口企业介绍国外破产法律中有关"偏颇性清偿"的相关法律制度，同时也为出口企业在面对买方破产风险或遭到"偏颇性清偿之诉"时提供一些建议。

一、基本案情

河北省一家大型外贸企业 A 公司在 2014 年 2 月收到石家庄市中级人民法院代为送达的诉讼材料，系一家自己根本就不认识的 B 公司委托律师向美国纽约南区联邦破产法院递交了对自己的诉讼，相关材料有足足 10 公分厚。好端端做贸易，怎么会突然收到传票呢？而且 A 公司根本不认识向自己提起诉讼的 B 公司。A 公司经过查阅后才得知，与 A 公司合作多年的美国进口企业 C 公司，现在进入了破产程序。C 公司被破产管理人 B 公司予以接管，B 公司在审理破产案件过程中，向当地法院申请了《美国破产法》第 11 章的破产保护程序，认为 A 公司在两年前收到 C 公司支付的 12.5 万美元的款项属于"偏颇性清偿"，因而作为 C 公司破产管理人的 B 公司向纽约南区联邦破产法院提起针对 A 公司的诉讼，请求法院认定上述

12.5 万美元的款项的支付属于"偏颇性清偿",并判定 A 公司将此笔款项退回至 C 公司。A 公司当天就将全部的贸易单证及诉讼材料提交至中国信保并委托中国信保进行处理。

三年前,A 公司向 C 公司共出口了 4 批汽车零部件的货物,总计出运金额 149587.2 美元。后 A 公司收到 C 公司支付的 12.5 万美元部分货款。A 公司曾就出运项下 C 买方拖欠的剩余款项 24587.2 美元向中国信保申请了索赔,中国信保扣除了上述收汇款项后的金额定损核赔,并向 A 公司进行了赔付。如果此前已收的 12.5 万美元款项属于"偏颇性清偿"需向 C 公司退回,则 A 公司原有的出运项下的应收账款又产生了新的损失。

二、减损进展

中国信保接到 A 公司委托后立刻介入。中国信保的美国渠道在收到移交的全套案卷材料后,立刻组织专业的法律团队进行研究讨论和法律事务分析,及时明确了通过同破产管理人 B 公司协商解决纠纷进而最大限度减损的方案。在获得了 A 公司的特别授权后,中国信保的美国渠道立刻联系破产管理人 B 公司进行债务核对以及法律事务谈判。通过渠道律师的谈判主导,最终促成 A 公司和 B 公司达成了和解协议,约定 A 公司向 B 公司一次性退还款项 4.5 万美元以了结案件。本案的减损率高达 64%,较好地实现了 A 公司海外应收账款的止损减损,A 公司对谈判的结果很满意,中国信保及其美国渠道的法律素养和专业能力也得到了 A 公司较高的评价。

最终,中国信保针对 A 公司本案项下产生的追加损失 4.5 万美元进行了定损及赔付,有效帮助 A 公司分担了交易中的损失和风险。

三、案件启示

在本案项下,出口企业 A 公司被诉的原因并不是因为存在任何违约行为,而是仅仅接收了买方所支付的款项。破产管理人认为中国企业的收款行为违反了美国本国的国内法,由此引发了针对中国出口企业的诉讼。在中国信保业务处理中,中国出口企业遭到国外买方"偏颇性清偿之诉"的情况时有发生。本案作为一个典型案例,给出口企业带来了一些启示,值得中国广大的出口企业予以借鉴和思考。

(一) 了解外国相关法律制度，遇到问题从容应对

偏颇性清偿（Preferences），指债务人进入破产前，针对个别债权人的旧债进行了优先清偿。美国相关破产法律的立法原则要求申请破产的债务人应当公平分配财产，而不应当在破产之前优先对个别债权人进行清偿，因为这样会使得其他同类债权人处于不公平的地位，因而这样的清偿行为存在偏颇。所以，偏颇性清偿从本质上违背美国法律的平等和公平的立法精神。为了保护整体债权人的利益不受到"偏颇性清偿"带来的损害，《美国破产法》规定破产管理人可以依据该法第544条的规定对债务人在破产财产上的转让在满足该法第547条（b）的情况时予以撤销，美国法律赋予破产管理人的撤销权，通常称之为"强臂条款"（The strong arm clause），具有较强的强制效力。"偏颇性清偿"一旦被法院判决撤销后，相关债权人将与其他无担保债权人一样参与破产财产的分配，只不过此时该债权人所能获得的清偿通常要比原来清偿款少很多。除美国外，欧洲大多数国家的破产法律中都有涉及"偏颇性清偿"的规定。

出口企业应当对国外的相关法律制度进行了解，特别是知晓国外相关破产法律制度。如出口企业获悉买方破产信息后，收到了要求其退回已收款项的通知，不要惊慌失措，应当知道这些诉讼请求涉及的都是进口国的一些基本法律制度，在国际贸易实务中属于常见的情况，首先要做到从容应对，心中有数。

(二) 认真进行账务核查，确认诉讼涉及基本情况的真实性

出口企业在接到涉及"偏颇性清偿"要求退款的请求后，应当仔细查阅收到的通知，同时核对相关通知中所述情况的真实性。出口企业同时应该明确该通知发送的主体是破产管理人、债务人还是债权人委员会，明确通知中是否包含了要求回复的最终期限。如通知中有回复的最后期限要求，尽可能在答复时限内进行答复，或出口企业应当立即与通知发送主体进行联系，要求其给予一定的宽限期，以便有充足的时间进行交易账务的核实，积极搜集充分、有利的证据，有效地对"偏颇性清偿"进行抗辩。

（三）注重反馈和抗辩的时效性，及时快速地作出反应

如果交易的买方进入破产程序，出口企业应当牢牢树立"时效性"这一理念，有的企业在得到买方被破产管理人接管的信息后不敏感，认为买方企业还在经营，相关货款仍会得到偿还等。正是由于某些出口企业的麻木，导致错过了债权登记或债务催缴的大好时机，海外应收账款形成了损失。出口企业在得到买方涉及的破产信息后，应第一时间联系中国信保等专业机构，及时进行债权登记，最大限度地保障自己的权益。

此外，如本案项下，如果出口企业收到的是一份诉状，往往诉状中会规定非常严格的答辩期限，出口企业更是应当及时寻求中国信保的帮助，迅速地自行或通过中国信保海外渠道作出反应，提出延期答辩的请求，以便有充分时间进行抗辩准备，进而保障自己的利益。否则一旦错过答辩期限，国外法院作出了具有执行力且不利于中国企业的判决，中国企业的权益将受到很大的损害。

（四）联系专业机构开展海外追偿，最大限度减少可能的损失

一旦买方进入破产程序，海外追偿业务必然会涉及到参与债权人会议、登记债权、参与破产清算、进行财产分配、商讨破产方案甚至参与海外诉讼等情况，所有的处理都涉及到专业性很强的法律操作，同时还需要对进口国法律政策有充分的了解，出口企业此时非常有必要通过中国信保海外渠道等机构来进行专业的处理。从实务中看，其实大多数破产管理人不太愿意花费过多的时间与精力在"偏颇性清偿"的撤销问题上，所以出口企业在提供足够的证据支持其抗辩的情况下，可以与破产管理人达成和解。

正如本案中所示，出口企业A公司通过中国信保海外渠道最终成功地以原还款36%的金额同破产管理人和解，实现了较好的减损效果。从实务中看，大多数破产管理人很容易接受一定程度的和解比例，并承诺对此不再深究。所以，从时间、费用等成本与收益的角度考虑，商讨和解方案确实是解决"偏颇性清偿"之诉的一种较为理想的结果。

巧用 UCC 规则　提升风控水平

福建分公司　陈明雅　周　麒

摘要：2018 年开春，北美洲释放的却是阵阵"寒意"。第一季度尚未结束，美国的大型采购商、零售商却不断传出陷入困局的消息，有几家甚至已申请破产保护，不得不令出口企业忧心忡忡。美国市场庞大，出口利益固然诱人，但同时也蕴藏风险，因此如何保障出口收汇安全异常重要。此次我们将分享一种债权保障手段 UCC-1 filing 供出口企业参考，可在与美国买方交易时使用，进一步提升出口企业风控水平。

一、什么是 UCC-1 filing

UCC 是美国统一商法典（Uniform Commercial Code）的缩写。UCC filing 是在美国广泛使用的一种债权保障形式，指债权人通过对债权进行备案登记，以使得其对债务人的一项或多项财产享有保障权益的一种登记公示制度。而 UCC-1 filing 则是 UCC filing 项下一种可具体适用于国际贸易的债权登记公示方式。换言之，根据销售合同或订单，出口企业出运货物（任何类型的货物）后，对买方形成应收账款，在买方公司授权人同意并配合的情况下，出口企业可在买方所在地对该笔应收账款进行登记公示。一旦进行登记公示，出口企业可对所出运货物产生的应收账款向买方确权，并在一定条件下对买方的财产享有分配权益，因此可在赊销支付方式下更好地保障自身权益。

UCC-1 filing 通常由出口企业在买方所在州的州务卿办公室进行登记。一般有效期限是登记提交日期后 5 年，到期后债权人可申请延期，并在原文件基础上续签 5 年。据了解，UCC-1 filing 的费用根据不同州的规定，从 5 美元到 100 美元不等。

二、UCC-1 filing 项下出口企业享有的权利

UCC-1 filing 并不赋予债权人对债务人资产直接占有或处置的法律权利，但能在一定程度上为债权人的应收账款撑起保护伞。比如，在发生买方拖欠情况下，出口企业可强制性要求买方销售资产以偿还欠款，但需向法院提起正式诉讼才可执行上述程序。又比如，在发生买方破产的情况下，出口企业可作为担保债权人（Secured Creditors），先于其他非担保债权人（Unsecured Creditors）得到分配。

三、UCC-1 filing 的优劣分析

UCC-1 filing 最大的优势是具备登记及公示功能，使得登记的应收账款具备了公信力，对于向买方确立债权有所帮助，且登记手续便捷，成本较低。合理的利用 UCC-1 filing 进行应收账款信息备案，有助于降低交易违约可能性；通过 UCC-1 filing 还能获知债务人其他应收账款情况，有助于减少交易双方的信息不对称。在债务人进入破产清算的情况下，UCC-1 filing 还赋予已登记的债权以优先受偿的效力，登记在先的债权优先于登记在后的债权及未登记债权，可在一定程度上对登记债权形成保障。

但在优先受偿的等级方面，与物的担保相比，UCC-1 filing 还略显不足，次于物的担保。UCC-1 filing 的债权人可就债务人的全部财产获得利益，但财产的指向性并不明确，可以说是浮动性的财产。只有当债权不能实现时，债权人才能通过法律程序确定优先清偿的具体财产。但在上述司法程序之前，债权人对债务人的财产没有直接处置权。因此，若债务人资不抵债，项下已无资产可供分配，则债权仍存在不能实现的可能性。这与抵押等物的担保不同。物的担保通常指向具体的物，该物的价值是可估算、具体明确的。比如固定资产抵押，当债权无法得到清偿时，抵押权人可以向法院申请对抵押物进行拍卖，就拍卖收益进行优先受偿，而不受债务人资不抵债或破产的影响。因此，相比之下，有些债权人更愿意选择物的担保，比如抵押、质押或留置。可以说，UCC-1 filing 与物的担保在保

障债权人利益上各有利弊，债权人可以根据自身需要和买方资信、资产状况作出合适的选择。

四、如何在销售合同中约定 UCC-1 filing 条款

为了更好地保障收汇安全，出口企业可在合同中约定 UCC-1 filing 相关条款，待美国买方签署后提交州务卿办公室进行备案登记。以下是信保海外渠道律师提供的合同条款范例，仅供出口企业参考：

Sample contract clause–Grant of Security Interest. The Grantor, to secure the Obligations (as defined below), hereby grants to the Secured Party a continuing first priority security interest in and to all of the Grantors right, title and interest in and to all of the Grantors Accounts (as defined below), together with any interests therein, whether now owned or existing or hereafter acquired or arising and regardless of where located and all products, proceeds, substitutions, additions, accessions and replacements thereof (all of the same being herein referred to collectively as the Collateral). For purposes of this Agreement, the term Accounts shall mean all present and future Eligible Accounts Receivable, whether of the Grantor or of any shareholder or employee of the Grantor.

从一宗法国案件看域外法律追讨

浙江分公司　吴　铮

摘要： 国际贸易中，买卖双方发生债务纠纷在所难免。国与国时间和空间的隔阂、社会和文化的差异，使跨国贸易中债务纠纷的处理困难重重，出口企业往往也较少主动在境外通过法律手段争取自身权益。应该看到，随着全球产业链深度融合，在商事领域，跨国司法实践早已不是一个抽象的概念，而是越来越多贸易商可能会面临的选择。本文从一宗对法国买方的法律追讨案件出发，介绍法国法律环境，分析应对域外法律追讨的事前、事中、事后之策，为出口企业在境外处理债务纠纷提供参考。

一、基本案情介绍

国内出口商 A 于 2015 年向法国出口企业 B 公司出运五票拉杆箱，发票金额共计 35 万美元，双方约定支付方式为出货后 60 天付款。应付款日后 B 公司拖欠货款，国内出口商 A 向中国信保报损，并委托追讨。中国信保海外律师介入后与 B 公司取得联系，该公司人员确认欠款，承诺分期付款，并称将于 2016 年底前付清。然而在随后的沟通过程中，B 公司以各种理由拖延付款，不但未如期执行还款计划，甚至开始对律师后续的联系采取消极回避态度。

二、案件处理过程

虽然前期沟通中，B 公司未对本案债务提出任何异议，表现得较为配合，但后期 B 公司的实际行动使人难以对其产生信任。海外渠道律师调查显示，B 公司仍在正常经营，综合考虑各方面因素，为向债务人施加更大压力，迫使其尽快偿还拖欠货款，渠道律师建议立即向 B 公司提起诉讼。

（一）正面交锋

律师的建议得到了采纳，中国信保委托律师在 B 公司所在当地法院正式起诉 B 公司。案件在法院立案后，B 公司亦委托律师进行了应诉。在一审开庭时，B 公司的态度发生了 180 度大反转，B 公司负责人首先称，其到公司任职不久，前期的认债行为是因为不了解情况，紧接着 B 公司主张：第一，与 A 公司虽有过贸易往来，但不是本案项下的贸易；第二，否认签署过本案的合同，称我方提供的形式发票①上显示的货物规格和价格均与其公司的历史交易信息无法对应；第三，否认收到本案项下货物。因此，B 公司在法庭上明确否认本案项下欠款，同时质疑我方渠道律师的代理人身份。我方律师在庭上据理力争，并回答了法官围绕 A、B 公司间贸易合同关系、A 企业与中国信保间信用保险合同关系提出的一系列问题。漫长的庭审结束后，经过近 4 个月的等待，渠道律师收到了好消息，我方在一审中胜诉，法院判决 B 公司偿还欠款及相应利息，并向我方补充案件的法律程序费用 3000 欧元。

（二）波澜再起

判决一出，B 公司面临两个选择，要么按照判决支付欠款，要么就应在法定时间内提起上诉。遗憾的是，B 公司坚持拒绝还款，几个月后，渠道律师确认 B 公司已就一审判决上诉至巴黎上诉法院。在二审开庭过程中，B 公司对一审判决认定的事实予以全盘否认，并再次质疑渠道律师的代理人身份。我方坚持一审阶段全部主张，并且向法庭补充提交了 A 公司出具的正式声明，对本案项下业务的投保及委托追讨事宜给出了针对性的证言。二审的结果来得比一审更快一些，不到 2 个月，渠道律师获悉，我方再次赢得了二审，巴黎上诉法院支持了一审判决，驳回 B 公司上诉。

---

① 英文为 Proforma Invoice，国际贸易中卖方以类似商业发票的形式出具的一种文件，亦称预开发票，实务中企业常因出具了形式发票而忽略销售合同（Sales Contract）的签署。该文件实质不是一种正式单据，对交易双方最终约束力存疑。

至此，本案中我方取得完胜，我方律师经与 B 公司律师联系，对方表示愿意执行法院判决，双方随即开始商讨还款细节。

三、启示与建议

本案件的处理过程使我们对法国的司法体系有了切身体验，了解了法国法律环境的基本情况，有助于今后更好地应对类似跨国贸易案件。由此，我们也对国内企业如何应对国际贸易中涉外债务法律催讨的问题有了进一步思考，得到以下启示：

（一）事前——审慎订立合同，完善书面文件

在本案庭审过程中，被告就我方提交法庭的相关贸易单证提出严重质疑，企图通过挑战书面证据中信息的关联性、文件签署方式的有效性等，达到否认贸易事实和债务的目的，对此我方律师耗费了大量精力进行相应解释和抗辩。书面证据的完备、准确、清晰、相互关联程度是法庭最常关注的焦点，也会直接影响法律程序的过程和结果。出口企业在与海外客户开展贸易合作时，首先应审慎地订立贸易合同，贸易合同的格式和签署形式应尽可能规范，做到信息完整准确，并且应留存双方签字盖章的正本文本；贸易进行过程中向买方出具的一系列单据，包括商业发票、装箱单、提单等文件的信息应尽可能保证与贸易合同可相互对应。同时，建议出口企业妥善留存与海外客户的相关沟通记录，包括但不限于邮件、短信、即时通讯软件记录等。充足的书面举证是在未来可能的法律催讨中占据先机的基础和前提。

（二）事中——借助专业力量，积极沉着应对

本案前期追讨阶段，鉴于买方认债态度明确，法律手段并不在考虑之列。后续根据海外渠道的建议，适时调整了追讨方案，收到了较好效果。法国商事初审法院的法官允许非专业法官担任，凑巧的是，本案一审法官恰是一位非专业法官，为案件的推进增添了一份不确定性，绝不可掉以轻心。由此可见，在处理此类事项时，借助熟悉当地司法环境、经验丰富的专业律师力量，充分征求专业意见，果敢作出决定，是国内企业在境外维

护自身权益的基础。一旦启动法律手段，应与律师保持充分的沟通，对于可能遇到的阻力或对方制造的"麻烦"，要克服畏难情绪，积极沉着应对。本案一审阶段海外律师的案情研究和证据准备工作均做得非常充分，因此在庭上进行了有力的答辩，二审阶段出口企业应律师要求在第一时间出具了声明文件，实质性地补强了我方证据。双方高效的配合对案件最终完胜起到了至关重要的作用。

（三）事后——胜不骄败不馁，重视风险管理

有一句著名的法律格言："正义不仅应得到实现，而且要以人们看得见的方式加以实现"，它揭示了相对于实质结论而言，法律程序本身的公正也同样重要。我们一方面要在法律程序的过程中积极采取行动，尽最大的努力；另一方面也断然不能认为每一次法律程序的尝试都一定能得到预想的完美结果，因为不确定性是始终存在的。我们应从每一次经历中不断总结经验，吸取教训。当今新一轮产业变革正在重塑世界，身处国际贸易中的中国企业，要参与高水平的对外开放，就要去了解交易对象、融入目标市场、尊重国际规则、适应国际竞争，同时也要重视风险管理。

浅析意大利破产和解制度

山东分公司　孙彦文

摘要：在这场席卷全球的新冠肺炎疫情中，意大利是欧洲疫情爆发最早、确诊病例和死亡病例最多的国家之一，经济也因此遭受到了重创。意大利孔特政府批准了一项延期很久的550亿欧元刺激方案，抵御疫情带来的经济打击，向那些面临破产风险的企业提供流动性资金。需要注意的是，刺激方案详细内容何时出台，资金能否到位都是问题。意大利德莫斯科皮卡研究所在研究报告中说，如果经济从疫情中恢复的速度过于缓慢，流动资金又不能及时到位，预计意大利将面临国内企业的破产潮。本文拟通对一则案例对意大利破产和解制度进行简要介绍和阐述，让广大出口企业对意大利进口商惯常采用的和解制度有基本的认识和了解。

一、案情简介

2019年5月至8月，国内出口企业B公司向意大利买方A公司出运2票价值合计约为43万欧元的货物（纺织品），贸易合同约定支付方式为货物出运后60天内付款。因B公司迟迟未付货款，2019年11月，A公司向中国信保报损，并委托中国信保介入追讨。渠道追讨过程中，买方公司于2020年6月进入止付程序。

二、调查追讨

破产管理人告知渠道，其拟在2020年底之前偿还非优先债权人每项债权的12%，上述提案将在债权人会议上讨论。根据意大利破产法，渠道将代理 B 公司对债务人的还款方案进行表决,并向破产管理人提供其债权声明。

2020 年 4 月 14 日,破产管理人通知渠道,清算程序(即出售债务人的资产以偿付债务)应在年底结束,随后将有可能启动还款计划。2021 年 1 月 25 日,破产管理人向 B 公司支付第一笔还款 18418.73 欧元。

三、自愿清算程序简介

在意大利破产法中,和解程序被表达为"concordato preventivo",字面直译为"预防性协议",其含义是允许经营困难的债务人企业向债权人提出方案,在使债权能够获得一定清偿的前提下达成相互的妥协,其本质就是我国破产法上的和解协议。和解程序中订立"企业持续协议"(Concordato con continuità aziendale)的债权人仅包括对债务人享有无财产担保的普通债权人,该和解协议对所有普通债权人产生法律效力。

在意大利经济危机背景下,意大利政府于 2012 年 9 月 11 日对该国破产法进行了修订。在意大利破产法中,处于经营困难的债务人公司可通过和解程序向债权人提出方案,使债权在能够获得一定清偿的前提下达成和解,以避免被宣布破产和启动清算程序。在这种情况下,如债务人不履行其提出的方案,债权人不能请求法院强制执行。

(一)意大利新破产和解程序的主要阶段

1. 和解申请的提出

根据修订后的意大利破产和解制度,债务人仅须向法院提交一份正式的动议即可启动该程序,无须与债权人协商一致,也无须递交和解方案以及公司财产、财务和经济状况的证明文件。根据意大利政府于 2013 年 8 月 21 日生效的第 69/2013 号法令,债务人在此阶段仅须提交债权人名单。程序启动后,法官可正式任命一名破产管理人。

2. 提交债务偿还方案的期限

修订后的《意大利破产法》借鉴了《美国破产法》第 11 章中的"自动冻结"法律机制,法官可为和解程序设置提交债务偿还方案的期限。该期限为法院所确定的自破产和解申请在公司登记机关备案和公示之日起的

60 至 120 日内，经债务人申请可延长至 180 日。在这期间，债务人可继续准备详细的和解协议方案及其他辅助文件，并依然可以正常地经营管理公司。根据《意大利破产法》第 168 条，在提交债务偿还方案的期限内，债务人的付款义务中止，债权人不得采用司法措施对债务人进行追讨。对于确实存在财务危机的企业，可以利用此期间充分地准备和解协议方案并与债权人及时沟通。意大利和解程序在此阶段起到了与重整程序一样的作用。

3. 和解程序启动的裁定

提交债务偿还方案的期限之前，债务人需要向法院提交破产法规定的完整的申请材料。如果根据债务人的提议，法院认为债务人满足进入和解程序的条件，则裁定和解程序启动。法院可指定一位司法专员作为代表以引导和解程序的进行，同时需要指定一位司法专员来核实债务人公司的所有债权，监督和解协议的实施。司法专员应在和解程序启动后 30 天内联系和召集债权人会议，提交报告说明企业财务困难的原因，公司最新资产负债表和财产清单，公司根据财务预估、能让债权人得到公平受偿的债款偿还安排等，并将该报告在债权人会议召开前 10 天公布。

4. 债权人会议

意大利修订之后的破产法要求担保债权人在该方案之下能获得的清偿比例不少于在清算程序中获得的数额，对于无担保债权则取消了清偿比例的要求。这样的措施对债务人十分有利，一定程度上限制了债权人的利益，易于激发债务人适用和解程序的积极性。和解协议方案能否获得经济上的成功和对风险的实质评估将由债权人来判断。和解协议需经代表一半以上债权的债权人同意方能通过，并对不同意的债权人同样产生效力。

5. 和解协议的执行

原则上，和解协议经债权人会议表决获得通过，法院会以"omologazione"法令批准，重组/支付计划可以执行；如果和解协议没有在债权人会议上获得通过，法院将宣布债务人提议不可接受，并宣布和解程序结束。

（二）和解协议执行的结果

和解协议执行的结果可能是公司恢复偿债能力并持续经营，也可能是公司经营继续恶化而转入破产清算程序。《意大利破产法》允许和解与重整的相互转化，在法院受理和解申请以及最终批准和解协议之前，债务人可以改变策略，选择申请破产重整程序。同样，在法院受理重整申请、债务重整计划被法院认可之前，债务人也可以申请进入和解程序。与重整程序中的债务重组协议只对接受的债权人有效不同的是，和解程序中的"企业持续协议"对所有普通债权人都有法律效力。和解程序的启动旨在克服企业危机，但另一方面也应确保债权人利益的满足，即使这种满足可能很少。

四、对意大利破产和解程序的应对和思考

意大利法律似乎让出口企业针对意大利买方进入破产和解程序没有过多的减损措施。在许多国家，所有权保留制度都能有利于降低买方破产造成的不良后果，但在意大利，所有权保留的使用采取有限制的登记对抗主义，要求在有管辖权的法院登记方可确立货物保留所有权。当事人之间的所有权保留约定，仅凭意思表示一致就可以成立，但是非经登记不得对抗第三人。

我们建议广大出口企业做好以下三项工作，以便能够在意大利买方进入破产和解程序后最大程度的保障自己的权益：

（一）善用出口信用保险，提高对意大利买方破产风险的敏感度

由于意大利破产和解程序的启动具有较大的突发性和偶然性。广大出口企业应牢固树立"事前评估，事中跟踪"的意识，积极运用出口信用保险这一政策性金融工具，掌握买方更多资信情况，并参照以往交易记录及中国信保所批复的买方信用限额金额来谨慎决定单笔交易金额，控制出运节奏。货物出运后，应密切关注买方动态，一旦发现买方出现还款困难，应及时向中国信保报损或索赔，并委托中国信保介入追偿。

（二）利用中国信保渠道资源优势，及时登记破产债权，监控程序进程

对于无担保债权人，破产债权登记的时效性显得尤为重要。只有破产

债权成功登记后，才能获得列席债权人会议的权利并行使相应的表决权。本案中，B公司在其意大利买方进入破产和解程序后，利用中国信保海外追偿渠道的资源优势，及时登记了破产债权，并通过紧密跟踪程序进程，最大程度地保障自身权益。

从意大利地域文化看买方信用风险

贸易险理赔追偿部 孙 凌

摘要：意大利国别项下大额案件虽鲜有发生，但在持续低迷的经济环境下，破产案件频发，出口信用保险项下出险率居高不下，赔付金额高于其他西欧国家。本文结合近年案例，尝试从地域文化角度总结分析意大利南北方买方行为特点，为出口企业识别潜在风险、签订贸易合同提供参考。

一、不同地域买方的风险特点

意大利从南至北纵跨十个纬度，从阿尔卑斯山延伸至地中海，三面环海，地形狭长。环境的差别不仅造成了南北方经济结构及贫富的巨大差异，也形成了不同的地域文化并呈现典型风险特征。

（一）意籍东欧女郎：跨国作案的诈骗团伙

意大利位于北非和东欧之间，人口背景复杂，加之成立公司的准入门槛较低，中国出口商的交易方往往并非意大利人。

2019 年我国某出口企业向意大利买方出口汽油发电机组，发票金额 25 万美元，买方收货后拖欠。经调查，本案实际提货人为一家斯洛文尼亚公司，恰巧是另一宗报损案件限额买方，且该买方已宣布破产。进一步调查显示，本案买方与其他四宗案件实际控制人为同一人，买方团伙在欧洲各地设立公司，分别与出口企业签订小额合同，要求出口企业将货物发往第三国，后由货物运抵国所在公司持不记名提单提货，提货后迅速失联解散。

此类案件单笔订单金额均在三十万美元左右，为获得出口企业信任，买方甚至主动指导出口企业购买信用保险，看似金额不大，但累计诈骗金额超过百万美元，对出口企业造成较大损失。

（二）那不勒斯绅士：表里不一的非法社团组织头目

意大利南部以其蜿蜒的海岸和秀丽的风光闻名于世。然而，这里不仅有"西西里的美丽传说"，也有传说中的"教父"。

2018年我国南方沿海多家出口企业向意大利买方出口冰箱、电视等家电产品，单笔订单金额近百万美元。双方在展会上相识，出口企业被买方代表潇洒的谈吐和彬彬有礼的气质所打动。然而买方在收货后声称存在质量争议或售后问题拒绝付款，态度强硬嚣张，甚至提出反索赔；或又突然提出和解，但提议反复多变，短时间后突然失联或宣布破产。

经调查，几家买方公司均位于意大利南方，主营业务并非家电产品零售，公司成立时间不超过三年。然而进一步的调查受到了阻碍，律师甚至收到了匿名恐吓，幕后黑手也逐渐浮出。那不勒斯和巴勒莫是一些非法社团组织的故乡。在以农业为主的南方，工业水平和经济发展相对落后，家电、电子产品在这里依然是"硬通货"。随着非法社团组织逐渐转型，暴力事件虽鲜有发生，但其影响力依旧，导致诉讼追讨在实践中很难推动。

（三）威尼斯商人：精于算计的行业巨头

在高大山脉和冷空气的影响下，意大利北方人形成了如德国人般的严谨性格。然而，一如莎士比亚笔下的威尼斯商人，精于算计，擅于利用规则似乎是北方人祖祖辈辈的经商之道。

意大利北方工业发达，是意大利的制造业中心、金融中心，强大的财力孕育了米兰这个世界时尚之都。近三年来，出险买方涉及汽车零配件、五金建材、药品化工、服装纺织等行业，企业规模都相对较大，在行业内有一定影响力；出险原因多为买方短期内扩张导致资金周转不良致使拖欠发生。尽管出险案件涉及不同行业，但买方在保险公司勘查追讨中表现出高度的一致性：承认贸易但不予确认债务金额，同时提出质量争议，或利用合同条款中的漏洞提出反索赔，要求减免债务。

二、规避交易风险建议

正如硬币有两面，上述案例仅是帮助我们了解国际贸易中意大利部分买方的不良一面，而不是因噎废食，放弃与意大利买方的合作。随着意大利加入"一带一路"倡议，我们有理由相信中意两国将在更广阔的领域更深入地展开合作。在此，针对上述案例给出几点风险提示：

（一）核实买方身份

展会虽然为国际贸易提供了交流展示的平台，但参展商良莠不齐，出口企业不可通过表象判断交易对手，轻易签订贸易合同。核实买方的真实身份，确保贸易合同的真实、合法及有效是交易成功的前提之一，尤其是在通过中间人结识贸易伙伴时，出口企业更应该审慎核实买方的真实身份。

（二）警惕地区风险

意大利特殊的地理环境催生了其巨大的南北差异，相较于国家概念，地域文化是了解贸易伙伴更准确的方式。在贸易合作中，需对特定区域的买方进行更为严格的资质审查，除南方地区的非法社团组织，中部地区的华人非法社团组织亦有从事诈骗活动的案例，需要特别警惕。

（三）谨慎订立合同

意大利是罗马法的发源地，法律概念深入人心。出险案件中，买方常善于利用模糊的合同条款提出反索赔，为案件勘查定损和赔后追偿带来困难。同时，债务人善于利用破产保护程序，拖延时间并暗中转移资产。因此，明确合同条款中的适用法律、争议解决机制、增加物权保留条款等将有助于厘清买卖双方权责，切实维护出口企业的利益。

印度拒收风险处置困难重重
中国信保助力企业减损脱困

宁波分公司　周希茜

摘要： 2020年，中印双边贸易额达到777亿美元，中国取代美国成为印度最大的贸易合作伙伴。然而近两年来，中印两国博弈及边境冲突而带来贸易摩擦加剧的状况愈加凸显，出险及赔付的案件明显增多。加之一直以来，印度因其特殊的海关政策，又给了部分信用低下的进口商"货到地头死"的机会，从而使得出口商遭受巨大的损失。本文结合中国信保案件处理经验，就应对印度市场货物拒收风险及如何有效处置风险进行分析，为出口企业同类案件处理提供经验和启示。

一、价格波动，买方违约致货物滞港

2018年9月，出口企业A与买家M通过网络认识并开展交易，M成功结清第一票交易后，A于次月出口第二票货物（75吨丙烯腈），发票金额为19万美元，贸易双方约定结算方式为见提单复印件付款。买方收到出口企业发送的提单复印件后表示会尽快安排付款，但直至货物到港，经出口企业多次催促，买方仍未支付货款且不再回复邮件或接听电话。此时，丙烯腈每吨价格已比合同签订时下跌了近30%。因投保了出口信用保险，A公司立即向中国信保报损。

二、事态紧急，中国信保介入推动减损

（一）提示特殊海关政策，敦促把握时间积极减损

收到报损后，中国信保工作人员第一时间与A公司取得联系，提示买

方所在国印度的特殊海关政策：（1）印度海关规定罚没期30天。对超过罚没期未提取的货物，海关会予以拍卖。虽然理论上进口商可以申请延展期限，但对于居心不良的进口商来说自然是不会申请延期的。（2）海关拍卖时优先通知提单收货人。在海关拍卖时会首先通知提单收货人，提单收货人在当地属于第一受益人。这导致部分不法印度进口商拒收货物后往往不配合退运，等待印度海关拍卖以低价获取货物。（3）海上货权和在地货权分离。货物抵达印度港口，需要提前进行货物舱单申报，一旦注明了进口方编码，转卖或者退运必须要得到原买家的同意和配合，即取得买方提供的 NOC（放弃货权声明）是成功转卖或退运的关键。

综上，中国信保建议 A 公司在买方失联的情况下，务必把握时间在罚没期届满前有相对明确的退运或转卖方案。与此同时，中国信保会通过海外渠道持续向买家施压，重启双方谈判。

（二）动用海外渠道力量，施压买方重启谈判

经中国信保委托的海外渠道介入调查，买方 M 对渠道的邮件和电话均不予回应，从中国信保同时间接到的该买方另一宗委托案件发现，另一宗案件项下买方 M 已提取货物，债权债务关系相对清晰，中国信保遂指示渠道利用"如不配合调查，拟向当地高等法院对买方提起强制整顿程序（Winding Up Petition）"为抓手向买方施压，迫使其回复我方问询，并要求买方对本案滞港货物处置做出回应。至此，买方向中国信保海外渠道提出，由于出口企业 A 公司早前提供的货物存在严重质量问题，令其损失惨重，所以考虑到本案货物可能也存在质量问题，就未提取货物。中国信保要求买方在一定期限内对货物存在的质量问题提供证明文件。同时，鉴于该买方在其他案件项下的拖欠情形及对买方经营情况的调查结果，海外渠道分析认为买方 M 折扣付款再提货的可能性不大。中国信保会商出口企业 A 得知，其已通过印度代理人联系到可转卖的新买方，因此，中国信保通过海外渠道第一时间敦促买方出具 NOC（放弃货权声明）。

（三）货物处置完毕，快速赔付弥补损失

在取得买方 M 提供的 NOC 后，A 公司将部分货物以预付款形式打折转卖给新买方 B，剩余部分货物与当地代理签订协议先由其清关后存放，

避免增加不必要的滞港滞箱费用。最终涉案货物共转卖给三个买方，合计减少损失约 6 万美元。A 公司向中国信保就本案项下剩余损失申请索赔，在收到货物处理完毕的损失证明文件后，中国信保及时审理核查，鉴于买方虽提出贸易纠纷，但未在要求的合理时限内提供充分的、与案件相关联的书面证据，经中国信保审理后认定买方存在信用问题，在确认单证齐全、属于保险责任的前提下，快速就本案项下剩余损失启动定损核赔程序，弥补了企业的损失。

三、案例启示

（一）抓紧时间，迅速决策

对于印度这类海关罚没期较短的国家，时间是处理拒收货物案件的关键。一旦买方未在预期内付款提货，出口企业应立即做好货物拒收的安排，切忌观望。在中国信保处理的大量案件中，很多买方不会明确作出拒绝收货的意思表示，而是以各种借口拖延付款提货的时间，如用大额新订单、假水单、订机票来访等手段表达诚意、放松出口商的警惕，一旦时间拖长、滞港费用过高，进口企业则更没有付款提货的意愿，不法进口商伺机等待海关拍卖获得货物，而出口企业则面临财货两空的境地。

（二）合理分析拒收原因，评估最优减损方案

出口企业在选择何种货物处理方案前，应弄清原买方的提货意愿、付款能力，产品是否具有可转卖性，退运（转卖）的可操作性。建议出口企业尽早委托中国信保对买方当时的经营状况和偿付能力进行调查，若买方经营正常、具有偿付能力，说明买方可能是转嫁商业风险、恶意拒收；若买方经营基本能维持、短期资金周转存在问题，买方往往是暂无提货能力但有提货意愿。在上述两种情况下，需将主要精力放在与原买方的谈判上，与此同时，可积极寻找当地新买家作为备选方案。

（三）充分利用法律武器，搜集谈判筹码

印度整体司法环境对国外债权人利用司法手段维护自身利益十分不

利,在处理印度案件时,首选非诉和解方式,进口商正是明白这点才在心理上占尽优势。那么,在明确原买方具有提货能力或者提货意愿的前提下,出口企业如何尽可能掌握谈判筹码:(1)如果出口企业提前掌握了买方本身存在欺诈、偷漏税、违反外汇监管等违法行为的切实证据,那么买方恐于追究其刑事责任,有时会在谈判中做出一些让步。(2)部分进口商拒收时会提出出口企业迟出运、历史货物质量问题等违约行为以免除自身付款提货的责任或作为高额折扣的谈判筹码。出口企业在日常贸易过程中需要留心与买方之间的贸易单据和往来邮件的规范性,留好相应书面证据,确保谈判时有理有据。(3)强制整顿程序(Winding Up Petition)对印度买方具有较大威慑力。实际操作层面要区分案件不同特点,出口企业可结合买方及案件具体情况决定是否借助该项规定对债务人起到震慑作用,迫使其重回谈判桌商讨解决方案。

浅析沙特阿拉伯诉讼程序

贸易险理赔追偿部　赵　伟

摘要： 沙特阿拉伯（以下简称"沙特"）是阿拉伯世界最大经济体，是全球领先的石油制品生产国与出口国之一。沙特作为"一带一路"沿线重要国家，也是中国出口企业重点开拓的市场之一。中国出口企业在沙特参与经贸、工程承包等经营活动，应当了解并遵守当地法律法规。本文通过一宗利用法律手段维护自身权益的案例，简要介绍沙特的法院体系和诉讼程序，以期为中国出口企业在沙特经营活动中保障自身权益提供有益参考。

一、案情介绍

中国出口企业 A 公司向沙特买方 B 公司出口一批价值约 450 万美元的客车。B 公司收货后未能按期支付货款。由于投保了出口信用保险，A 公司随即向中国信保通报了可能损失，同时委托中国信保向 B 公司进行追讨。

二、案件处理过程

收到 A 公司的报损后，中国信保立即介入，委托海外渠道向 B 公司核实债务情况并追讨欠款。经渠道律师调查追讨，B 公司全额承认债务，表示拖欠原因为下游客户还款延迟导致的资金周转问题。经渠道律师督促施压，B 公司签署了书面认债协议。

然而，还款计划签署后，B 公司仅支付了两期还款，针对 370 万美元的剩余欠款，B 公司以各种借口拖延还款。经渠道律师调查，B 公司主要经营汽车租赁业务，其名下仍拥有汽车的所有权；此外，B公司是一家个人独资企业，其所有人对公司债务承担无限责任。为进一步加大追讨力度，最大限度维护保险双方的合法权益，结合渠道律师专业意见，并征得A公司的同意后，中国信保以A公司名义在沙特对B公司提起诉讼程序。案件开庭审理后，虽然B公司极力狡辩，但保险双方前期已进行了充分的调查工作并获取了夯实的证据材料，法院最终作出了支持我方主张的判决。目前案件已进入执行程序。

三、浅析沙特诉讼程序

（一）司法体系

沙特阿拉伯的法律制度基于伊斯兰教法。普通法院系统和申诉委员会系统（即"行政法院系统"）并行为沙特两大法院体系，另设负责解决银行、证券、保险和金融市场争议的专门委员会，以上构成沙特司法体系。

按照沙特现行《司法法》的规定，普通法院系统包括最高审判委员会和三个层级的法院：即最高法院、上诉法院和一审法院。一审法院分为普通法院、刑事法院、家庭法院、商事法院和劳工法院。其中，商事法院主要审理商业纠纷、合伙纠纷、破产等违反或与商事法律相关的案件。普通民事主体之间的合同纠纷，应由商事法院管辖。

按照现行《申诉委员会法》的规定，申诉委员会系统包括行政司法委员会和三个层级行政法院：即高等行政法院、上诉行政法院、行政法院。申诉委员会对针对政府机关的申诉案件有专属管辖权，并有权监督破产程序。政府机关作为合同一方的案件，由行政法院管辖；政府机关分支机构与案件有密切联系的，该分支机构所在地法院具有管辖权。

（二）诉讼时效

沙特法律规定针对商业索赔的诉讼时效为自索赔事由成立之日起5年；针对汇票或本票执行期限的诉讼时效为自到期之日起3年。

（三）诉讼程序

沙特的《民事诉讼法》和《申诉委员会诉讼法》（下称《行政诉讼

法》）明确法院应依照伊斯兰教法和沙特诉讼法的规定审理案件。其中,《民事诉讼法》对诉讼程序规定较为详细,《行政诉讼法》对诉讼程序规定较为简单。因此,一般诉讼程序均按照《民事诉讼法》的规定执行。

1. 管辖权

管辖权是诉讼程序的起始环节。沙特《司法法》和《申诉委员会法》规定了各级法院管辖的案件类型,《民事诉讼法》中还规定了国际管辖权、事项管辖权和地域管辖权。国际管辖权可概括为属人管辖、合意管辖和特别管辖,但不适用于涉及沙特境外不动产的对物诉讼。事项管辖权主要是指普通法院、家庭法院、劳工法院和商事法院审理和裁决案件的权限范围。《申诉委员会法》规定了行政法院负责审理和裁决的案件范围。沙特《民事诉讼法》关于地域管辖的基本原则,遵循的是"原告就被告"规则,即案件归被告所在地法院管辖。

2. 初审程序中的特别制度

沙特《民事诉讼法》详细规定了包括起诉、出庭、庭审、动议、共同诉讼、诉讼中止、诉讼中断、证据、判决等在内的所有初审程序。

(1) 特别授权制度。与中国《民事诉讼法》规定的委托授权制度类似,沙特《民事诉讼法》同样规定了特别授权制度。委托人未出席庭审时,除非有特别授权,否则代理人不得代为承认或放弃诉讼请求、接受或拒绝宣誓、和解、放弃上诉、免除债务、申请法官回避、选择或拒绝专家证人等。

(2) 缺席判决制度。在沙特,如果法院已通知到被告方参加庭审,或者被告方在庭审前向法院递交了答辩,或者被告参加过任何一次庭审,在上述情况下法院对案件进行的裁决将不属于缺席判决,意味着被告丧失在此情形下的复议权。上诉人缺席第一次上诉庭审,法院将直接裁定初审判决生效,上诉人丧失上诉权。

(3) 延期审理制度。沙特法院的诉讼效率较低,开庭审理的次数没有限制,当事人申请延期审理的理由也比较宽松。如果任何一方当事人提出了有效抗辩或者要求对方当事人答复其所提出的疑问,则另一方当事人可向法官申请延期审理。延期审理制度在充分保护当事人诉讼权利的同时不可避免的牺牲了诉讼效率。

3. 对判决提出异议的方法

（1）上诉。沙特诉讼程序法均规定，当事人有权在判决书送达之日起 30 日内（简易程序为 10 日）提起上诉。当事人未在法定上诉期内上诉，将丧失上诉权，判决将生效。但沙特《民事诉讼法》规定了例外情形，即捐赠基金管理人、受托人、监护人或政府机构代表等，未在法定上诉期内提出上诉，或者上述人员缺席庭审无法向其通知判决结果时，初审法院应当将案件提交上诉法院审查。因此，在与政府部门诉讼时，即使上诉期满，政府部门未上诉，初审判决也不生效，仍需经过上诉法院审查，出口企业还应继续关注案件进展。

（2）申请撤销判决。沙特《民事诉讼法》规定，当事人可以申请最高法院撤销上诉法院作出或者确认的判决和决定，申请撤销判决的理由如下：①违背伊斯兰教法；②作出判决的法庭之成立有瑕疵；③作出判决的法庭无管辖权；④法庭认定案件性质特征存在错误。上诉人应在判决书送达之日起 30 日（简易程序为 15 日）内请求撤销判决，否则上诉人将丧失申请撤销判决的权利。申请撤销判决期间并不停止已生效判决的执行。如果执行上述判决将导致重大损害，法院可临时中止执行判决，申请人则应提供相应担保。

（3）申请复议。沙特《民事诉讼法》规定，当事人可以申请复议的具体情形包括：存在伪造证据，出现新证据，对案件有重大影响的欺诈，违背不告不理原则，判决内容前后矛盾，缺席判决，无诉讼代理人，当事人有权在知道上述情形后 30 日内就生效判决申请复议。沙特《行政诉讼法》规定，行政诉讼过程中申请复议的程序页依照《民事诉讼法》的规定执行。

（四）2020 年《商事法庭条例》

沙特于 2020 年 4 月 15 日出台的《商事法庭条例》（the new Saudi Commercial Courts Regulation，下称"新条例"），进一步优化了商业纠纷解决程序，缩短了诉讼周期，并规定了替代性纠纷解决方式。这些变化为债权人提供了更为便捷且实际的追偿方式。

新条例规定，索赔金额在 100 万沙特里亚尔以下的案件需先行启动调解程序作为诉讼的前置程序。索赔金额高于 100 万沙特里亚尔的案件也可以选择先行启动调解程序。如有债务人签署的书面认债协议和还款计划，可作为可执行文件申请快速执行程序。新条例还规定了初审阶段的审理期限为 180 天，上诉法院对不需要重大审查或听证的案件的裁决应在 20 天内作出，其他类型的上诉审理期限不得超过 90 天。此外，新条例还规定，对于新条例颁布前产生的权利和义务，从 2020 年 6 月 16 日开始计算诉讼时效。

交易国风险严管理　目的港政策了于胸

——中国信保追偿服务助力企业扬帆远航

河北分公司　吴　磊

摘要：中国信保依靠遍及全球的资信和追偿业务渠道以及驻外机构，快速解析理赔追偿业务的大数据信息，帮助企业提升风险控制的水平和能力。中国信保理赔追偿团队本着"专业创造价值，服务成就出口企业"的服务理念，借助贸易、法律、金融等领域的专业优势，利用案件处理中积累的丰富经验，成为出口企业专业的"风控管理师"。本文以一则处理较为成功的理赔追偿案件为例，展现中国信保如何借助专业的理赔追偿服务向企业提供交易国别有价值的专业法律和政策信息，帮助企业成功规避收汇风险并实现海外应收账款的止损减损。

一、案件情况介绍

河北省一家小微出口企业 A 公司同阿尔及利亚买方 B 公司进行交易，于 2020 年 6 月出运一票货物（铸铁井盖、筐子和漏斗），出运发票金额 7.27 万美元。贸易合同约定支付方式为 D/P 即期。货物到港后 B 公司始终未付款赎单，A 公司于 2020 年 8 月向中国信保通报可损，并委托中国信保向 B 公司追讨。

中国信保委托海外渠道向 B 公司勘查追讨，渠道反馈买方承认案件项下交易并确认案件项下交易金额，但对于何时付款赎单的问题，B 公司一直闭口不谈并回避追讨。眼看滞港费用日益增多，且货物还有可能面临被罚没和拍卖的风险。中国信保阿尔及利亚的海外渠道进行深入调查，最终发现了买方不予付款赎单的真实原因：由于阿尔及利亚中央银行编号为 05/2017 的政策规定，阿尔及利亚进口商最迟必须在出运日 30 天以前将形式发票提交至银行，由银行按照交易额的120%冻结交易资金，但买方B公司未进行相应操作导致其无法付款提货。因B公司存在严重信用问题，中国信保向A公司一次性支付了保险赔款，弥补了A公司的海外应收账款损失。

二、追偿及货物处理

在案件赔付后，中国信保依旧不放松对案件的追偿工作。中国信保阿尔及利亚的海外渠道派出了专业的律师谈判团队同买方B公司进行了多次协商和谈判，在谈判中海外渠道利用中国信保国家政策性地位以及专业的法律手段向B公司施压，使B公司意识到代理A公司的中国信保具有强大的国家后盾做支持，同时B公司也充分了解到自身的违约和不配合可能面临的严重法律后果，最终B公司转变态度，出具声明承诺全力配合中国信保积极协助A公司减损。

在具体的货物处理谈判中，B公司提出通过将货物退运回中国然后再进口至阿尔及利亚的处理方案，B公司出具书面声明保证按照阿尔及利亚中央银行的政策规定提前办理贸易单证备案和120%交易资金的冻结手续，B公司承诺承担货物再次运输至阿尔及利亚的全部额外费用。同时B公司要求A公司必须保证货物再次出运至阿尔及利亚。A公司和中国信保综合考虑了退运货物后再出运的操作可行性，同时也结合中国信保海外渠道反馈的调查信息及相关建议，考虑到买方虽承诺会回购货物，但拒绝承诺再次回购的时间，同时也拒绝先行垫付一部分滞港费或保证金。如货物退运回国内则面临费用高、流程复杂、耗时长等诸多问题，且如果货物退运，则A公司将先行垫付高额的滞港费和海运费，若B公司第二次依旧不配合办理进口手续和付款赎单，则A公司非但收不到货款，且还要承担诸多额外费用损失。货物一时间难以处理，同买方B公司的谈判陷入僵局。

最终，在中国信保的进一步催讨和多番协调及努力之下，A公司和B公司通过重新委托另一家银行托收的方式成功地实现了付款赎单，A公司收到了B公司支付的全额货款，海外应收账款全额追回。

三、相关法律政策介绍

借助本案处理契机,中国信保专门联系海外渠道就阿尔及利亚的相关宏观经济形式、法律、政策等情况进行了详细的咨询,现向广大出口企业进行分享。

阿尔及利亚石油、天然气储量丰富,对自然资源的经济依存度较高,但近几年来受石油和天然气产量下降影响,阿尔及利亚 GDP 增速近十年持续走低。在低迷的经济背景下,货币贬值较为明显,外汇储备也不容乐观。邓白氏将阿尔及利亚的评级展望从"稳定"下调至"恶化"。

在上述背景之下,阿尔及利亚政府很早就出台了一系列银行窗口政策、外汇管制、质量标准等非关税壁垒政策以达到限制进口、保护本国产业和控制外汇储备的意图。依照阿尔及利亚的相关法规,国际贸易中仅允许"托收"和"信用证"这两种支付方式,一般贸易不允许赊销的支付方式。

阿尔及利亚普遍执行的进口和清关程序为:进口商首先向当地银行申请进口交易计划审批,并将形式发票等贸易单证的复印件提交给银行,银行向进口商开具进口许可文件,进口商收到进口许可文件后必须将交易金额 120% 的款项作为交易保证金冻结到银行账户(pursuant to Regulation No 05 of 25/10/2017 of the Bank of Algeria, the importer notifies their bank about their intended import transaction, and deposits 120% of the value of these imports into their bank account)。该保证金需要在银行冻结 30 天,出口商要保证在银行冻结进口商保证金至少 30 天前出口货物,并将正本提单寄送至阿尔及利亚银行。货物到港后,银行将正本提单以及 120% 交易保证金冻结证据交付进口商以供其清关。海关审核银行提供的证据后会向进口商签发名为"Form D10"的文件,银行只有在收到 Form D10 文件后才会向国外支付货款。值得注意的是,阿尔及利亚在最近几年名义上出台了放宽银行付款要求的政策,允许国际支付不需要 Form D10 文件,但中国信保海外渠道反馈,根据它们办理相关业务的实践经验来看,阿尔及利亚的大部分银行并不遵守新出台的放宽要求的政策,依旧坚持在收到 Form D10 文件后才对外付款。如果在上述流程中存在单据错误或者出口货物不符合现行政策，则进口商无法清关。在实践中，货物一般会从阿尔及利亚重新出口至马耳他（因为相对较近），待错误单证修正后再重新进口。同时出口企业需要注意，在阿尔及利亚，货物的退运和转港都需要原买方的配合同意。

阿尔及利亚之所以出台上述政策规定，名义上是为了保证外贸顺利开展、防范欺诈、监控资金，其实最主要的意图是对外汇进行管制、限制进口以保证国内企业的利益。实际上，阿尔及利亚是通过在买方开户、贸易资料的制作、进口资质审查、装船出运、收货清关、银行付款等环节设置的一揽子环环相扣的综合措施来进行进口和外汇管控（详见下图）。

Algerian Import and Currency Controls

Import Controls
- Only Documentary Collections and Documentary Credit transactions are permitted.
- Import license is a mandatory requirement.
- Banks are tasked with overseeing compliance with import regulations.
- Advances / down-payments are required of 120% minimum of 30 days.

Currency Controls
- Currency exchange is tightly controlled and is restricted to authorized banks.
- Only authorized banks are permitted to transfer payments to foreign suppliers.

四、案例启示及风险防范建议

通过本案可以看出，中国信保的海外渠道一方面利用自身对交易国及目的港政策的熟悉，凭借自身丰富的债务追讨经验，成功地帮助出口企业全额追回了海外应收账款。最为重要的是，中国信保能够利用海外渠道进行资源整合并提供交易国的一些重要的政策法律规定，发挥理赔追偿反哺职能，协助出口企业强化自身风险管理，保障出口企业的交易健康安全开展。结合海外渠道的分析，在此向广大出口企业提供如下风险防范建议：

(一) 了解和掌握交易国家法律和港口政策

以本案为例，阿尔及利亚办理进口手续和对外付款的流程复杂，涉及的环节、单证众多，任何一个环节出现问题都会直接导致出口企业正常收汇出现障碍。最为严重的是，某些国家的相关法律和政策是和信用证"软条款"一样，属于出口企业无法掌控的因素。比如阿尔及利亚要求进口商需要在银行冻结120%的货款至少30天，如果在买方未及时办理保证金冻结手续的情况下，中国的出口企业出运了货物，会导致买方无法清关进而造成中国出口企业无法收到货款。再比如东南亚、非洲、拉美等许多国家港口普遍规定货物进港后如果要进行转卖和退运均需要原买方出具不反对证明，大大增加了货物处理的难度。建议出口企业高度重视中国信保发布的风险信息和交易国及目的港的政策信息，及早做好风险防范和监控工作。

(二) 采取合理的风控手段跟踪交易进展

在充分了解交易国政策法律信息后，出口企业应当有针对性地采取一系列合理措施进行风险控制并密切跟踪交易进展。比如同阿尔及利亚的买方进行交易，建议出口企业谨慎安排出运，及时询问和跟进买方办理交易保证金和货物清关的进展，适度缩短信用账期，降低风险敞口。特别是密切关注和防范买方拒收风险，及时向中国信保通报发现的风险异动情况。

(三) 加强与中国信保紧密联系

出口企业是贸易风险的"直接接触者"，而中国信保是贸易风险的"集中收集者"，能借助理赔追偿业务收集归纳全球范围内的出险案例，为研判风险信息提供依据。通过丰富的经验积累，中国信保可以成为出口企业名副其实的"贸易风险管理师"。对此，建议出口企业要密切与中国信保的联系，及时就贸易风险信息与风险控制信息互通有无，有效控制贸易风险。

(四) 投保出口信用保险获得风险保障

出口企业除了通过加强内部管理做好相应的风险监控外，还应主动投保出口信用保险。货物出口后，因买方无故拖欠、拒收、破产等风险而造成的海外应收账款损失属于中国信保的风险保障范围。中国信保作为政策性保险公司，本着"发挥政策性职能，服务高水平开放"的理念，分担出口风险，保障收汇安全，在保障企业海外应收账款安全方面发挥着不可替代的重要作用，能够有效地为我国企业"稳出口"和"走出去"保驾护航。

百密一疏遭套路　合规风险不容忽视

上海分公司　张舒艺

摘要：国际贸易中，买卖合同或发票是确立双方债权债务的重要凭证。实践中，出口企业开具并持有不同版本的贸易单证的情况时有发生。本文通过介绍一宗"阴阳单证"的案例，启示出口企业应积极关注买方当地进出口贸易相关的政策法规，避免钱货两空、无处追讨的结局。

一、遭逢不测，老买方突欠货款

中国出口企业 M 于 2018 年 9 月至 12 月向阿尔及利亚买方 N 出口办公耗材，出运三票货物共计 36 万美元，双方约定支付方式为 50% D/P at sight、50% OA120 天。合同签订后，M 依据合同约定出运货物并寄送单证，买方通过代收行付款 50% 发票金额并赎单、提取货物。但是 50% 放账部分到期后，买方以各种理由拖延支付剩余货款。出口企业 M 因投保出口信用保险，在买方发生拖欠风险且自行追讨无效后，根据保单约定向中国信保报案并委托追讨。

二、机关算尽，却落得钱货两空

接到报案后，中国信保立即委托海外渠道介入勘查。几经周折，渠道通过实地拜访联系上买方负责人，买方承认交易但否认债务，声称已经按约付清全部货款。买方同时对出口企业 M 主张的货款总额提出异议，并提供了涉案三票的形式发票、商业发票以及对应的银行汇款水单。经核查，买方提供的单证在基本信息、品名、数量等方面与 M 所供单证一致，但单价及发票金额均仅为后者的一半。买方所供单证上均有 M 签字盖章，以及向银行申请付款时银行的盖章。从买方举证来看，其似乎已"全额"支付三票出运的货款，合计约 18 万美元。

初步确认了相关单证的真实性后，考虑到出口企业 M 可能为买方制作了两套金额不同的单证，中国信保立刻与 M 核实相关情况。M 反馈其与买方自 2017 年开始合作，起初买方提出的支付方式为承兑交单（D/A），M 为控制风险，与买方磋商优化支付条件。最终买方提出每笔出运 50% 部分采用即期付款交单，另 50% 采用 120 天的放账，并征得 M 的最终认可。买方同时提出，在托收支付方式下，银行付款金额与发票金额、合同金额（本案项下为形式发票）必须完全一致，否则银行无法付款。M 遂配合买方在每笔出运项下制作另一套单证，单价、总额均为真实货值的一半，并将该套单证连同海运提单一起通过托收行寄送给代收行，买方付款赎单。考虑到"阴阳单证"的存在可能会引发买卖双方债务金额纠纷，出口企业 M 留存了买方指示其制作低金额单证的全部书面证据。此外，每次出运之前，M 都会让买方签署一份"Payment Acknowledgement"（付款确认函），以书面形式固定全部债权金额，并获取买方到账期后支付剩余货款的书面承诺。

出口企业 M 补充相关证据后，自信买方无力再提出货款纠纷。但中国信保和海外渠道向 M 分析指出，根据当地的法律规定，向银行出具低金额"假"发票是不合法的。更为严重的是，这套"假"单证随附于海运提单，构成了一整套清关单证，买方据此清关提货并缴纳关税。如此一来，出口企业 M 面临两大困境：一是低金额单证经过银行和海关确认、背书，形式上效力已高于 M 提供的原单证。二是若通过法律途径证实了买方所执单证为"假"单证，则买方低价清关，构成了逃漏关税的违法行为；而出口企业 M 配合买方低价清关，同样可能触犯法律，遭受当地海关的处罚。

收到反馈后，出口企业 M 真如"五雷轰顶"。其制作"阴阳单证"的初衷在于便利买方支付部分货款，以期达到资金尽快回笼、缩小风险敞口的效果，没想到却成为了束缚自己伸张法律正义的一只"茧"，为日后向买方确立债权带来极大的不确定性。

三、以案为鉴，事事不忘"致良知"

（一）贸易合同履行以及风险防范，应以合法合规为根本前提

在国际贸易市场上，中国出口企业在产品方面已经具备很大的竞争优势，但却屡屡在规则方面栽跟头。本案中，风险防控方面，出口企业仅盯牢合同履约和违约风险防范，却在基本的法律合规方面"灯下黑"。本案有50%货款的支付方式为银行托收，出口企业理应在缮制单据时就考虑到交付给银行的全套单据将会被用以进口清关，很有可能会触发法律风险。知其不应为而为之，绝非"致良知"之功。

我国与阿尔及利亚已于2006年11月签订了《关于对所得和财产避免双重征税和防止偷漏税的协定》。此外，我国已与多个国家的海关进行联网，互通电子数据之后，发票金额不相符的现象将完全透明。在贸易实践中，需要警惕买方以看似合理的各种理由诱导出口商修改发票金额。出口企业的出发点是为买方尽快支付货款提供便利，实际却触犯该国的海关政策和两国相关的双边协定，从而对确认实际债务金额、通过法律途径追讨债务造成严重的阻碍。

其实，在本案这种支付方式下，出口企业原本只需要将原发票略作修改，在"Total Amount USD 360000"下再分列两行，一行注明"50% ofthe FOB Amount should be paid by D/P at sight, USD 180000"，另一行注明"50% ofthe FOB Amount should be paid by OA 120 days, USD 180000"。如买方所在国银行有严格要求，可在此基础上再分做两张发票，分别再列一行，分别注明"Claim 50% of the Total FOB Amount by D/P""Claim 50% of the Total FOB Amount by OA 120 days"，并不需要修改单价和金额。

（二）及时关注海外买方所在国的最新法律法规和进出口贸易政策，确保双方约定合法有效

支付方式方面，最新颁布的阿尔及利亚《2021年财政法》中明确规定进口货物的付款方式：涉及对国民经济至关重要的外贸业务可即期付款，其余的外贸均使用至少30天的远期信用证/托收支付。比如2019年9月

底，阿尔及利亚政府出台的进口规定，对于家电和手机 SKD 和 CKD 进口业务，将废除进口现金付款制度，付款账期改为 9 个月，最长不超过 12 个月。因此，出口商在与阿尔及利亚买方签订合同时，应格外注意约定的支付方式是否违反该国的相关法律规定。而且还存在这样一种情况，支付方式名为 L/C，实为 OA（本案例中的 50%OA 部分很有可能是拟套开在 D/A 方式下）。比如信用证约定 80% 部分在单据审核相符后开证行即期/延期兑付，20% 部分凭买方设备验收合格报告及买方书面指示兑付。如此一来，20% 的部分则完全依赖于买方的商业信用，而脱离了银行信用。如出口企业按照 100%L/C 向中国信保投保开证行信用风险，则有可能投保主体错位。

汇兑方面，阿尔及利亚实行一定程度的外汇管制，目前美元和欧元是阿尔及利亚主要对外结算货币。中央银行掌控所有外汇资源。中央银行把外汇管理权下放给阿尔及利亚国民银行（本案中的付款行）、人民信贷银行、对外银行、地方发展银行、农业与乡村发展银行、互助储蓄银行等国有商业银行，并允许在阿尔及利亚设立分行的美国花旗银行、法国兴业银行等少数外国银行或私人银行进行外汇业务操作。只有中央银行及其授权外汇银行才可进行第纳尔与其他外汇之间的兑换。除此之外，其他在阿尔及利亚境内的任何外汇交易都属非法行为。

贸易制度方面，政府可能采取临时性贸易管制措施。2018 年初，阿尔及利亚政府曾宣布暂停进口包括手机、电子产品、家具、部分蔬菜、水果、肉类、奶酪、桶装水、巧克力及部分建筑材料等多种商品在内的 900 种商品，同时对 126 种商品增加关税，以缩小由于石油和天然气出口收入减少带来的贸易逆差，并期望保护国内企业，鼓励本国居民消费本国制造的产品。建议出口企业经常关注中国驻阿尔及利亚经商参赞处官网信息，和中国信保的各项风险提示。

突遇暴力事件　老买方变巨额"老赖"

湖北分公司　刘　曦

摘要： 本案选取了智利汽车经销商拖欠国内汽车企业大额货款案，介绍国别突发事件造成的影响、中国信保的追偿处置过程，为同类案件的预防、处理提供参考依据。

一、案件背景

2013年5月，中国企业Z公司与智利买方C公司开始交易，出口乘用车。在中国信保支持下，双方采用OA交易方式，交易规模逐年扩大。中国信保累计承保Z公司在C公司项下出口约8250万美元，C公司成为Z公司在智利最大经销商。

2019年4月至10月期间，Z公司向C公司出口了35票货物并向中国信保申报投保。2019年10月开始，C公司付款进度放缓，甚至出现了逾期未付。Z公司遂于2019年12月5日向中国信保通报可损。考虑到双方多年合作关系和追偿成本，Z公司向中国信保申请自行追偿。自追期间C公司收到小额还款，但双方未达成还款协议。随着国内外疫情先后爆发，Z公司自追效果甚微，于是向中国信保提交了委托材料和索赔申请。

二、智利动乱风险上升

2019年10月14日，由于公共交通系统票价上涨，智利首都圣地亚哥爆发示威抗议活动。10月19日，随着抗议活动升级，圣地亚哥等多地宣布进入紧急状态，军方在相关区域实施宵禁。民众生活成本上升是本次抗议活动爆发和升级的直接原因。此抗议示威活动规模之大、影响之大、范围之广为近年来之最。智利官方当地时间 2020 年 2 月 21 日证实，智利已发生逾百起暴力事件，抗议活动已导致至少 11 人身亡。截至 2 月底，暴力活动从该国首都圣地亚哥蔓延至其他城市。

三、案件处理进展

收到 Z 公司委托后，由于金额较大，中国信保成立了专案小组，对 C 公司开展调查和追偿工作。C 公司是智利当地大型汽车进口、零售商，有近 40 年经营历史，名下约 2000 名员工。其股东均属于 E 家族，该家族在智利当地涉足多个产业。

在中国信保的施压下，C 公司承认了对 Z 公司的债务。但 C 公司坦言，自 2019 年起，受当地政局动荡等外部因素影响，其经营遭遇一系列资金困难。新冠肺炎疫情爆发后，买方资金情况进一步恶化，其大部分销售门店受疫情影响暂时关闭，无法正常销售货物。就本案而言，C 公司表示前期与 Z 公司合作过程中已投入大量市场费用，但因产品利润空间有限、市场竞争激烈、销量下滑等原因，C 公司在销售 Z 公司产品的过程中持续存在亏损。综上，C 公司表示暂时无力偿还本案项下欠款，但仍有意愿与 Z 公司继续合作，并提出拟通过债转股或分期还款等方式偿还本案项下债务，由于分期时间过长，双方未达成一致。

鉴于本案事实清晰，单证齐全，为缓解 Z 公司资金压力，中国信保对 Z 公司进行赔付后取得代位追偿权，继续对 C 公司进行追偿。考虑到当地法院受政局动荡及新冠肺炎疫情影响，已基本停摆，专案小组对本案继续采取非诉追偿，贸易双方虽未达成新的协议，但在专案小组和海外律师的努力下，买方已按优于前述分期还款的计划进行还款。

四、案件启示

（一）提高对国别风险异动的敏锐性

2019 年 10 月的游行示威活动后来演变为智利近三十年来最大规模的

暴力抗议运动。这次抗议活动促使智利主要政治力量就举行全民公投决定是否制定一部新宪法达成共识，并以此作为社会危机的和平解决方案使新宪法通过，但也不能保证民众的诉求得到直接满足。如果多数民众对新宪法失望或不满，可能导致智利政治不稳定性再度上升。本案出口企业 Z 公司一方面拥有较强风险管理意识，内部风控也比较严格，在智利局势变化后第一时间通报可损；另一方面对双方交易进行监控，出现风险信号时控制后续出货，避免了损失继续扩大。

（二）重视应收账款管理，追账宜尽早

业务实践中，出口企业不愿第一时间委托保险公司追讨的原因主要包括：1. 担心保险人的介入会破坏贸易关系，使其丧失现有的出口份额；2. 出口企业希望自己解决，节省追讨佣金。

在市场经济条件下，维持出口份额的决定因素应该是买方对产品的需求。如果出口商对应收账款表现出严肃积极的态度，一方面能够体现其专业、严谨的管理素质，另一方面对于那些因资金紧张或市场波动等客观原因而拖欠的诚实债务人也大有裨益，他可以通过协商获得适当的债务减免和宽限，甚至可能从濒临破产的困境中起死回生。随着账龄的延长，追讨成功率呈递减趋势，应收款有可能在杳无音信中拖延到债务人倒闭、破产或溜之大吉。另外，出口商与其投入大量人力、物力处理逾期账款，倒不如将重心放在开拓新市场、扩大业务量方面，将这个问题交给保险公司追偿，从而提高其综合经营效益。

从本案来看，中国信保专案小组在接到出口企业的委托申请后，考虑到买方自身规模和在当地的影响力、双方的合作态度，主动组织海外渠道、出口企业、债务人开电话会议，在专案小组主持下，四方进行了直接对话和充分沟通，通过自行谈判成功解决了债务问题。

浅析英国破产重整制度之公司自愿安排程序

山东分公司 孙彦文

摘要： 为让广大出口企业面对英国买方破产风险时，可以从容应对，有效降低损失，本文拟通对一则案例对英国破产重整制度之公司自愿安排程序（Company Voluntary Arrangement，CVA）进行简要介绍和阐述，让广大出口企业有所认识和了解。

一、基本案情

2017年6月至9月，国内出口商K公司向英国买方S公司出运多票价值合计约90万美元的货物（纺织品）。S公司主要从事服装的生产和批发，拥有自己的办公场所和仓库。2017年底，伴随着公司经营方面所出现的困难和问题，以及受英国脱欧影响带来的人力成本上升，S公司的资金状况出现严重恶化，难以维持正常经营，开始拖欠供应商货款。为避免因过分迟延而丧失拯救时机，S公司向法院递交了启动公司自愿安排程序的报告，希望通过该程序的保护，与主要债权人就还款安排达成协议，以实现对公司的早期重整。K公司得知相关信息后，向中国信保报损，并委托中国信保介入追偿。

二、处理过程

中国信保接受K公司委托后，立即委托英国渠道介入，对S公司破产重整情况进行调查，协助K公司登记债权，并准备参加债权人会议。债权成功登记后，中国信保对K公司损失进行了赔付，及时缓解了K公司的资金压力。

根据从破产管理人（Nominee）处收到的公司自愿安排方案（CVA proposal），渠道律师认为根据 S 公司资产状况，如果公司自愿安排程序成功启动，S 公司得以继续经营，可以通过处理剩余存货并向其下游买方回收欠款，在一年之内偿还约 32% 的欠款；如果公司自愿安排程序不能启动，S 公司将会进入清算程序。进入清算程序后，S 公司将会支出更高昂的费用，其下游买方也可能因 S 公司停止经营而停止向其偿还欠款。对于债权人，将仅有约 13% 的欠款能够得到清偿。经过与渠道律师的讨论分析，中国信保和出口企业同意接受债务人的公司自愿安排方案。

经过债权人会议表决，S 公司进入自愿安排程序的提议成功启动，S 公司预计将于 2018 年底偿还部分欠款，而 K 公司也将在得到中国信保赔付后进一步挽回部分损失。

三、"公司自愿安排程序"概述

英国破产法体现出的法人拯救文化确立了英国破产重整制度——公司自愿安排程序和管理程序（Administration）。公司自愿安排程序的特点是简便和快捷，通过该程序，债务人公司与其无担保债权人达成延期偿付欠款、减免部分债务等以尽快解决债务问题，类似于我国《破产法》中的和解程序，通常为那些出现临时性财政困难的破产公司所采用。

（一）公司自愿安排程序的启动

当公司不能清偿到期债务或濒临破产时，公司的管理者会在破产职业者（Insolvency Practitioner）的帮助下起草公司自愿安排方案，对公司进行拯救，该方案应当提交给债权人并报法院备案。公司自愿安排方案原则上应包含以下内容：

1. 公司陷入财务困难的具体原因；
2. 公司最新资产负债表和财产清单；
3. 公司根据财务预估（Financial Projection）能够取得的用于重整的资金；
4. 能让债权人得到公平受偿的债款偿还安排；

5. 公司自愿安排程序的持续时间。

公司自愿安排程序是在破产职业者的主导（Practitioner-in-possession）和债务人的主导（Debtor-in-possession）下制定重整方案完成的，法院几乎不参与其中。

（二）召开债权人会议进行表决

为使债务人在一定的期间免于债权人的追讨，得到一个喘息的机会，如债务人符合条件，破产管理人可以向法院申请获得一个时间为 28 天的债务人保护期（CVA moratorium）。在有债务人保护期的情况下，债权人会议须在债务人保护期内举行。在其他情况下，债权人会议应在破产职业者向法院提交公司自愿安排方案之日起第 14 天以后第 28 天以前举行。破产管理人应至少提前 14 天通知债权人会议召开的时间和地点。

有优先受偿权的债权人不参加债权人会议，但是公司自愿安排方案不得影响优先受偿债权人的利益，除非已取得该债权人的同意。出席债权人会议的债权人过半数同意，且其代表的债权额占无财产担保债权总额 75%以上时，公司自愿安排方案才能表决通过。债权人会议表决通过的公司自愿安排方案还须经与债务人无关联关系的债权人（Unconnected Creditor）再次表决，如 50%以上无关联债权人投赞成票，该公司自愿安排方案将视为表决通过并生效。

（三）公司自愿安排方案的效力

公司自愿安排方案的表决生效后，公司自愿安排程序正式启动，而此时公司的经营管理权仍由破产公司自己掌握。破产管理人的称谓由"Nominee"变成了"Supervisor"，负责监督方案执行。如果债权人或利害关系人认为该公司自愿安排方案的内容对其存在不公并且侵犯其合法权益，或者由于破产管理人的行为存在疏漏给其造成损害，有权向法院起诉。法院将会对该公司自愿安排方案进行审查并作出裁决。

（四）公司自愿安排方案执行失败的后果

如公司自愿安排方案未能在债权人会议上表决通过，或者已通过的公司自愿安排方案无法执行，或者破产管理人（Supervisor）认为公司自愿安排程序的启动仍不能拯救公司，破产管理人有权向法院申请该公司进入管理程序（英国另一破产重整制度）或清算程序。

四、对公司自愿安排程序的应对和思考

公司自愿安排程序的启动由陷入财务困境的公司自行完成，债务人往往在陷入资不抵债之虞时便启动该程序，以通过早期重整获得东山再起的机会。面对脱欧谈判带来的一系列影响，不断有英国买方选择通过公司自愿安排程序来获得宝贵的喘息机会，从而得到重生希望。为了更好地防范近期英国买方破产风险给中国出口企业带来的损失，我们建议广大出口企业做好以下三项工作，以便能够及时采取相应的减损措施：

（一）善用出口信用保险，提高对英国买方破产风险的敏感度

由于公司自愿安排程序的启动具有较大的突发性和偶然性。广大出口企业应牢固树立"事前评估，事中跟踪"的意识，积极运用出口信用保险这一政策性金融工具防范风险。掌握买方更多资信情况，并参照以往交易记录及中国信保所批复的买方信用限额金额来谨慎决定单笔交易金额，控制出运节奏。货物出运后，应密切关注买方动态，一旦发现买方出现还款困难，应及时向中国信保报损或索赔，并委托中国信保介入追偿。

（二）利用中国信保渠道资源优势，及时登记破产债权，最大程度保障自身权益

对于无担保债权人，破产债权登记的时效性显得尤为重要。只有破产债权成功登记后，才能获得列席债权人会议的权利并行使相应表决权。

本案中，K公司在其英国买方进入公司自愿安排程序后，利用中国信保海外渠道的资源优势，及时登记了破产债权，并获得了渠道律师意见。通过律师的专业解析，K公司对S公司的自愿安排方案本身所承载的信息、公司自愿安排程序的可行性、S公司的事务安排等重要信息有了全面了解。最终由中国信保海外渠道专业律师代表列席债权人会议，根据自己的需求和利益行使了表决权，最大程度规避了S公司破产带来的经营风险。

（三）善用"所有权保留制度"，降低买方破产造成的不良后果

对于有担保债权，非经债权人同意，公司自愿安排方案不得影响担保权人行使担保权。在当前英国企业破产频发的情况下，出口企业应通过设置担保的方式，有效降低英国买方启动公司自愿安排程序所带来的损失。

在英国，所有权保留被视为浮动担保（Floating Charge），已被普遍采用，尤其受到供应商和律师青睐。所有权保留条款能够在债务人破产时为债权人提供一定程度的救济措施，因此运用所有权保留条款有利于减少买方破产造成的不良后果。

东南亚工程机械行业风险高　企业严格风控是关键

贸易险理赔追偿部　孙　阳

摘要： 受新冠肺炎疫情影响，东南亚地区经济严重受挫，工程机械下游行业不景气，导致工程机械行业整体回款难、回款慢，大量买方经营不善或暂停经营。2020年以来，东南亚地区工程机械案件报损金额大幅增加、出险率急速攀升，其中大量案件确权及追讨工作困难重重。本篇文章旨在通过三宗典型案例，反映东南亚地区工程机械案件存在的共性问题，分析在严峻的外部环境下，出口企业该如何避免共性情况的发生以及如何应对，为出口企业规避类似风险提供参考。

一、案例1：争议管辖地未明确约定，追讨之路百转千回

（一）案件情况介绍

某出口企业香港子公司出口工程车部件给马来西亚买方，金额280余万美元。出运后，买方拖欠货款，2020年出口企业向中国信保报损。买方在当地为经销商，经渠道介入追讨，买方提出货物存在质量问题，声称其出售给其下游后市场反应极差造成其商誉损失，不仅拒绝支付欠款，还要求出口企业赔偿商誉损失。由于本案买方提出纠纷并无事实依据和书面证据，中国信保最大程度保障出口企业利益，迅速完成足额赔付工作。

（二）纠纷及追偿处理

1. 非诉追偿难以突破

由于纠纷问题没有解决，本案追讨困难重重。非诉方面，中国信保委托渠道介入，试图与债务人进行谈判，但债务人非常强势，坚持认为货物

存在质量问题，拒绝和解，难以沟通。面临难以推动的局面，中国信保建议出口企业主动出击，准备启动诉讼程序。

2. 诉讼追偿确定管辖地

经材料审核，出口企业未签署合同，仅签署了订单，在订单中没有约定争议解决方式，给本案诉讼程序制造了较大困难。面临巨额损失，中国信保积极协同出口企业商讨追讨策略，由于没有约定争议管辖地，只能通过交易主体确定起诉地，以避免买方提出管辖权异议。经核查，本案最终只能在香港或马来西亚进行诉讼或仲裁。

但是香港诉讼或仲裁成本非常高昂，仅律师费可能就是百万级的数字，再加上后期获得胜诉判决之后还要转到马来西亚执行的问题，综合考虑我们放弃了香港诉讼或仲裁的方案，选择在马来西亚直接提起诉讼。

3. 和债务人的心理战

由于马来西亚诉讼的不确定性，出口企业难以下定决心真刀实枪跟买方打官司，仍寄希望于非诉谈判。正在我们研究决策过程中，买方却先行在香港对出口企业提起诉讼，以出口企业商品在其销售后毁损其商誉，向出口企业提出一亿美元的赔偿要求。出口企业此时不得不应诉，并根据中国信保指示积极反诉，主张债权。由于中方态度高度一致、坚决打赢官司，债务人很快心态转变，因为债务人也担心随着诉讼时间加长而支付高昂的律师费，很快案件就进入庭外和解。千回百转，本案最终走回到非诉谈判的桌面上，并很快与债务人达成了债务和解方案。

二、案例2：售后措施未进行明确约定，纠纷解决遥遥无期

（一）案件情况介绍

某出口企业2019年与斯里兰卡买方签署合作项目，2019年2月出口企业出运380余万美元工程用车，并进行车辆保险办理、维修培训等工作。合同中约定支付条件为"16%货款于买方收货后45天内支付，剩余84%货款将在提交完工证书文件后支付"。出口企业交付完成后，买方拖欠16%货款证据确凿，由于出口企业资金压力较大，中国信保就16%拖欠货款部分进行了先行赔付，此时出口企业与买方的沟通界面仍然很友好。

（二）售后服务期间买方提争议

出口企业在获得赔付后，继续向买方提供各项培训及维修服务，2020年1月出口企业认为原服务商资质欠佳又指定了新售后服务商，虽未签署新协议，但出口企业仍开展了售后服务工作。到2020年5月，出口企业认为其已完成合同履行，督促买方应按照完工来支付剩余84%的货款，这时买方态度突然转变，首先是拒绝承认新售后服务商，认为出口企业提供新售后服务商资质较差，同时买方私自修改了与出口企业的主合同中关于售后服务的条款，要求在与买方指定经销商签署正式三方协议之前，任何售后服务都不接受。买方此时与出口企业撕破脸，拒绝支付货款，依据合同认为出口企业没有履行义务。

由于出口企业在签订合同时，并未就售后完工情形和证书文件进行明确约定，导致买方钻合同空子，坚持认为出口企业未完成合同义务。本案合同中约定了争议解决方式为斯里兰卡诉讼，由于斯里兰卡当地法律环境欠发达，司法环境不透明、低效等问题严重，且买方本来就有政府背景，本案通过诉讼难以获得债权主张，只能通过非诉谈判的方式解决。中国信保海外渠道帮助出口企业积极协调、谈判，最终达成了初步和解意向。

三、案例3：设立壳公司骗取出口企业信任，实际老板无法联系

2019—2020年，东南亚工程机械类案件出现数宗系列案，涉及中国各大工程机械重点企业，总计金额高达数千万美元，买方实际控制人均为相同的几个人。这些债务人惯用伎俩就是在印尼、柬埔寨、越南多地找来关系密切、有背景、有资金实力的股东合作注资成立经销公司，然后与中国多家出口企业建立联系，签订大额销售合同。出口企业按照销售合同出运货物后，这些控制人就开始"神出鬼没"，难以联系。

经过中国信保渠道律师多次联系、找寻，也未能找到实际控制人以及债务人的有效资产，壳公司也在相关案件出险后相继倒闭，造成了出口企业巨额损失。

四、共性问题梳理及风险防范建议

（一）经销商资质审核要细致

结合多宗东南亚工程机械案例发现，债务人多为各国的本地经销商，并不是最终买方，所以出口企业对经销商的资质审核更为谨慎，出口企业在做大额交易前，一定要保持审慎态度，除了查看经销商经营规模、财务状况等，还要认真审核经销商资质以及口碑。从中国信保介入案件整体情况来看，有长期稳定的下游客户的经销商、与政府有合作的经销商以及多年与出口企业有交易的经销商，在追偿过程中还款能力和还款意愿均明显好于其他经销商。此外，出口企业也可以从经销商本地的下游市场反馈判断经销商资质，如果有的终端买方反馈收到的货物与出口企业发货的货物有差别，说明经销商不在意自己的商誉，可能通过出卖部件谋取小额利益，对于这样的经销商出口企业就要提高警惕。

在小额订单签约之前，出口企业如果没有过多时间和精力进行经销商资质审核，可以追加例如个人担保、控制货权等手段措施来保障后期货款回收。

（二）争议解决方式不能遗漏

东南亚地区整体法律环境较其他地区和国家落后很多，例如印度尼西亚、菲律宾、柬埔寨的法律环境尤其恶劣，法院不透明、法官索贿等问题已成为潜规则；而如果约定仲裁，例如香港或新加坡仲裁，成本又会非常高昂，对于小金额案件无法适用。虽然东南亚地区通过高效、经济的手段获得胜诉难度大，但从多数案件情况来看，提起诉讼仍然是扭转案件追讨形势的一个重要抓手。如债务人所在国法律环境比较恶劣，出口企业可以约定国内仲裁或香港诉讼，中国作为纽约公约缔约国，在东南亚大部分国家都可以申请仲裁执行，而香港属英美法系，基于英联邦判决互惠执行法案等，香港诉讼也可以在东南亚多国申请执行。基于这样的大背景，出口企业一定要坚持约定争议管辖地，后期如果我们对买方提起诉讼或仲裁，对买方会形成巨大压力，非常有助于推动非诉追偿。

(三) 售后服务约定要细致明确

工程机械类商品跟其他贸易商品有一个最大不同点就是交易本身需要包含大量售后服务工作,包括维修、配件提供、培训、售后服务商指定等部分,这些大量复杂的售后工作内容在合同中一定要有明确的完成服务的条件约定、明确的付款时点约定,签署合同时一定要协商明确售后服务提供方。在诉讼确权难度较大的情况下,只有在合同中堵住这些容易出现的漏洞,才能有效保障合同履行完毕后向债务人主张债权的权利。

不按套路出牌的孟加拉国开证行

山东分公司　孙彦文

摘要：孟加拉国外汇管制极其严格。根据孟加拉国商务部颁布的《Import Policy Order》，出口到孟加拉国的货物必须使用信用证支付方式，特殊情况如易腐烂食品除外。孟加拉国信用证结算方式最头疼的问题是开证行不及时付款，对交单行的催收又置之不理。本文通过两宗案例让出口商了解孟加拉国开证行一些不寻常的做法，并就与孟加拉国进口商通过信用证支付方式进行交易时需注意的问题，向广大出口商提出几点建议。

一、案例一介绍

（一）案情简介

国内纺织品出口商 A 公司于 2018 年 3 月向孟加拉国进口商 B 公司出口一票价值 38 万美元的染色斜纹布料，双方在贸易合同中约定的结算方式为即期付款信用证，开证行为孟加拉国 C 银行。应付款日届至后，开证行 C 并未提出"不符点"，但亦未支付货款。A 公司遂于 2018 年 5 月向中国信保报损，并委托中国信保介入追偿。

（二）案件处理

因案情紧急，A 公司报损后，中国信保立即要求 A 公司提交全套贸易单证及信用证相关文件。收到出口企业的委托材料后，中国信保立即委托海外渠道介入。渠道介入后，开证行 C 并未提出拒付原因，向渠道保证，将与申请人（进口商 B 公司）讨论此事，并将尽快解决此事。经渠道调查，开证行 C 与进口商 B 公司有着较密切的业务往来，渠道怀疑开证行 C 与进口商 B 公司串通拖欠货款。经渠道施压并与开证行 C 的几番沟通，开证行 C 终于表示将向受益人（出口商 A 公司）支付信用证项下的款项。

根据渠道的反馈，我们可以发现，开证行 C 并未根据"UCP600"的规定发出拒付通知，只是一味地拖欠货款。在中国信保海外渠道的努力下，开证行 C 与进口商 B 公司迫于压力支付了信用证项下的全部款项。

二、案例二介绍

（一）案情简介

国内出口商 D 公司于 2018 年 1 月向孟加拉国进口商 E 公司出口一票价值 6 万美元的苹果，结算方式为即期信用证，开证行为孟加拉国 F 银行。因开证行未支付货款，D 公司于 2018 年 11 月委托中国信保介入追偿。

（二）调查情况

据开证行 F 银行称，他们从未提出任何"不符点"，最初，由于进口商 E 公司提出 D 公司出运的货物中存在质量问题，D 公司和 E 公司之间达成了和解，D 公司同意给予 E 公司折扣 12000 美元。此后，F 银行向渠道提供了其收到的 D 公司通过银行于 2018 年 5 月 11 日向其发出的 swift 电文，该电文通知 F 银行可以在申请人未付款的情况下向其发放单据。经与 D 公司核实，D 公司确认 F 银行所述情况属实。

根据"UCP600"，如单证相符，开证行应在收到信用证项下全套单据后翌日起 5 个工作日内作出付款或拒付的决定。本案中，D 公司已通过国内银行向开证行 F 银行发出 swift 电文，指示它可以在未付款情况下向申请人发放单据。这样即使 F 银行未在"UCP600"规定的时间内提出不符点或发出拒付通知，F 银行也不再承担付款责任。

三、孟加拉国银行风险

渠道告知中国信保，在实际业务中，孟加拉国银行往往与开证申请方有着较密切的业务关系。在中国信保委托追偿的孟加拉国信用证案件中，经常有以下几种情况：一是银行在没有任何理由的情况下拖延付款时间，即使议付行多次催促也置之不理；二是银行不立即支付货款，先行放单给进口商，允许进口商提货后向出口商提出所谓的质量索赔，迫使出口商折扣降价，然后由议付行指示开证行从付款中扣除折扣部分；三是进口商提货后，向当地法院上诉货物的质量问题，由法院通知银行停止付款，银行借故在法院审理案件期间不能对外支付，从而拖延付款时间；四是进口商接受不符点提货后，银行仍然不支付货款。

四、启示与建议

（一）孟加拉国开证行风险不容小觑

在信用证结算方式下，只要出口商按信用证规定提交单据和汇票，银行必须付款，所以信用证的性质属于银行信用的结算方式。由于银行信用优于商业信用，容易被广大出口商接受，亦有利于交易达成。然而在本案项下，孟加拉国开证行C并未根据UCP600相关条款约定向出口商支付货款，而是无理由的拖延付款时间。

根据孟加拉国外汇管理的有关规定，除特殊情况外，对外支付一般都必须采用银行信用证的方式。由于孟加拉国商业银行的信誉普遍较差，许多开证行违规操作，导致出口商经济损失。这种情况主要发生在鲜活农产品、化工原材料和纺织原材料的出口中。如果当时的市场价格下跌，有些进口商则与开证行勾结恶意提出"不符点"、退单拒付或趁机向出口商提出高额索赔，迫使出口商降价，从而蒙受较大的经济损失。在孟加拉国，银行退单后，货物的处理非常困难。货物的退回和转手必须经原出口企业的同意才能办理，手续繁琐，出口企业一般都不会采取合作的态度，所以退运回去的情况很少，即使退运回去，损失也非常严重。按孟加拉国海关规定，货物滞留在港口超过3个月（水果蔬菜类45天）不清关，货物将由海关拍卖，拍卖收入上缴国库。

（二）规范各项操作，维护自身权益

为防止上述情况造成的经济损失，出口商在信用证付款时应注意如下

几点：一是应积极运用出口信用保险这一政策性金融工具，掌握开证行更多资信情况，也可通过中国驻孟加拉国大使馆经济商务参赞处了解存在重大风险和被列入违约黑名单的孟加拉国银行，减少出运盲目性，避免决策失误，有效转移风险。二是严格做好信用证的审证工作。如发现"不符点"，交货之前必须改证，尤其是交货期，使之符合信用证的规定，即使出口企业提出接受"不符点"交单，也不能接受，坚持改证后发货。三是签订合同时，如果有可能，尽量收取一定比例的预付款。买方在支付预付款的情况下，即使开证行提出"不符点"，相对容易解决，不至于造成出口企业退单拒付的不利情况。四是及早委托中国信保介入追偿工作，以免由于形势变化影响追偿效率。

浅谈孟加拉国信用证风险

浙江分公司　胡芳芳

摘要：在国际贸易实践中，信用证作为国际贸易中常用结算方式，有银行信用的背书。严格按照信用证惯例使用信用证，对进出口双方都具有一定的安全保障，但这也并不意味信用证对出口方是绝对安全的。尤其是2020年新冠肺炎疫情爆发，疫情不断蔓延，买方违约风险上升，开证行为了转嫁损失，往往会提出不符点。下面通过一则案例，提出防范、规避此类风险的措施和建议。

一、基本案情简介

出口企业A公司为绍兴一家出口面料为主的中型外贸公司，其与孟加拉国B公司签订销售合同，此后B公司根据合同要求向孟加拉国C银行申请开立了金额约为5万美元的不可撤销信用证，约定支付条件是L/C 120 days from the date of acceptance（即承兑后120天内付款的信用证）。A公司接到信用证后，及时于2020年4月14日向孟加拉国B公司出运1票面料，发票金额50945.52美元。随后A公司立即通过中国银行绍兴市分行向C银行交单，C银行于2020年4月29日提出了不符点，即中国银行提供的汇票未进行背书。A公司通过询问货代得知，买方已提取本案项下货物，并提供了提货证明。A公司随即与B公司联系，B公司称因受新冠肺炎疫情影响，要求延期付款。A公司遂于2020年7月15日向中国信保通报了可能损失，并委托中国信保协助追讨货款。

二、案件处理过程

中国信保接到报损通知后，立即要求 A 公司提交了全套贸易单证资料及信用证相关文件。经审核 A 公司提交的案卷材料，中国信保发现，开证行提出的"不符点"虽然客观存在，但开证行已擅自放单予买方，援引信用证国际惯例 UCP600 相关规定，中国信保立即指导 A 公司通过中国银行绍兴市分行向开证行发电文抗辩。

同时中国信保委托海外渠道介入，向开证行及买方 B 公司一并追讨。B 公司承认收货并全额认债，开证行后续发送延期至 2021 年 3 月 16 日付款的承兑电文。渠道表示该延期不可接受。后开证行进一步表示该信用证为背对背信用证，需要收到 B 公司款项后才能付款，应该在 2020 年 11 月底之前。因本案属于保险责任，基于以上判断，中国信保对本案进行了足额赔付。

三、本案启示

本案是一起典型的孟加拉国银行拖欠案件。据了解，孟加拉国买方通常从我国进口纺织品面料，在孟加拉国当地进行加工后再转售欧美等发达国家的下游买方。买方通常会选择账期超过 120 天的远期信用证进行结算。结合本案，出口商在采用信用证的支付方式时，须注意以下几点：

（一）警惕开证行风险

据渠道调查，本案中买方以向银行提交保证函的形式直接取得了正本提单并凭以提货。正如本案反映出来的情况，孟加拉国银行在进行国际业务操作时，并不总是严格依照国际惯例行事。例如在远期信用证受益人提交单据，开证行进行承兑后，如果到期时开证申请人没有将全额货款打给开证行，则开证行此时就可能会罔顾其在信用证下的第一性付款责任，拒绝向受益人支付货款。出口商为了规避以上风险，通常可以要求买方选择国际排名较高的银行开立信用证，或者指定具备国际信誉的大银行为信用证保兑行。

（二）关注开证申请人资信情况

根据 UCP600 第 4 条规定，信用证的独立性原则得到了完善的体现，即信用证的效力和性质独立于基础买卖合同之外，并不受买卖合同影响和制约。只要出口商提交的单证相符、单单相符，开证行就应承担付款责任。但实务中，尤其是孟加拉国等发展中国家的银行开出的信用证往往无法提供真正的银行信用，其付款与否取决于买方是否向银行付款。一些买方会人为设置"软条款"等陷阱，使出口商在交单时遭遇重重阻碍，最终导致开证行以"不符点"为由，"合理"地拒付货款。此外，很多买方在有利可图时往往表现尚可，但在市场行情不好时，便会与开证行同谋寻找各种借口延付甚至拒付货款。所以在采用信用证方式交易时，出口商仍然需要密切关注买方的财务状况及经营情况。

（三）遇到"不符点"不要惊慌

在信用证操作实务中，开证行惯用的拒付手段就是挑剔单据中可能存在的"不符点"。对此，一方面，出口商要严格依照信用证约定制单、交单，做到单单相符、单证相符；另一方面，出口商在收到开证行"不符点"拒付通知时，不要惊慌，而应该积极利用 UCP600，维护自身合法权益。

《跟单信用证统一惯例（第 600 号出版物）》（UCP600）作为国际银行间叙作信用证业务的规范性法律文件，对开证行提出"不符点"在时间、内容、行为等方面提出了若干程序性限制条件，具体介绍如下：

1. 时间限制：收到单据翌日后五个银行工作日内

UCP600 第 14 条 b 款规定："b. 按照指定行事的被指定银行、保兑行（如有）以及开证行，自其收到提示单据的翌日起算，应各自拥有最多不超过五个银行工作日的时间以决定提示是否相符。该期限不因单据提示日适逢信用证有效期或最迟提示期或在其之后而被缩减或受到其他影响。"根据上述规定，出口商如收到开证行的"不符点"拒付通知，应首先通过交单行核查开证行收到信用证项下全套单据的确切时间，以便据此计算开证行审单和提出"不符点"的最后时限。如发现开证行超过 UCP600 规定的时限提出"不符点"，则应立即通过交单行向开证行进行抗辩。

2. 内容限制：拒付时应一次性提出全部"不符点"

UCP600 第 16 条 c 款规定："c. 当按照指定行事的被指定银行、保兑行（如有）或开证行决定拒绝兑付或议付时，必须一次性通知提示人。通知必须声明：i）银行拒绝兑付或议付；ii）银行凭以拒绝兑付或议付的各个不符点……"根据上述规定，出口商在通过交单行与开证行交涉"不符点"问题时，如发现开证行在首次提出"不符点"后，又提出新"不符点"，即开证行未一次性全部提出"不符点"，则开证行无权再主张新"不符点"。

3. 行为限制：开证行拒付后的四种单据处理方式

UCP600 第 16 条 c 款规定，开证行提出"不符点"拒付通知后，只有如下四种单据处理方式："a）银行持有单据等候提示人进一步指示；或 b）开证行持有单据直至收到申请人通知弃权并同意接受该弃权，或在同意接受弃权前从提示人处收到进一步指示；或 c）银行退回单据；或 d）银行按照先前从提示人处收到的指示行事。"因此，出口商如发现开证行提出"不符点"拒付通知后又擅自放单，应直接向开证行主张全额付款责任。

新加坡拖欠案件追偿初探

山东分公司　孙彦文

摘要： 随着与我国贸易关系的日益密切，新加坡成为世界第二大人民币离岸清算中心，具备为共建"一带一路"提供贸易服务的优势，是我国重要的出口目的国。本文通过一宗买方恶意拖欠案件，介绍在新加坡向债务人主张债权时能够采取的主要措施，希望广大出口商在与新加坡买方协商解决债务问题时能够及时、灵活运用这些法律手段。

一、案情简介

2015 年 8 月，国内出口商 A 公司向新加坡买方 B 公司出运 2 票价值合计约为 35 万美元的货物（轮胎），贸易合同约定支付方式为收到提单后 60 天付款。直至 2015 年 12 月，B 公司虽已向 A 公司出具书面的认债文件，但仍未支付货款。A 公司遂向中国信保报损，并委托中国信保介入追偿。

二、委托追偿

中国信保接受 A 公司委托后，立即委托新加坡追偿渠道介入。渠道与 B 公司取得联系后，对方表示货物已售与一马来西亚买方，A 公司应向该马来西亚买方追讨债务。根据贸易单证信息，合同买方及提单收货人皆为 B 公司，且其他贸易单证中也未显示有一马来西亚买方参与本案项下交易。渠道要求 B 公司对此做出解释，B 公司无言以对，最终告知渠道方才所指马来西亚买方系其公司下游买方，如不能从该下游买方处收汇，便不会偿还对 A 公司的欠款。从 B 公司的态度可以看出，该公司无还款意愿，通过和解方式追讨希望渺茫，中国信保决定通过法律途径向 B 公司追偿，以保障出口企业 A 公司权益。

三、处理方案

（一）法定要求偿债书

法定要求偿债书（Statutory Demand）是在英联邦成员追索债务时最常用的工具之一。根据新加坡相关法律规定，债权人依法向债务人发送法定要求偿债书后，债务人应在收到法定要求偿债书后 21 天内主动联络债权人协商还款方案或提供令债权人满意的担保。如果债务人对法定要求偿债书所述债务有异议，或者对债权人有相应的抵偿或者反诉请求，也应立即与债权人联络，或在 10 个工作日内向法院申请取消法定要求偿债书。如果债务人在收到法定要求偿债书后 21 天内未对其中所述债务采取任何行动，则债务人会被推定无力偿还债务。在这种情况下，债权人有权向法院提交请愿书启动对债务人的清盘程序（Winding up proceedings）以使债务得到偿还。

由于法定要求偿债书是债权人对债务人施压的有效策略，且发送法定要求偿债书仅需支付较低费用，中国信保决定要求渠道首先向 B 公司发送法定要求偿债书，希望能通过施压，促使 B 公司主动协商并提出还款方案。然而，法定要求偿债书发出后，我方没有得到债务人的任何回应。虽然法定要求偿债书赋予了债权人向法院申请对债务人进行强制清盘的权力，但申请该程序需支付高昂的法庭和律师费用，且债务人财产将用于对其所有债权人的分配，而作为无担保债权人的 A 公司可能实现的追回款非常有限甚至为零。

经权衡利弊，中国信保决定放弃行使对 B 公司进行强制清盘的权力，转而对 B 公司公司财产状况展开深入调查，并根据本案实际情况及 B 公司财产情况，分析如果对 B 公司启动民事诉讼，是否可能获得简明判决并通过强制执行实现追回款。

（二）民事诉讼

在新加坡，多数涉及合同纠纷和侵权行为的民事诉讼是通过传讯令状

（Writ of Summons）开始的。令状签发之前须注有起诉书（Statement of Claim），如令状未附注起诉书，原告则须在被告应诉之日起的十四天有效期届满前将起诉书送达。被告应在收到传讯令状之日起 8 天内（或在司法辖区外收到令状之日起二十一天内）通过向法庭递交应诉通知书（Memorandum of Appearance）的方式应诉，对案件进行抗辩，且应当在应诉期届满或在收到起诉书之日起 14 天内（以较后的期日为准）向原告送达答辩状。

如果被告未应诉或虽已应诉，但未在令状指明时限内递交答辩状，则原告可以请求法庭对被告做出欠缺答辩状（Default Judgment）的判决。

如果被告已应诉并递交了答辩状，但在答辩状中明显缺乏对原告主张进行抗辩的实质事由，则原告可以请求法庭对被告做出简明判决（Summary Judgment）。

鉴于 B 公司已向 A 公司出具书面认债文件，但不配合我方追偿，渠道认为如果传讯令状发出后，B 公司极有可能不会递交答辩状，或在答辩状中明显缺乏对原告主张进行抗辩的实质事由，且 B 公司之前出具的书面认债文件亦能够帮助 A 公司顺利获得简明判决。如果欠缺答辩状的判决或简明判决能够顺利获得，我方可以根据 B 公司财产情况和本案实际情况申请强制执行。

（三）强制执行

1. 第三债务人法律程序

根据本案的前期勘查情况，B 公司拖欠货款的原因系其下游买方拖欠。针对这一情况，如果在诉讼中能够得到胜诉判决，我方可以首先申请第三债务人法律程序（Garnishee Process）以保证欠款能尽快得到偿还。

第三债务人法律程序适用于判决债务人（Judgment Debtor）对第三方享有债权的情况。当判决债权人（Judgment Creditor）接受了判决债务人对第三债务人的债权后，则第三债务人必须向判决债权人，而不是向判决债务人履行债务。判决债权人若要让第三债务人向己方清偿其对判决债务人的债务，则必须首先向法庭申请"债权扣押令"（Garnishee Order Nisi）。如果第三债务人在陈述理由阶段（Show Cause Proceedings）承认对判决债务人有未清偿之债务，则可以正式启动第三债务人法律程序。这意味着第三债务人必须向判决债权人，而不是向判决债务人履行债务。

2. 查封令和变卖令

法庭判决可以通过签发各种执行令状（Writ of Execution）的方式来强制执行。针对本案项下债务，如果在诉讼中能够得到胜诉判决，A 公司可以向当地法院申请签发对于 B 公司所有人个人在新加坡境内动产及不动产的查封令和变卖令（Writ of Seizure and Sale），通过拍卖 B 公司所有人财产来偿还欠款。

四、案件启示

追偿实务中，多数案件是通过非诉方式开始并进行的，然而对于恶意拖欠和还款能力欠佳的债务人，及时采取诉讼方式追讨往往能够防止因债务人财务状况进一步恶化、转移资产等情形使案件错过最佳追讨时机，尤其是在新加坡这种法律体系不断完善而且保持稳定的国家。中国出口商如希望在海外通过对债务人提起诉讼来挽回损失，应当注意以下问题：

（一）充分了解债务人财产状况

债务人的财产状况是胜诉判决得以强制执行的关键要素。我们对债务人进行诉讼追讨的最终目的不是胜诉，而是通过胜诉判决最终能够追回欠款、挽回损失。如果债务人财务状况堪忧，向债务人提起诉讼，仅会使出口企业花费大量诉讼成本，而不会对债务人起到任何威慑作用，更不能挽回自身损失。

（二）合理评估诉讼的可行性

本案虽然金额不高，但从前期勘查情况来看，案情较为清晰，且债权无争议。如对债务人提起诉讼，案件很有希望在进入审批程序之前，因欠缺答辩状的判决或简明判决迅速终结，从而在早期阶段被审结。这样可以使 A 公司节省大量诉讼费用并提高追偿效率。然而对于金额不高但纠纷较严重的案件，则并不适合尝试本文所述民事诉讼程序，因为一旦被告证明了案件有重要争议点（a serious question to be tried）值得审理，则会很大程度的延长案件的诉讼时间并增加诉讼成本。

一宗韩国买方破产案件的启示

贸易险理赔追偿部　贾　真

摘要： 新冠肺炎疫情肆虐全球，给世界经济造成重创。在此宏观背景下，韩国内需不振和出口受阻的"内忧外患"情况持续，濒临破产的企业数量激增。而在面对国外买方破产时，不少出口企业消极应对，被动等待分配结果，往往造成货款的巨额损失。本文通过总结案件处理经验和简要介绍韩国破产重整程序的流程特点，为出口企业积极应对买方破产提供参考。

一、案情介绍

国内出口商 A 向韩国买方 B 出口一批螺纹钢，价值共计 150 万美元。经 A 多次自行催收，B 继续拖欠货款，A 遂向中国信保报损，并委托中国信保向 B 追讨欠款。

接到报损通知后，中国信保立即展开了调查、追讨工作，在充分确认贸易真实、单证齐全、属于保险责任的前提下，快速启动定损核赔程序，并于 2020 年 4 月下旬足额向 A 公司支付赔款 120 万美元。

中国信保在审核单证时发现，A 公司在自行催收阶段，曾获得一份由国内企业 C 出具的担保函，确认 B 公司承诺于 2019 年 5 月 30 日前付清欠款，C 公司对此提供连带担保。经中国信保核实，A 公司与担保人 C 公司最后一次沟通时间为 2019 年 5 月 29 日，担保函已于 2019 年 11 月 30 日到期，担保人 C 已于 2019 年 12 月 1 日起免除本案保证责任，故无法再向 C 公司进行追偿。

B 公司方面，前期虽出具了分期还款计划，但迟迟未履行。中国信保委托海外渠道密切跟踪了解到，B 公司经营状况进一步恶化，终于 2020 年 5 月进入破产重整程序。中国信保立即委托海外律师进行债权登记，但破产管理人否认债务，拒绝登记本案项下债务金额。中国信保遂向法院申请债权登记确认裁决，最终全额登记上本案项下债权。

二、案件启示与建议

本案受限于客观情况，丧失了对国内优质担保方的连带责任追偿权，但也给其他出口企业带来一定启示。

（一）"过期无效"

保证期间，是指当事人约定或法律规定的，保证人承担保证责任的期限。保证人与债权人约定保证期间，按照约定执行。保证人和债权人未约定保证期间或约定不明的，法律规定保证期间为 6 个月。保证期间从自主债务履行期届满之日起计算。一般保证的债权人在保证期间内未对债务人提起诉讼或者申请仲裁的，连带责任保证的债权人在保证期间内没要求保证人承担保证责任的，保证人免除保证责任。

由此可见，保证期间有别于诉讼时效，属于除斥期间，具备不因任何事由发生中断、中止、延长的法律效果。建议出口商在与国内企业签署担保文件时，明确约定保证期间，并且要在保证期间内及时有效地向担保方主张债权，同时保留相关证据。

（二）韩国重整程序简介

2005 年，韩国将之前的《破产法》《社会整理法》《和议法》及《个人债务人回生法》统一合并为《关于债务人回生及破产相关法律》（又称《统合破产法》），其中规定了五种由法院监督的破产程序：重整程序、简易重整程序（针对小型企业债务人）、个人重整程序、破产程序及跨境破产程序。在韩国法中，重整程序要优先于破产程序。清算型程序的"破产"，以处分债务人财产、折价、使债权人得到公平受偿为主要目的，而再建型程序的"重整"，目的是使资不抵债或将要破产的债务人能够按照由债权人协议会通过且由法庭批准的偿付计划进行债务重整。重整程序的偿付期限最长不超过 10 年，进行过程一般可划分为 8 个阶段：重整程序启动申请→保全处分、保全管理命令、中止取消命令、概括性禁止命令→重整程序启动决定→提出债权人名单、申报债权及债权调查确定审判→债务人财产调查结果→重整计划案的提出、决议、批准→重整计划的执行→重整程序的终结。

（三）充分行使重整债权人权利

为了兼顾债务人和债权人的利益，韩国破产法规定了债权人的诸多权利，包括提出重整申请（持有一定数额以上债权的债权人享有申请权）、申报债权、选举管理人（在中国，管理人的选任是由法院单独决定的）、申请更换管理人、监督管理人及破产财产监管人、对重整程序提出意见、获得通知、接受或否决重整计划等。如果债权人对重整程序持消极态度，公司的重整难以成功。债权人应充分了解韩国破产法赋予自身的权利，尽早委托专业律师介入，积极参与到破产程序中。

（四）密切关注买方风险异动，防止财产流失

在重整程序正式启动前，债权人争先恐后实现各自债权的行为很可能造成债权人之间的不公平债权偿还，债务人也可能在重整程序中抽逃公司财产。对此，韩国破产法规定了重整程序正式启动前的临时保全措施，如发现买方有低价变卖资产、转移财产、隐匿或向部分债权人清偿等行为，可申请保全处分，包括禁止清偿、禁止转让财产、禁止设定担保物权等。如发现其他重整债权人对买方财产行使假扣留、假处分、强制执行、实现担保物权等行为，可申请中止取消。此外，韩国破产法还规定了否认权制度，管理人可以对债务人在破产宣告前进行的、不利于债权人的行为予以否认，并追回财产。

（五）积极应对债权异议

在确定重整债权时，如管理人或债权人有争议，可以在管理人审查期限届满后一个月内向审理重整程序的法院申请债权登记确认裁决。该程序通常要开 2~3 次庭，但并不涉及全面审理，通常会持续 2~3 个月。如对法

院裁决不服，可在收到书面裁决后一个月内提起"异议诉讼程序"，该程序流程与韩国民事诉讼程序相同，且可与重整程序并行。通常情况下，一审法院做出民事诉讼判决需要 8~10 个月，向上诉法院上诉需要 8~10 个月，如还需向最高法院上诉，诉讼程序将再持续 1~2 年。

# 面壁三年图破壁

——安哥拉外汇管制下的追偿实务

贸易险理赔追偿部 贺力群

摘要： 安哥拉是撒哈拉以南非洲的第三大经济体和最大吸引外资国家之一，也是非洲第二大石油生产国，石油产业是国民经济的支柱产业。近年来全球油价下跌对安哥拉国民经济产生较大冲击，造成外汇储备下跌，本币持续贬值，政府随之出台严格的外汇管制政策，使得当地进口商企业获取和汇出外汇存在很大困难，对国内出口企业收回货款产生很大影响。本文结合中国信保和出口企业在安哥拉追偿案件中应对外汇管制政策、多方尝试换汇的经验，探索在安哥拉等实施外汇管制国家进行追偿的思路。

一、基本案情

出口企业向安哥拉一买方出运，发票金额约1400万美元，买方在支付少量预付款后，拖欠剩余货款，中国信保赔付了900多万美元。

本案买方成立于2009年，为安哥拉规模较大的汽车、家电和日用品经销商，其目前经营情况良好。中国信保介入本案后，买方全额承认债务，展现了诚恳的还款态度，其表示因安哥拉外汇短缺、外汇管制政策严厉，其虽有足额本币，但是难以兑换美元还款。鉴于此形势，中国信保将追偿焦点放在如何在安哥拉尽快将本币宽扎兑换成美元用以偿还债务上，并围绕这一焦点进行了多方尝试。

二、多种途径尝试换汇

安哥拉企业目前获取外汇的主要途径仍为通过商业银行向央行按月度

申请换汇，央行给予不同商业银行一定换汇额度，每月央行释放的额度大4~5亿美元。导致安哥拉企业目前还款困难的核心是难以通过商业银行向央行换取足额美元，安哥拉目前汇率下行压力不断增大，再加上外汇市场管理不规范、效率低下，为了尽快从央行处获取有限的外汇，当地企业往往需要广泛尝试，动用各种关系，获取更高的换汇优先级。除了通过常规途径定期从央行换取外汇之外，当地企业也尝试采取多样化经营、本地化采购等策略，将本币收益就地消费、投资，降低汇兑限制带来的损失。

（一）通过央行申请换汇

安哥拉目前有限的外汇额度将被优先用于偿还公共债务和事关国计民生的产品和石油产业相关产品的进口，且安哥拉相关管理机制并不健全，央行给予的换汇额度和顺序受外部影响较大，换汇存在较大不确定性。中国信保委托在安哥拉国内相关政府机构具备广泛人脉和影响力，同时具备较高专业水平的大型跨国律所介入追偿，向央行争取较高的换汇优先级和足够的额度进行还款。在此基础上，中国信保与买方初步达成了和解意向。

在和解意向达成后，由于安哥拉经济复苏缓慢，宽扎持续贬值，渠道始终难以协助买方成功换汇。特别是安哥拉放弃固定汇率政策，采取浮动汇率制度之后，宽扎加速大幅贬值，渠道表示已经无法按照原有方案完成换汇。鉴于此情况，为防止宽扎继续贬值造成的不良后果，中国信保果断更换渠道，积极寻找其他在安哥拉具备资源的大型律所推动换汇，委托另一家总部位于美国的大型跨国律所，并请其当地律师与安央行保持高频率沟通走访，尝试优先获得换汇资格。

（二）设立共管账户

安哥拉未来外汇供给和外汇政策存在较大不确定性，为优先持有一定数量的宽扎，以便日后出现换汇机会时能够第一时间进行兑换，中国信保要求买方设立共管账户，在该账户中存入与拖欠美元等额的宽扎，并保证账户中宽扎仅能用于兑换美元偿还本案项下欠款。在中国信保推动下，买方设立了共管账户并存入在当时等于拖欠美元金额的约22亿元宽扎，中国信保同步委托渠道定期核查账户中资金，确保该笔资金不被挪用。共管账户的设立，为日后抓住换汇时间窗口，尽快完成汇兑奠定了基础，在一定程度上锁定了汇兑风险。

（三）尝试购买安哥拉国债

为进一步锁定在手宽扎，等待换汇时机，中国信保向安哥拉当地金融机构广泛咨询，尝试要求买方购买安哥拉国债。经相关金融机构介绍，当地企业和个人可向商业银行购买安哥拉政府发行的国债（USD Index Linked Bonds），当地企业支付宽扎购买此种国债后，央行将宽扎兑换成等额美元，债券到期后，央行再将美元按实时汇率转换成等额宽扎返还债券持有人。目前发行的国债持有期从 2 年到 5 年不等，到期收益率为 5% 到 7.5%。如未来安哥拉宏观经济未出现明显好转，外汇政策未出现明显松动，当地企业购买国债将有利于冲抵汇率下跌造成的损失，锁定远期风险。

（四）尝试人民币与宽扎直接兑换

中国与安哥拉经贸和投资合作密切，中国企业在安哥拉存在一定的宽扎需求。中国信保会同出口企业和买方积极寻找在安哥拉当地有宽扎需求的中资企业，尝试实现人民币和宽扎的直接兑换，即意向企业与买方签署代理采购或代为支付的协议。本案买方对其当地采购通过支付宽扎进行代付或代理采购，意向企业通过国内人民币账户将等额人民币支付到中国信保或出口企业账户，兑换汇率参考官方汇率和平行市场中间价。

三、启示与建议

中国信保在多年的追偿过程中反复探索，多管齐下，既坚持向央行换汇的主流汇兑模式，又积极尝试多种创新模式，综合应对汇况困难问题，争取妥善应对安哥拉严峻的外汇管制形势，确保案件追偿向积极的方向推进。但客观地说，目前安哥拉外汇管制政策依旧未有松动迹象，未来外汇市场形势仍有较大不确定性，在该国开展追偿工作需要务实灵活的处理思路，更需要耐心和坚持。

（一）加强学习积累，全面掌握外汇管制国家相关外汇政策，密切跟进各国政治经济局势,就各国风险案件制定相应预案。

(二)确立灵活务实的案件处理思路,因地制宜,综合利用多方资源,积极尝试不同的换汇策略,加强追偿模式的创新。

(三)秉持耐心坚持的心态,客观理性看待外汇管制国家汇兑困难问题,做打持久战的准备。

巴西进口代理制度下的投保主体分析

山东分公司 李晓甜

摘要： 如果一个巴西进口商要进口一批货物，需在货物出运之前，通过巴西外贸综合管理系统（SISCOMEX）向进口主管部门索要进口申报单（DI/IMPORTDECLARATION），只有在获取进口申报单后，特定货物才被允许进入巴西境内，进口商也才能向中央银行提出购买美元申请以支付给境外出口商。这种模式项下出口企业应该注意什么呢？下面的案例将会给出参考。

一、案情简介

出口企业 H 公司向巴西 S 公司出运货物（家用照明材料），发票金额为 112 万美元，付款条件为 OA 120 天。出口企业以 S 公司为主体向中国信保申请限额并申报。货物出口后，因未能收回到期款项，出口企业就与 S 公司贸易项下损失向中国信保报损。

二、案件审理

（一）单证审理情况

1. 出口企业与巴西 S 公司未签订正式的买卖合同，而是通过形式发票形式确定买卖关系。形式发票中 S 公司显示为 "Buyer"，P 公司显示为 "Importer"。另外形式发票中明确标识 "We accept the order and inform that payment is on account of P"。

2. 案件项下提单收货人显示为 S 公司，但通知方显示为 P 公司。

3. 货物出口后，出口企业收到 P 公司支付的 24 万美元还款。

（二）海外勘查情况

我司委托渠道勘查，S 公司否认交易，称贸易项下的实际买方为 P 公司，其仅代理 P 公司办理涉案货物的进口清关手续。渠道进一步与 P 公司核实，P 公司全额承认案件项下债务。后渠道经进一步调查反馈，P 公司已进入破产重组程序，根据公布的债权人名单，出口企业在 P 公司项下享有破产债权金额为 279 万美元（含本案及其他案件项下破产债权金额）。

三、启示及建议

本案是一起典型的外贸代理纠纷案件，争议的产生源于巴西外贸代理体制。

（一）巴西进口代理制度

巴西外贸综合管理系统（SISCOMEX）连接了巴西海关及巴西中央银行，只有在获取进口申报单后，特定货物才被允许进入巴西境内，进口商也才能向中央银行提出购买美元申请以支付给境外出口商。同时，在进口申报单上，也会注明谁是真正的付款人，即合同买方。

在上述操作方式项下，提单或空运单上的收货人往往是进口代理商，但其仅负责进口相关事宜，货权仍属于实际进口商，包括关税在内的相关费用亦由进口商支付，与贸易相关的合同洽谈、价格商定、采购商品、货款支付等一应事宜全部由进口商负责，即进口商为实际贸易合同主体，而进口代理商仅提供进口相关服务。"进口商"公司如能提供与其所称的"最终买方"公司之间的进口代理协议，并证明该协议登记于 SISCOMEX，那么根据巴西相关法律规定，"最终买方"公司将对货物承担付款责任。

综合来看，在巴西，代理人通常为实力较强的贸易公司，具有进口资质。而进口方往往规模较小、实力较弱，易发生破产风险。实际贸易中进口方常委托实力较强的贸易公司作为其代理人进口所需产品，协助其办理进口清关事宜。

（二）结合本案分析

本案项下出口企业以 S 公司为主体向中国信保报损，但就其与 S 公司的债权关系能否成立，应着重从以下三个方面分析。

1. 根据现有材料，出口企业能否证明其与 S 公司建立了买卖合同关系。本案项下形式发票上记载的 Buyer 为 S 公司，但 S 公司是否为合同项下的买方应取决于其是否承担买方的义务。形式发票上明确注明，付款由 P 公司负责，且货物出口后出口企业实际收到的 24 万美元还款由 P 公司付出。

2. 根据现有材料，出口企业是否知晓 S 与 P 之间存在代理关系。根据案件材料，S 在签署形式发票时特别注明了 P 为实际付款人，且双方沟通记录中出口企业也一直与 P 公司直接进行沟通。故可以合理推断出 S 为实际买方 P 的代理，且出口企业在与 S 交易时应当知晓后者与 P 的代理关系。

3. 后续勘查跟进的债权登记结果也进一步佐证，本案项下付款责任应由实际买方 P 承担。

（三）出口企业应谨慎确定投保主体，保障保险权益

中国信保承担保险责任的前提是出口企业可以通过贸易合同确立对国外买方的债权，因此厘清不同外贸代理模式下委托人和代理人之间的权利义务关系，明确不同情况下能否确立债权及如何确立债权是出口企业科学运用信用保险工具保障自身权益的前提。

在直接代理模式下，代理人虽然直接与出口商接触，但由于合同是代理人以委托人（最终买方）名义与出口商签订的，所以委托人与出口商可以建立直接的合同权利义务关系，委托人承担第一性的付款义务。出口企业在投保时应将委托人设定为限额买方，才具有可保利益。

在间接代理模式下，在巴西经常发生的情形是双方贸易合同中往往未明确体现中间人（代理人）与最终买方间是否存在代理关系，而实际业务中受巴西进口代理制度影响，由进口代理人代为处理进口清关等事宜的情况极为常见。因此，外贸实践中出口企业应积极向中间人（代理人）了解其与最终进口方之间的代理关系，明确代理关系项下债务承担方，以此为基础来判定投保主体，保障自身保险利益。

一宗阿根廷拒收案件的启示

贸易险理赔追偿部　纪晓晴

摘要： 面对国外买方的拒收要求，出口企业在中国信保的协助下，快速确定损因，及时与买方达成和解方案。该案提示出口企业密切关注买方经营状况，谨慎签署和解协议。

一、案例情况

我国江西出口企业 A 公司与阿根廷买方 B 签订了价值 11 万美元的纺织品出口合同，合同约定的付款方式为 T/T，约定出运日期为 2018 年 9 月 20 日。但后期，买方对货物提出其他要求，双方约定变更交货日期为 10 月 17 日。A 公司于 10 月 15 日将货物交给指定货代，尽管 A 公司多次督促货代尽快出运，但实际出运日期拖延至 10 月 26 日。货物已抵达目的港，买方以迟出运为理由，要求 A 公司降价 30%，否则拒绝接收货物。出于减损角度考虑，A 公司同意折扣，并重新出具发票。后期双方在付款方式上未达成一致，A 公司希望主张原有债权。由于投保了出口信用保险，A 公司将案件委托给中国信保进行处理。

二、案件处理

（一）分析案件情况，理清矛盾疑点

通过对案件的分析可以发现，本案的争议主要在两方面：一是 A 公司是否存在迟出运；二是 A 公司能否主张全额债权，即 11 万美元。首先，根据本案合同约定，贸易术语为FOB，即买方负责派船接运货物，卖方应在合同规定的装运港和规定的期限内将货物装上买方指定的船只，并及时通知买方。货物在装运港被装上指定船只时，风险即由卖方转移至买方。本案中尽管A公司多次督促货代，但货物仍未在规定期限上船。因此根据贸易合同约定，A公司需要承担迟出运的风险。其次，买方是否能够主张全额债权。由于A公司已为买方重新出具发票，且买方承认新发票，即视为新要约生效，具有法律约束力。

（二）调查买方情况，制定合理策略

考虑到货物仍滞留港口，损失逐渐扩大，中国信保迅速委托海外渠道介入勘查追讨。经渠道勘查，买方拒收原因为A公司迟出运，买方要求50%的折扣。考虑到阿根廷经济情况，渠道对买方实际经营情况进行调查。经调查，买方与其他供应商的订单也有滞港情况，且纺织业在当地销量暴跌。因此我们推测买方有可能是自身无法消化当前库存，以迟出运为借口来拒收货物。

对买方情况进行了解后，中国信保决定尽快与买方达成和解协议，避免后续货物长期滞留海关。通过多轮协商，买卖双方最终同意以50%的折扣，T/T付款方式进行和解。

三、启示与建议

本案中，A公司的确有迟出运的责任，但实际并未影响贸易正常进行，因此买方其实是以迟出运为借口来拖延付款。如何更好地规避此类风险，维护出口企业的自身利益，成为出口企业无法避免的问题。

（一）谨慎对待买方折扣请求

本案中出口企业草率给予买方折扣并出具发票，使得主张全额债权失去法律依据。建议出口企业在碰到类似情况时，谨慎对待买方此类需求。为保障自身利益，建议与买方签署正式的和解协议，并在协议中添加约定条款对买方予以约束，并约定适用法律。在和解协议中常见条款有自行违约条款和提前到期条款。其中自行违约条款即债务人未在规定时间履行义务，到期债务即自动转为可索赔金额。提前到期条款即如果债务人未能如期支付分期付款的款项，则债权人可以要求债务人在约定的到期日之前付清全部余额。如有条件的话，最好将和解协议进行公证。

（二）密切关注买方国家经济状况

阿根廷经济在 2018 年呈现下跌态势，汇率贬值、员工罢工等一系列因素导致买方经营不善，贸易往来萎缩。此外，阿根廷买方付款方式多为 OA 或 T/T，买方需要承担汇率暴跌带来的风险。因此在经济形势下行阶段，许多阿根廷买方以质量争议，迟出运作为借口，拒收货物或拖延货款。这时需要出口企业对债务人的真实情况进行快速的反应。最直接的方式是通过阿根廷官方机构调取买方资产报告、财务状况报告等。通过了解债务人资产状况，以便根据债务人的实际情况制定追偿方案。一般来说，阿根廷地区以非诉方式为主，必要时采取法律手段。

此外，随着贸易保护主义抬头，贸易合作更需谨慎。建议签订合同前，对买方国家相关政策予以了解。阿根廷此前曾有过限制进口政策，但在 2016 年予以取消。但是随着国内经济危机，保护主义抬头，针织行业、鞋品，以及玩具业等行业的商人重新呼吁限制进口政策，以保护本国企业发展，因此未来阿根廷政府可能会调整进口政策，某些行业也将可能不利于中国出口企业。

浅谈国际贸易中特定风险的防范与处理

——以也门系列案件为视角

河北分公司　吴　磊

摘要：2020年以来，在宏观经济形势不佳的情况下，某些国家的一些政治派别迁怒于执政党，发生了较为激烈的政治冲突，个别国家的冲突甚至演化成局部战乱，为中国企业海外应收账款带来了巨大风险与损失。本文以也门地区出险的系列案件为基础，对出口企业防范和处理政治风险提供一些思路和建议。

一、案例一

河北一家化工医药生产和贸易企业A公司于2015年3月12日向也门荷台达港出运一批药品，货值为8万余美元，贸易约定支付方式为L/C 30天。A公司于2015年3月17日在信用证约定时间内将全套单据交付给国内银行，后国内银行将单据向也门开证行寄送。恰在此时，因也门什叶派反政府胡塞武装同政府发生激烈武装冲突，沙特调动百架战机和上万兵力，对也门胡塞武装展开空袭行动，也门总统也前往沙特。当地的战乱规模持续升级。在此过程中，中国信保给予A公司专业指导，确定"主动联系致电银行、积极沟通协商买方、严密跟踪单据寄送、密切关注货物运输"四个重要原则。A公司即时查询单据寄送信息，得知因为当地战乱，快递公司无法将单据送达；通过货代了解到尽管船公司并没有变更货物运输状态，但是货物自3月底至4月中旬被长期停滞在迪拜。经过密切跟踪，后A公司查询快递跟踪信息得知单据于4月11日被签收，联系国内银行查询也确认也门开证行收到了单据。但船公司来函通知航班因战乱无法停靠至也门任何港口，后将货物转运至沙特阿卜杜拉王港。

通过协商，买方最终赴沙特提取了货物，而 A 公司也收到了开证行支付的款项。

二、案例二

河北出口企业 B 公司于 2015 年 1 月向其也门客户出运一批毛毯，出运货值 20 万美元，同买方约定支付方式为 OA 60 天。买方收货后，到应付款日时也门爆发了战乱。胡塞武装组织同政府、逊尼派武装发生激烈交火，也门当地局势持续恶化，一时间也门当地银行纷纷暂停营业。B 公司同买方合作多年且合作关系良好，在此过程中买方也同 B 公司保持着密切的沟通，买方一方面表达了自己的付款困难，提出如果银行恢复营业将尽快付款；另一方面也提出希望后期继续开展贸易合作。中国信保考虑到买方已经提货，当前不存在货物处理的困难；此外鉴于毛毯在阿拉伯世界国家属于生活必需品，通过资信调查发现买方资金、规模实力较强，认为买方存在较为强烈的后续合作意向，于是向 B 公司进行了风险提示，要求 B 公司密切关注也门局势及当地风险变化，对已出运业务及时跟踪收汇情况，对尚未出运业务暂缓安排出运。B 公司向买方表示了理解，并在此过程中密切跟踪也门局势和收汇进展。2015 年 7 月 13 日，也门局势相对稳定，银行恢复营业后，买方也在第一时间向 B 公司支付了货款。

三、案例三

河北省出口企业 C 公司于 2014 年 12 月向也门买方出运了 90 万美元的服装，货物发往也门港口。C 公司先后收到开证行付款共计 60 万美元。出运货物由于脱班原因导致实际到港时间较晚，此时正值本就紧张的也门局势持续升级，什叶派武装组织胡塞控制了首都萨那，该组织宣布解散国会，也门政局动荡严重。而 C 公司出运的货物也长期滞港无法被买方提取。当前判断，因为一些原因，货物很可能已经被反政府武装强行征收。也门的动乱给 C 公司带来了较为严重的损失，现 C 公司已向中国信保申请索赔。

四、案例四

中国出口企业 D 公司同也门买家进行交易。贸易约定支付方式为 L/C 30 天。原计划货物应发往也门亚丁港。在货物出运后，D 公司按照信用证规定向也门开证行寄出了全套单据。但随后也门地区发生了严重战乱，因开证行歇业，单据无法寄至开证行，出口企业也无法正常收取开证行支付的款项。与此同时，货物无法正常运至也门亚丁港。在中国信保的指导下，D 公司同买方沟通协商，约定将货物转运至迪拜港口，同时将案件项下的支付方式变更为 OA。最终交易得以继续，D 公司也如约收到了买方支付的货款。

五、案例启示

因发生战争、内战或者暴动，导致买方无法履行合同的情况属于贸易致损原因之一。上述四个案例各有特点。结合上述案例，提出如下建议：

（一）国别风险很重要，要了解交易国别政治环境

出口企业首先应当对交易对手国家的政治环境有一定了解。以也门为例，也门是世界上最不发达的国家之一，政局形势不稳，经济形势欠佳，通货膨胀严重，失业率居高不下。长期以来，什叶派的胡塞武装与逊尼派政府冲突不断，胡塞武装为在国家的政治活动中获得更大的发言权和权力，一直进行反对政府武装斗争，以宗教派别为阵线的冲突持续不断，安全形势堪忧。

从地缘政治方面来看，也门位于阿拉伯半岛西南端，与沙特、阿曼接壤。什叶派胡赛武装组织，与周边逊尼派国家沙特与阿曼在宗教理念上存在较大差异，特别是与沙特长期为敌。由于胡塞武装控制区域与沙特临近，因此沙特一直视胡塞武装为威胁本国安全的重要因素。而随着胡塞武装控制区不断扩大，阿拉伯半岛安全形势有可能持续恶化。此外，也门地区所属水域是连通太平洋、印度洋和大西洋的枢纽，扼守红海入口，俯视曼德海峡，控制着国际海运非常重要的曼德海峡—红海—苏伊士运河—地

中海航线,是中东原油运往欧洲和北美、北非原油运往远东的咽喉。也门持续动荡有可能对石油航运产生冲击,使得亚丁湾成为海运危险地带,有可能影响国际原油供应。总体而言,也门政治与经济形势难言乐观。出口企业了解交易国家的政治环境,有助于在政治风险防范方面进行针对性地预判。

(二) 经济状况是晴雨表,要了解交易国家经济现状

往往一个国家和地区的经济形势恶化都是风险和损失的导火索。以也门为例,也门此轮政治危机的最初导火索是去年年中也门因经济低迷,政府削减并取消了燃油补贴,招致民众严重不满和大规模抗议。反对派借机发难,并将抗议和示威演化成武装冲突形成国内战乱。也门经济形势本就十分严峻,政府收支失衡问题突出。2014年,也门财政赤字占GDP比重约为8.2%,公共债务占GDP比重约为49.6%。而也门经济增长的支柱行业之一石油行业也由于战乱大幅减产,加之国际原油价格持续下滑,政府财政收入和国民经济雪上加霜。同时,也门贫困率居高不下,总贫困率增至33.7%,青少年贫困率高达54%,原有顽疾难以解决。此外,教育、医疗、电力、水资源和道路等公共基础服务严重匮乏等问题也成为制约也门经济增长的重要因素。

一般来说,一个国家出现的经济问题的根源常常是政治问题,而经济现状又往往是政治问题的"晴雨表",政治问题又会反作用于经济。也门战乱后,沙特等国纷纷撤出援助,导致也门经济形势雪上加霜。经济问题和政治问题相伴相生,演化为恶性循环。

(三) 政治风险有波及性,要收集和关注重要信息

通过中国信保近几年来的国别风险跟踪,也门地区的战乱渊源由来已久。出口企业应当多渠道了解和收集信息,并引起足够关注。中国信保针对重点国别都有研究和调研,定期会发布重点国家风险预警信息。根据整合的信息,中国信保每年都会更新和发布《国家风险分析报告》《国家风险地图》。中国信保也将国家风险等级进行了划分,出口企业应当关注中国信保发布的上述信息。此外,一个国家的政治风险在地缘政治上往往会对周边国家产生影响,也门所处的阿拉伯世界尤其显著。出口企业对于交

易国别周边局势也要关注。同时结合中国信保对买方的资信调查信息，全方位地进行风险管控。

（四）减损为首要任务，要通过多种形式止损减损

政治事件爆发前往往能够显现出端倪。出口企业得知了相关风险信号后应当采取暂缓出运，控制发货节奏等方式控制风险。风险发生后，出口企业应第一时间采取有效方式止损减损。采取"主动联系致电银行、积极沟通协商买方、严密跟踪单据寄送、密切关注货物运输"四项原则，对买方、银行、货代、单据四个方面进行跟踪。同买方积极协商，适时变更提货地点，或通过更改付款路径，保障货款的收取。原有交易确实无法持续时，出口企业可以援引"不可抗力条款"终止合同履行进行止损，同时采取包括转卖、退运等方式进行货物处理减损。

（五）投保信用保险，获取风险补偿和保障

货物出口后，因发生战争、内战或者暴动，导致买方无法履行合同或开证行不能履行信用证项下的付款义务，属于信用保险的保障范围。出口企业除了重点对国别风险监控、及时止损减损外，通过投保信用保险，对于因发生政治风险导致的应收账款损失获得风险补偿和保障，作为出口企业最后一道风险保护屏障，具有非常重要的意义。

俄罗斯买方的"连环套"

贸易险承保部 隗 鹏

摘要： 俄罗斯作为"一带一路"沿线重要国别，与我国外经贸业务发展紧密关联。近几年来，在国际单边主义抬头，贸易保户主义升温的背景下，中俄战略合作伙伴关系不断巩固，越来越多的出口企业将业务版图扩展到俄罗斯，市场前景无限广阔，但出口企业仍要格外注意对俄罗斯买方信用风险的识别，加强对交易的风险管控。本文针对当前俄罗斯买方较为新颖的"赖账"手段进行了剖析，为出口企业有效预防风险、稳步开拓市场提供参考。

一、案情简介

国内一家专营服装的出口企业 A 公司，经由俄罗斯买方 B 公司指示，与其设立在香港的采购主体 C 公司签署贸易合同，并由 B 公司出具担保函承诺在 C 公司不能履行付款责任时，由 B 公司进行偿付。合同签订后，A 公司安排运输，并经 B 公司要求指定货运单收货人为目的港代理公司 E 和 F。货物交付后，贸易合同买方 C 以市场销售不及预期为由拖欠货款。后期 A 公司准备以担保函为依据在俄罗斯对 B 公司提起诉讼，却发现担保函存在一系列问题没有法律效力，而 C 公司仅为一空壳公司，无论是向 B 公司还是向 C 公司追回欠款挽回损失均困难重重。

二、案件剖析

（一）担保函效力存疑

近年来，通过在香港设立采购中心作为合同主体，与我国出口企业进行交易的方式逐渐为一些俄罗斯外贸客商所青睐，并且往往涉及的合同金额都在百万美元以上。在香港，仅需1万港币作为注册资本，每年向秘书公司支付一小笔费用，便可拥有一家自己的公司，准入门槛很低，海外进口商采取这种方式进行采购，一是可以降低采购成本，二是可以提高产品品控水平，三是便于向全球分销，四是利于保护价格等商业秘密，五是可以合理避税，总体上为双方贸易提供较大便利。

有些俄罗斯买方，却利用这样的便利，推动与我国出口企业建立较为复杂的合同关系，假借"便利交易"之名，达到"规避合同责任"之实。这些买方通常以"交易惯例"为由，要求我出口企业与其香港公司签订贸易合同，再由俄罗斯公司出具担保函，担保香港公司因买卖合同产生的债务。实际上，根据俄罗斯法律，一份有效担保函的形式要求极高：

第一，要求列明担保函所担保的法律主体，并列明所担保债务产生的法律依据，简单说，必须在担保函中列明被担保人，所担保的贸易合同编号，以及所担保的具体金额；

第二，担保函中的重要条款，要能够根据俄罗斯法律明文规定的意思制成，条款本身不能存在任何歧义；

第三，担保函的签署日期、签署人等信息完整无误，是担保函生效的重要前提条件。以上任何一项条件不能满足，担保函的效力都会受到质疑。

本案中，A公司所获得担保函经俄罗斯律师分析无效，构建的法律关系本身存在巨大漏洞，如无法证明向俄罗斯买方完成交付，建立起实质合同关系，则无法获得任何形式的救济。

在实务中，出口企业往往容易忽视这种复杂交易模式中潜藏的法律风险，未对担保函的内容做事前审核，就草率的签下合同，有的担保函甚至只有一个条款："我，×××俄罗斯公司，担保该香港公司的一切债务"。在这种情况下签订贸易合同，并不会在法律意义上带来有效的保障，一旦完成交付后买方恶意拖欠，后期维权无从依据。如果出口企业购买了出口信用保险产品，在签订合同时就要特别注意避免一些较为复杂的交易模式，避免引入不必要的第三方主体，确保债权清晰。因为只有真实、合法、有效的债权，才是保险公司承担保险责任的前提条件。

（二）避免"灰色清关"

"灰色清关"，这四个字在百度百科上有一个专有释义，即"进口商通过寻找专门的代理公司，以向海关官员行贿、少缴或不缴海关关税的方式进行清关"。本质上，这是一种违法行为，但在俄罗斯外贸行业却普遍存在这一情形。

如果俄罗斯买方选择"灰色清关"，往往会要求出口企业在货运提单上显示收货人为代理公司，有时甚至还会要求出口企业配合其签署阴阳合同。俄罗斯法律规定，一般国际贸易项下，无论开展民商事诉讼还是进行破产债权登记，都会要求原告或登记人提供"证明买方确实收到货物的书面证据"。根据俄罗斯律师建议，出口企业应在货运单上清晰显示货物的流转，并由买方签署形式完备的书面"收货证明"，并获取相应正本文件存档备用。

本案中，A 公司经 B 公司指示，将货物实际交付于两家代理公司 E 和 F，B 公司涉嫌通过"灰色清关"完成货物进口，同时由于 A 公司在实际业务中与两家代理公司并无交集，后期一旦 B 公司"变脸"，A 公司既无法拿到书面"收货证明"，获得法律上的保障，也无法及时控制货物，获得减损上的主动，无论在法律上和事实上，A 公司都已处于被买方"设计"的状态。

对外贸实务中可能存在的"灰色清关"问题，出口企业应尽量避免参与其中，以规避不必要的法律风险。应尽可能推动俄罗斯买方出具一份形式较为完备的收货证明，并在获得电子版的前提下尽量索要正本；同时，还要关注货运单证上是否完整显示货物流转情况，尽量保存好贸易合同、货运单据和往来函电等，并尽可能使这些文件之间彼此钩稽，相互印证，形成相对完整的证据链条，这无论对后期寻求司法救济主张债权，还是在信用保险项下获得赔款补偿，都至关重要。

（三）是否在香港或俄罗斯寻求司法救济

本案中，B 公司在香港设立的所谓采购中心 C 公司正是注册资本仅 1 万港币的空壳公司，A 公司在与其交易时，既未对 B 公司提供的担保函进行仔细研究，也未对 C 公司进行资信调查，一步步落入 B 公司设下的"连环套"。

如在香港启动司法救济，则因合同主体 C 公司实为空壳公司，即便取得胜诉判决，也无可供执行资产，无法实现有效减损。

如在俄罗斯启动司法救济，暂且不论本案缺乏基础合同关系及交付证明依据，客观上，在俄罗斯诉讼或仲裁，都存在成本高、耗时长、执行难、不确定性大的不利因素：一是俄罗斯为四审终审制，律师的费用通常就四级审理单独收取；同时，俄罗斯法院开庭的时间具有不确定性，一旦启动诉讼，时间成本较难预测和把控；二是起诉前，应评估买方有无反诉，或交易有不合规的情况，如果在合规性上存在瑕疵，则不建议轻易启动司法程序，如本案即涉嫌存在"灰色清关"问题，如出口企业又配合出具了阴阳合同，则启动司法程序本身还存在未知的法律风险。

三、启示与建议

时代更迭，俄罗斯新一代商业精英迅速崛起，部分不良买方不再局限于莫斯科—圣彼得堡首都商业圈，不再满足于国内有限的资源空间，与过去不同的是，他们有更广阔的视野，有更丰富的经验，懂得如何运用法律设计交易圈套，他们把公司注册在伦敦，把账户开在离岸金融中心，把仓库设在新罗斯托克、叶卡捷琳堡和符拉迪沃斯托克，在香港设立采购中心，在上海建立品控团队；他们不仅熟悉本国法律的边界和适用的盲区，更懂得中国企业的商业文化和性格弱点；他们会在不经意间设下连环套，等着出口企业一步步钻进陷阱，束手就擒。

面对这样的市场，出口企业在风控观念和管理上也要与时俱进，做好应对，一是要建立起一套完善的风险识别、预警和处置机制，对国际贸易全流程进行风险管控；二是要不断积累和构建海内外的各项资源，包括但不限于资产调查、法律咨询、货物追踪、损失评估等；三是要购买出口信用保险产品，为前行的路上增添一份有力保障。

浅析非洲市场风险

江苏分公司　许丹慧

摘要： 非洲作为新兴市场，其本身经济发展仍相对落后，买方群体总体信用水平偏低，导致该地区出口信用风险长期居高不下。为帮助出口企业了解和规避与非洲企业贸易的风险点，本文从当地政策、运输港口情况及案件特性等方面尝试为识别潜在风险特征、合同签订等提供参考。

一、当地政策

（一）非洲地区对于一些指定货物有明确的进口禁止令。例如出口渔网类（fishing nets）货物至乌干达地区是明令禁止的。因此，出口企业在与非洲买方交易时需要格外注意，明确了解该地区政策，不要盲目签订贸易，以便造成政府罚没货物等不良后果。

（二）非洲很多地区政府出台了严格的外汇管制措施，对于清关文件要求也相对严苛。特别是在尼日利亚当地，表格 M（Form M）是清关时必须填写的文件，也是尼日利亚中央银行批准向供货商支付外币的依据。出口企业在与尼日利亚买方交易时，请务必提醒买方及时获取并填写当地央行签发的 Form M，以防买方以未能及时取得 Form M 为由拉长货柜清关时间拖延付款，甚至出现直接弃柜的情况。

二、运输风险

非洲部分港口属于自由贸易区，货物抵达相应港口后不需缴纳任何关税。因此很多买方为避免缴纳关税会要求出口企业将货物在此处卸货，然后再通过公路等方式运输到邻国。例如，贝宁科托努港口就是自由贸易区之一，通常货物在该港口卸货后再进行内陆运输输往邻国。若出口企业在与非洲买方交易时出现类似情况，需密切关注货物运输，跟踪货物最终流向，并要求买方出具货物签收单据等书面证明材料。

三、欺诈案件

由于非洲当地法律体系不健全，诈骗案件时有发生。特别是在乌干达地区，诈骗案件更是屡见不鲜。中国信保结合实际操作经验，总结案件特点如下：

（一）行骗人通常会冒用一些大型、具有一定影响力且成立时间较久的公司来采购货物，并在与出口企业签署合同时，使用伪造的公司章签订相应合同。然后通过金钱贿赂货运公司及清关机构的腐败雇员获取原始单证，在将货物骗取到手后逃之夭夭。

（二）行骗人通常会伪造邮箱地址和电话号码。邮箱地址一般会采用"公司名称@公共域名"的形式。例如 @yahoo/gmail/africom.co.ug。

（三）行骗人往往随意采购货物，采购的货物通常与被冒用的真正公司贸易领域毫无关联。中国信保曾接到过一起案件，被冒用公司从事的领域是油漆制造，然而行骗人向我们出口企业采购的却是用于牙膏与软饮料制作的人工甜味剂。

四、国别启示及建议

（一）出口企业应进行必要的事前调查。通过索取买方名片、工商注册资料、通过中国信保调取资信报告等方式重点核实买方主要负责人、联系人身份、通过登录买方网站、拨打联系人电话等核实买方经营状态。

（二）出口企业在与买方签订合同时，可要求买方提供护照复印件以便就合同买方签字与其护照上的签字进行对比。合同章一般也可在买方公司相应财报或其他文件中查找核实。

（三）出口企业应明确了解买方经营范围，可通过询问同行或者查阅买方资信报告等形式核查买方行业领域，在发现异常时主动多途径向买方进行求证，并保留相应往来邮件。一旦发现可能存在的风险异动，出口企业应及时向中国信保报损。

随着"一带一路"倡议的推动，中国出口企业与非洲企业必将进一步加强贸易往来，而贸易过程中可能存在的信用风险也不容忽视，需要出口企业加强重视，特别是在签约初期，万万不能放松对买方身份的审查义务，以免在后续理赔和追讨中陷入被动，造成无法挽回的损失。

行业篇

快速赔付解企业燃眉之急
中国信保助力企业渡破产浪潮

贸易险理赔追偿部　陈先宇

摘要： 自 2018 年起，全球服装制造业消费总量持续下跌，纺织行业乌云密布。中美贸易摩擦，全球新冠肺炎疫情兴起，这给原本不明朗的行业发展形势蒙上了一层阴影。2020 年，各国收紧防控措施，商场关门停业，居民在家隔离，航运公司大幅度较少航次，物流中断频频出现，市场需求持续下降，众多欧美零售巨头皆逐步"折戟沙场"，新一轮的"破产潮"正持续蔓延，破产债权确认周期变长，可分配性变差，更是给纺织企业雪上加霜。在此背景下，中国信保作为我国出口信用风险管理领域的专业机构，直面困难，迎难而上。本文展示了中国信保快速勘查，及时定损，积极赔付，助力纺织企业走出困局的全过程。

一、案情介绍

出口商 A 为国内知名服装生产企业，主要从事服装服饰批发、零售、制造等，年均销售服饰达千万余件，2020 年销售额达 4.5 亿美元，客户大多为全球著名服装连锁品牌公司。

2020 年初，出口商的一家英国买方 B 向当地法院申请破产，出口商 A 已出运 225 万美元货款无法收回；另有价值 101 万美元货值的订单被取消，但企业已开始备货投入生产。受新冠肺炎疫情影响，企业复工进程缓慢，利润持续下降，企业在财务困境边缘徘徊。

闻知买方申请破产后，出口商 A 立即向中国信保通报了可能损失，并委托中国信保介入勘查和追讨。

二、事态紧急，信保闪电勘查出谋划策

（一）迅速介入，信保渠道及时登记债权

中国信保介入后，立即启动在英国的核心渠道跟进买方B的破产进程，并得知买方已进入破产债权登记阶段，且登记期限非常短。中国信保立即指示渠道根据英国破产法制定策略，指导出口商A填写相关材料并办理公证手续，在两周内完成破产债权登记申请工作。

（二）随机应变，快速决策助力拨开谜团

破产债权登记申请后，破产管理人迟迟未公布债权人清单，对于渠道的联系也无任何反馈。为推动案件下债务金额的确认，中国信保迅速协调在英国的另外一家渠道同时启动调查，发现因"二次疫情"影响，破产管理人一直处于在家办公状态，未能有效开展债权人清单的核实工作，对于常规电话、邮件联系均回应缓慢。渠道克服重重困难，通过锲而不舍的努力终于获得破产管理人在该案下对债务金额的确认，为后续定损核赔奠定坚实基础。

（三）快速定损，中国信保跑出理赔速度

纺织类案件具有订单散、票数多、金额小等特点，而出口商已备货生产的产品大多处于半成品状态，具有处理难度大，处理周期长，损失比例高的特点。本案下，出口商A已出运货物及买方取消订单所涉货物共计约400票，单据约两千余张，处理货物减损和单证审理工作均存在较大难度。

为缓解企业资金周转困难，全面贯彻落实党中央"六稳""六保"决策部署，中国信保取得渠道调查报告后，连续加班加点，指导客户制定和实施货物处理方案，核定损失金额，制订赔付方案，最终向客户支付赔款143万美元，为客户解决燃眉之急。

三、整装出发，信保助你破冰前行

（一）疫情影响反复，企业应重点关注市场需求

目前，国内疫情管控成效显现，但各国疫情蔓延程度和管控力度不

同，个别国别或洲别市场受疫情发展影响再次恶化，服装企业前期库存积压严重，无法从财务泥潭中脱身，后继取消订单风险较大。服装产品的销售与当地社会隔离政策息息相关，因此出口企业在签订合同前，需重点关注买方所在国别市场发展情况和疫情变化情况，面对买方大金额的合同签订意向，建议出口企业高度谨慎，对当地市场发展情况做充分评估和调查，谨防取消订单风险。

（二）形势依然严峻，合作仍需重点甄别

受产业迭代和消费升级影响，全球的纺织行业发展前景不容乐观，贸易摩擦更是给行业发展带来诸多的不确定性风险。大型服装企业相继申请破产保护，在疫情席卷全球的背景下频发"破产潮"。在此严峻的形势下，企业在选择合作伙伴时需重点甄别，对合作伙伴的财务情况、资产规模、下游企业需求、国家政策等方面进行充分的背景调查，充分借助中国信保庞大的全球资信库进行资信调查，对海外合作伙伴邀约主体进行全面评估，谨防财务危机引发的破产风险。

（三）拓宽贸易思路，沉着处置危机

目前，全球纺织行业仍处于动荡重整阶段，买方库存变化情况经常造成出口企业订单的取消或对已出运的货物拖延付款，出口企业可结合产品的特性制定不同的货物处理预案。若产品非买方定制且不具有知识产权标识，企业可积极采取港口转卖、退运转卖等方式处理；若产品为买方定制且具有知识产权标识，企业可采取退运加工、工厂回收等方式。综合考虑纺织品的行业属性和材料特性，企业越早介入，越会挽回更多的损失。

美国家纺巨头破产引行业震荡
中国信保为出口企业保驾护航

贸易险理赔追偿部 巩潇雨

摘要：本文以受中美贸易摩擦影响，美国家纺行业巨头破产给中国家纺寝具出口企业带来损失一案为典型案例，详细分析面对美国传统零售行业风险高企危机，中国信保向出口企业及时通报风险、指导债权登记、定损核赔帮助企业弥补经济损失的具体过程，为出口企业后续应对美国买方破产风险以及如何有效处理风险危机等方面提供经验和启示。

一、案情介绍

海外零售商破产风险不断蔓延，自2019年初3家海外大型零售集团破产后，5月北美最大的实用家纺床品生产商H由于经营不善，导致资金链断裂，进入破产保护程序。在此背景下，涉及浙江、宁波、安徽、江苏、河北、上海等地15余家家纺行业企业受到波及，蒙受损失超过2600万美元。

本案出口企业成立于2003年，主要从事羽绒制品、服装以及寝具机械等产品的生产销售，自2012年投保出口信用保险以来，总共累计出口货物总值高达1.2亿美元，在中国信保的护航下出口额连年攀升。出口企业与涉案美国买方从2012年建立贸易关系，至今已安全交易并顺利收汇超4000万美元。

二、案件处理

（一）及时通报风险，保障客户权益

2019年5月21日，中国信保接到美国破产专业渠道反馈，H集团项下多个买方已于 5 月 19 日申请进入破产重整。中国信保接到消息后，第一时间启动内部风控应急措施，并及时通过信保通、公众号等多种途径对该风险信息进行发布和通报。为最大限度保障客户作为无担保债权人的权益，增强我方在破产进程中的话语权，中国信保联合海外专业渠道律师，手把手指导各分支机构及重点风险企业应对危机，集中有序报损并尽快提供债权登记相关材料。2019 年 5 月底，出口企业在整理相关贸易单证材料后向中国信保通报损失，并正式委托中国信保介入协助登记债权。

（二）快速实现赔付，弥补企业损失

本案项下，出口企业于 2019 年 7 月底向中国信保就本案项下损失申请索赔。在得到渠道律师提供的债权人清单后，中国信保及时审理核查，在充分确认贸易真实、单证齐全、属于保险责任的前提下，快速就本案项下登记债权损失启动定损核赔程序，并于 2019 年 8 月中旬足额向出口企业支付赔款 135 万美元，历时仅不到一个月。其他案件项下，中国信保也在同步推进调查审理，并在出口企业提交索赔后第一时间启动定损核赔程序。

（三）跟踪提供服务，指导风险防范

为帮助企业应对贸易摩擦，中国信保联合浙江、广东等地政府部门联合举办风险发布会，持续通报对美出口风险信息并讲解典型案例，同时充分利用渠道优势，邀请海外追偿渠道资深专家举办信用风险实战研讨会，为出口企业防控贸易及投资法律风险提供重要的指引。在美国破产案件不断增多的情况下，渠道律师建议出口企业注意谨慎保存所有交易相关的书面证据，及时了解美国破产法及美国破产重整程序中的关键制度，保护自己的合法权益，争取实现债权受偿比例最大化；一旦得知美国债务人企业申请进入破产重整程序后，应尽快向熟悉美国破产重整实务的律师进行咨询，委托其代为行使货物取回权或主张特定债权的优先受偿。

三、案例启示

（一）主动出击通报风险，做风险异动的预报人

在中美贸易战背景下，美国零售行业受到冲击影响，破产潮日益加

剧。为在贸易摩擦背景下获得风险处置的主动权，中国信保充分利用信息资源和海外渠道优势，在日常的风险监控过程中敏锐定位风险、精确汇总风险、主动通报风险，在海外突发风险来临时，及时向出口企业通报行业破产信息，指导企业从容应对，做好风险预报人。本案中，中国信保通过海外渠道风险监控手段，第一时间知悉北美最大的家纺床品生产商及其母公司的破产信息，并通过信保通、企业公众号、各地风险发布会等形式及时向出口企业通报破产信息，积极主动帮助出口企业识别风险，指导出口企业有序向中国信保报告损失。

同时，为进一步防范买方破产风险，中国信保通过风险论坛等形式针对美国传统零售业风险高企这一情况对企业风险管理提供专业指导，建议出口企业密切关注行业市场，与买方保持紧密联系，留意买方资产负债变动情况，一旦获悉买方破产风险征兆，应采取手段控制在途货物，及时与中国信保取得联系，在渠道律师的指导下积极应对，使风险可控。

（二）积极响应应对风险，当风险控制的引路人

针对美国破产案件不断增多的情况，中国信保以案件指导和风险提示双轨齐下向出口企业提供风险管理增值服务，除针对报损案件提供专业减损指导，还通过研讨会、风险通报会等方式，为企业提供全方位、多角度的风险管理咨询。以本案为例，指导出口企业注意谨慎保存所有交易相关的书面证据（包括但不限于书面合同、订单、电子邮件、传真件等），及时了解美国破产法及美国破产重整程序中的特定货物取回或特定债权优先受偿制度、无担保债权人委员会制度、关键供应商地位制度等，并及时委托熟悉美国破产重整实务的律师行使货物取回权或主张特定债权的优先受偿。

（三）中美摩擦影响显现，任出口企业的守护人

中美经贸摩擦的后续发展及对中美企业的影响均存在较大不确定性，为最大限度帮助出口企业在"走出去"的过程中控制风险和减少损失，中国信保相关业务部门分析梳理贸易摩擦爆发以来美国业务情况并研究制定对美业务理赔追偿支持举措。针对本案相似案件，尽量做到"优先赔""快速赔""速查追""精准追"和"专业追"，从理赔追偿环节指导出口企业积极应对风险，快速赔付弥补出口企业损失，赔后通过专业手段追偿，最大限度减损。

撑起绝渡一叶舟

——新冠肺炎疫情下拒收风险化解

四川分公司　罗谦益

摘要： 新冠肺炎疫情发生以来，各国政府陆续出台停工以及限制人员流动等政策应对疫情，大量零售店闭店或缩短营业时间，全球纺织服装需求下降。由于国际市场大范围取消或推迟订单，零售终端经营困难，我国纺织服装出口遭遇需求冲击，纺织服装行业风险显现。在海外疫情持续发酵、全球经济面临冲击的大背景下，本文通过对国内某纺织出口企业出口印度拒收案件的分析，为行业其他出口企业在风险防范及化解方面提供参考。

一、案情介绍

出口企业 H 是四川省内大型纺织品生产及出口企业。自 2007 年开始与中国信保开展合作以来，累计出口金额超过 10 亿美元。一方面由于其在纤维素纤维领域的产品优势，同时也得益于其内部建立了相对完善的风险防范体系，出口企业 H 在 2020 年以前仅发生 1 万美元赔付。可以说，在与中国信保合作的过去 13 年里，出口企业 H 一直在外贸的蓝海中稳步前行。

2020 年新冠肺炎疫情的蔓延，却掀起了风浪。买方 U 是出口企业 H 的"老伙伴"。从 2013 年开始交易，至今交易规模已接近 4000 万美元，从未出现过拖欠。2020 年 2 月至 3 月，H 公司向买方 U 再次发出了 210 万美元的纤维单纱。老买方、5%预付款、相对稳妥的 D/P 支付方式，在 H 公司看来，这原本应当是一笔安全的交易。

2020 年 4 月，H 公司意外接到买方 U 打来的电话，被告知受疫情影响，买方U下游销售受阻、资金链紧张，无法在合同约定的时限内付款赎单，只能请H公司自行处理货物。于是，出口的货物在3月底到港后始终滞留港口，无人提取。潜在的货款损失以及日益累积的滞港费用给H公司带来了危机感。新冠肺炎疫情掀起的风浪使H公司第一次面临着大额损失的风险。

二、案件处理

风险发生后，H公司选择向中国信保寻求帮助并通报了可能损失。收到H公司报损后，中国信保迅速介入了案件处理。

（一）指导企业货物处理

如何处理滞港货物、减少损失？这是摆在出口企业面前的第一道难题，也是中国信保指导H公司做的第一件事。

中国信保一方面从H公司了解到，H公司凭借其产品优势，一直是买方U在国内的最大供应商，后续双方还有多笔订单需要执行。因此，中国信保指导H公司以后续合作为筹码，与买方U展开谈判。同时，中国信保借助自身政策性机构的信誉优势，通过专业的追偿人员向买方U进行施压，告知其拒绝履行付款义务可能存在的不利后果，要求买方付款提货。

迫于H公司及中国信保的双重压力，买方U最终答应付款提货，并承担全部滞港费用。但是考虑其自身财务状况及国内销售实际，买方U提出希望H公司对涉案货物给予一定折扣，并给予一定账期分期付款。

在综合评估各项货物处理方案及成本损益后，H公司同意给予买方10%折扣，并给予90天付款期限分期付款。经中国信保审批同意后，买方按照上述协议提取了全部滞港货物。原本被拒收的货物顺利全部处理完毕。

（二）及时开展理赔处理

在协助H公司开展货物处理的同时，为及时弥补出口企业的资金损失，中国信保启动了理赔处理。

经过中国信保向买方调查核实，买方表示未能按照合同要求付款提货的原因为疫情对其经营销售产生巨大影响，导致其目前没有足够资金支付货款、提取货物。买方 U 进一步向中国信保表示，考虑与 H 公司的未来合作以及自身信誉，其承诺在财务状况有所缓解后分期支付欠款。

综合上述调查情况，中国信保判断本案项下 H 公司损失是由买方 U 自身信用问题导致，相关损失属于保险责任范围。于是，中国信保在 H 公司将滞港货物处理完毕后立即启动了理赔程序，向 H 公司支付赔款 190 万美元，及时弥补了 H 公司面临的大额损失。

（三）密切跟踪挽回损失

在履行了保险合同的赔付义务后，中国信保的工作还没有结束。为了保证买方 U 按照协议约定支付货款，中国信保的追偿人员与买方保持了密切的联系：及时了解买方的复工及销售状况、提示每期的付款节点、敦促买方履行付款义务。此外，中国信保还指导 H 公司一并对买方进行催收，向买方施加多重压力。

最终在中国信保及 H 公司的不懈努力下，买方 U 在 2020 年 8 月至 9 月期间陆续按照和解协议金额偿还欠款 190 万美元。一场可能发生的大额损失总算有惊无险、化险为夷。

三、案件启示

从目前来看，疫情对全球经济的影响并未消除，海外买方所面临的经营困境可能还将继续存在。对于我国纺织服装出口企业来说，面对需求下滑的冲击如何保市场、控风险，抢抓先手的布局和应对风险准则同样重要。

（一）持续关注交易对手

出口企业应通过各种渠道掌握买方经营信息，如反映营收情况的存货水平及终端销售变化等，又比如反映信用变化的财务亏损、付款期延长、拖欠货款等。通过对交易对手经营财务状况的密切跟踪，降低自身出口风险。

（二）谨慎控制风险敞口

建议出口企业根据自身情况做好出口收汇的压力测试，合理控制出口的风险敞口。如在合同签订环节，采取合适的预付款比例、结算方式和付款账期；在生产备货环节，采取少量多频次的方式，控制成本投入；出运发货环节，控制出运节奏，如遇负面信息，及时减损。同时用好用足政策性出口信用保险工具，对出口应收账款和出口前订单备货风险洽商中国信保予以分担。

（三）借助信保开拓市场

要做好海外市场"后疫情"时期商品换季、需求恢复的准备，与海外买方同舟共济、共克时艰。可以借助信用保险，给予海外买方在付款账期方面的便利，在支持海外买方的同时，不影响自身的生产经营。充分借助我国的出口信用保险政策，和海外买方携手应对，抢占先机。

一宗照明灯具出口案件下质保协议引发的思考

江西分公司　江海睿

摘要： 在国际贸易中，照明灯具行业由于其产品存在使用频率高、包装运输难度较大等特点，因而成为贸易纠纷高发的行业之一。在贸易实操过程中，买卖双方通常会通过多途径尝试避免此类纠纷，而签订质保协议是最为常见的手段之一。本文针对一宗贸易纠纷案件中质保协议存在的签署问题进行分析，以期为照明灯具行业其他出口企业提供参考。

一、案情介绍

2020年4月至5月间，中国某出口企业Z公司与中国香港某买方F公司签署三笔照明灯具贸易合同，货物细类为LED投光灯，合同金额合计约10万美元。双方约定由Z公司将货物发运至F公司的海外子公司FS公司，F公司在货物于宁波港口装船后60天内支付全部货款。Z公司安排出货后，F公司未能如期支付全部货款。Z公司由于面临较大资金压力，遂立即向中国信保通报风险，索赔金额约8万美元。

在收到出口企业报案后，中国信保立即向F公司展开勘查。经勘查，F公司回应中国信保，称由于其海外子公司FS收到下游买家提出的关于涉案货物灯具破损、亮度不足等质量索赔，F公司根据与Z公司间的质保协议，有权扣留本案货款。

二、案件处理

在中国信保的敦促下，F公司提供了用以支持其上述主张的三份主要材料：

1.《质量保证协议》。协议签署双方为供方 Z 公司与购方 F 公司的中国大陆子公司 FX 公司；协议约定 FX 公司有权将部分货款作为质量索赔的保证金暂予扣留，保证金具体金额为双方上年合作金额的 5%；在产品质保期结束后，FX 公司会在扣除质量问题产品货款后，将剩余保证金返还 Z 公司。

2.《服务协议》。协议签署双方为委托方 F 公司与受托方 FX 公司；协议大致约定 FX 公司作为 F 公司的贸易促进者和协调人，为后者提供代表 F 公司寻找供应商、协商商业条款等相关事宜。

3.《采购框架协议》。协议签署双方为供方 Z 公司与采购方 F 公司和其海外子公司 FS 公司；协议主要对采购条件和采购要求等做出了原则性约定，内容包括价格、货物交付、付款以及产品质保期（2 年）等通用条款。

F 公司代表称，由于 Z 公司所供产品出现下游索赔，F 公司有权根据《质量保证协议》约定暂扣保证金，而本案 F 公司未付金额即等于约定的保证金金额（Z 公司与 F 公司上年交易额的 5%），因此，F 公司将在 2 年质保期过后根据产品瑕疵率情况退还相应保证金。对此，Z 公司矢口否认，表示未在与 F 公司签订的任何书面文件中约定由购方暂扣保证金的相关事宜。因此，Z 公司认为，针对本案存在质量问题的货物，其已向 F 公司提供相应补偿（约 2 万美元，已在合同总价款中扣除），故 F 公司无依据再对剩余 8 万美元进行扣留。

经审慎核查 F 公司提供的上述材料，中国信保发现，上述《采购框架协议》并未将《质量保证协议》并入其中，或约定《质量保证协议》在每一笔货物采购中均应得到适用；同时，上述《服务协议》亦未经 Z 公司签署确认，也没有授权 FX 公司代表 F 公司与供应商签署《质量保证协议》的相关内容。由于涉案主体及疑点较多，中国信保对本案权责进行分析后认为：

1.《质量保证协议》效力无法及于涉案合同买方 F 公司。本案项下，出口企业 Z 公司虽曾签署过《质量保证协议》，该协议已约定"买方"有权扣留上年度交易总额的 5% 作为质保金直至质保期结束，但由于与 Z 公司签署该《质量保证协议》的另一方当事人系 FX 公司而非贸易合同的买方，根据合同相对性原则，主体的相对性只能介于 Z 公司与 FX 公司之间，《质量保证协议》关于扣留 5% 质保金的约定内容也只能由 FX 公司主张，

Z公司无须对该协议的非关系方（例如F公司）承担合同责任，即《质量保证协议》效力无法及于涉案合同买方F公司。

2.《服务协议》的签署，也无法赋予F公司扣留质保金的权利。《服务协议》约定由F公司指定FX公司作为贸易的促进者和协调人为其提供相应服务；若该份《服务协议》中，F公司明确授予FX公司代表其与供应商签署《质量保证协议》的权限，且有证据表明Z公司知道或应当知道FX公司系代表F公司与之签署该份协议，则该《质量保证协议》的效力，将及于F公司；然而，《服务协议》中并无签署相关内容，即无法证明FX公司是受限F公司所托才与出口企业签署该《质量保证协议》，更无法证明Z公司已知道或应当知道该授权业已存在。因此，《服务协议》无法赋予F公司扣留质保金的权利。

3. 本案贸易合同与《质量保证协议》之间不存在必然的联系。本案项下贸易合同，包括《采购框架协议》，均未将《质量保证协议》或其关于质保金的条款并入其中或约定适用；同样，《质量保证协议》也没有约定本协议适用于包括本案交易在内的所有贸易合同。即本案项下的贸易合同与《质量保证协议》独立存在，彼此之间并无任何交集和联系。

综上，中国信保结合调查情况后认为：就本案而言，虽然贸易买方F公司及其关联公司与出口企业签署了系列协议，但相关协议在签约主体、约定内容等方面存在诸多缺陷，不足以支持买方F公司的主张，F公司暂扣"质保金"的做法，并无合理和充分的依据。中国信保据此委托专业机构向F公司展开紧密追偿。

三、案件启示

在照明灯具行业，由于产品的特殊性，贸易环节中的质量纠纷往往是造成出口企业无法及时收汇的"罪魁祸首"。在严把产品质量的基础上，出口企业可通过选择合理的贸易术语、约定出运前质检、签订质保协议等方式规避潜在的质量纠纷；而在签订包括质保协议在内的各类书面合同时，出口商应谨慎核查合同相对方身份及质保协议的具体条款，以免陷入买方设置的"圈套"。当买方一旦出现以无效质保约定为由恶意拖欠的行为，中国信保将勇担重任，立足客观事实，为中国出口企业提供有力保障。

发挥出口信保作用　助力车企坚定远航

河南分公司　丁博雄

摘要：贸易实务中，经销商凭借其资金、渠道、服务等优势，与外商签订进口合同，从中收取佣金，赚取经济利益，已成为现代国际贸易重要的贸易方式，也是目前中国车企开拓国际市场最常用的业务模式之一。随着国际市场竞争加剧，越来越多的生产企业也在加快"走出去"的步伐，直接参与市场竞争，而复杂的海外业务风险对出口企业收汇安全带来挑战。本文以一则经销商债务纠纷案件为例，分析车企经销商在海外业务中存在的潜在风险并提供相关建议，以供参考。

一、案情简介

出口企业 A 为国内某大型车厂商，综合实力雄厚。2016 年 8 月开始拓展厄瓜多尔市场，与当地比较有实力的经销商 B 进行交易，贸易双方保持比较良好的合作，由于经销商 B 在当地有一定经营规模，具备进口资质及外汇牌照，随着双方深入合作，经销商 B 向出口企业 A 转介绍当地终端商，出口企业 A 授予经销商 B 向终端提供售后服务。但是由于终端商多数没有外汇/付汇资质，故需要挂靠经销商 B 进行支付。

2018 年 12 月，出口企业 A 与终端商 C 签署销售合同，出口企业 A 按照合同约定出口 35 万美元的客车，合同约定提单日后 720 天付款。2020 年 11 月，出口企业 A 表示未收到任何货款，随即向中国信保提起索赔。

二、案件处理

经中国信保介入调查，终端商 C 声称已将货款支付给经销商 B，同时称由于受到疫情影响，经销商 B 始终未能提供售后服务及更换配件，导致目前车辆无法正常运营产生收益。后经核查，经销商 B 提出 C 仅支付部分款项，但是由于资金链紧张，该部分款项已被挪用维持 B 的正常运营，并主张称 C 并未支付全部款项，双方产生了严重纠纷。

后经中国信保深入调查，发现经销商 B 在 2019 年已经开始出现亏损，由于大量资金垫压及车辆库存占用，后续加之疫情影响，正常经营无以为继，售后服务无法跟上。目前已经资不抵债，经销商 B 负责人由于法律纠纷已经入狱。

三、案件启示

本案是典型的经销商代理案件，在出口商与经销商友好合作及经销商正常运营的情况下，上述风险可能发生概率较低。但是一旦经销商自身出现问题，整个贸易链接将会出现断裂式影响。鉴于上述情况，特向出口企业提示如下：

（一）密切关注经销商信用风险

在经销模式项下，出口企业在与终端买方签署合同时，由于经销商扮演举足轻重的角色，所以应在关注买方信用同时，密切关注经销商信用风险。尤其是高风险国别、大金额的合同，在询盘接单阶段，借助中国信保事先做好买方及经销商授信管理，核查贸易背景、资质与上下游经销关系，明确筛选标准和合作模式。要与终端商及经销商保持密切沟通，特别对于整车行业，更要提前对车辆售后服务设置替代性方案。实时关注终端商及经销商经营变动，任何一方不可偏废。尤其关注人事安排、财务管理等方面的重大风险异动。

（二）设置共管账户监管付款

在合同签订后，及时关注产品的生产和备货环节，跟踪货物的出厂验收、物流及交付程序，做好相关货权单据的归档，建议出口商积极向经销商及终端客户主张建立共管账号，明确付款用途，避免付款被经销商截留，切实保障出口商的收汇安全。

（三）定期开展应收账款核对

建议出口企业建立定期与经销商及终端客户的应收账款定期核对制度，一旦发现异常，及时采取措施进行处置，跟踪掌握付款流向，同时借助该形式取得买方债务确认的书面证据，如后期一旦发生风险，避免产生债权纠纷。

从一宗案例看汽车行业出口风险防范

安徽分公司　杨姗姗

摘要：我国一直是世界上较大的汽车生产国，但在出口方面，和许多出口型汽车生产大国相比，现阶段我国的汽车出口还有很大的发展空间。本文以汽车整车出口过程中的一宗典型案例为切入点，介绍了汽车行业出口可能面临的风险点，为同类型产品出口提供一定风险防范建议。

一、案情介绍

国内出口企业 A 公司向意大利买方出口一批轿车，货值约 140 余万美元。应付款日到期后，由于买方资金周转困难，无法按期支付货款，出口企业 A 尝试沟通未果后向中国信保通报可损。

中国信保收到出口企业 A 报损后，发现案件项下存在银行保函，遂要求出口企业 A 立即对已获得的 C 银行以及 D 银行分别开具的银行保函启动向两家担保银行的非诉索偿程序。出口企业 A 根据中国信保要求，对担保银行启动索偿程序，并顺利获得担保银行的偿付。

二、案件启示

（一）注重前期调研，加强目的国市场了解

出口企业 A 与买方公司自 2006 年开始接触，2007 年开始合作。买方为意大利一家成立时间较早的汽车代理商，从出口企业 A 进口汽车改装后冠以自有品牌进行销售，初期主要市场优势为产品价格。但随着整体市场

下滑，买方经市场调研、技术研发，开始进行战略调整，转向投放小排量车辆，同时加大经销网点布局。根据出口企业 A 反馈及中国信保了解，买方资金周转出现紧张，主要是由于其在广告投放、车型认证、产品研发以及网点建设方面投入资金较多。汽车行业由于资金需求较大，需要出口企业及买方对于整体车辆销售、资金回笼等做出合理规划。国内企业在进入出口国市场前，对出口国市场、买方运营能力等都要实时动态了解与把握，从而有效控制出口风险。

（二）事前设置合理有效的担保

本案项下，买方虽一直有还款，但偿付进度较慢，且拖延时间较长，因此出口企业报损后，中国信保要求出口企业及时对担保银行提出索偿程序。

银行保函业务是指银行应客户的申请而开立的有担保性质的书面承诺文件，一旦申请人未按其与受益人签订合同的约定偿还债务或履行约定义务时，由银行履行担保责任。银行保函较无担保业务来说，风险较小，因为银行保函具有相对独立性。一般来说，虽然保函源于基础交易，但一旦出具，即与基础交易相分离，本身具有独立性，而且银行保函依据约定单据而非基础交易的实际履行情况付款，与信用证业务相同，银行只负责审查单据的表面一致性。因此，如事前能设置合理有效的担保，将是防范交易风险的有效保障。

本案中，汽车销售回款几乎是买方支付货款的唯一方式，一旦买方资金周转不灵，出口企业要面临较大风险敞口。因此，为保障交易的安全性，增设银行保函形式的债权保障措施，就十分必要。

（三）注重银行资质的选择

虽然上文中提到银行保函是较为安全的一种债权保障方式，但应重视银行保函的格式、内容、银行资质等方面的审核。持有银行保函并不意味着收汇风险的消失。本案中的两家担保银行中，B 银行规模较小，不可控风险因素较多。在现今疫情影响下，全球经济形势不确定因素增加，规模较小银行的风险抵御能力也偏弱。一旦银行出现风险异动，则银行保函的保障效力将无法体现。

总结来说，汽车整车行业属于典型的资金、技术密集型行业，规模经济特征明显，行业周期性较强。从汽车整车来看，重型机械车辆属于投资品，受东道国宏观政策影响较大，周期性最强；乘用车作为可选择消费品，主要取决于市场购买力和消费信心，周期性其次；客车具备一定的公共物品属性，与经济景气程度关联较低，周期性相对较弱。企业在出口时，应充分进行市场调研、根据不同产品特性，灵活处理，有效利用担保等债权保障方式，防范出口风险。

全球通信行业风险连发
中国信保助力企业扬帆国际

贸易险理赔追偿部　冯　程

摘要：中国是世界上最主要的手机设计和生产制造国，拥有自主设计能力和完整的上下游产业链，被誉为手机的"世界工厂"。部分自主品牌在完成国内布局后，纷纷将目光转向印度、欧洲、中东等市场。本文选取了阿联酋某大型手机经销商A及其沙特子公司B拖欠国内某手机制造商H公司大额欠款案，通过介绍风险处置过程中保险双方为降低损失采取的多种减损手段，以及保险人及时承担赔偿责任缓解企业资金压力，为同类案件的预防、处理、解决等提供参考依据。

一、案情介绍

国内出口企业H公司作为目前全球第一大通信设备及解决方案提供商，主要有运营商、企业业务及消费者终端等出口业务，年销售额超过5000亿元，其中中东市场系其全球重要市场之一。

本案项下，H公司通过其境外关联公司与阿联酋公司A、其在沙特子公司B签订销售合同，并于2016年4月至2017年7月间分别向A和B公司出口手机，发票金额合计4600万美元，并就此业务向中国信保投保。

货物出口后，买方仅支付小额货款，余款发生拖欠，H公司立即采取风控手段停止继续出货，并于2017年8月向中国信保报损。

二、案件处理

（一）初见买方，进展一切顺利

为掌握买方最新动态，中国信保立即派员赴买方所在地与买方面谈，了解买方经营情况，核实欠款事实。会谈过程中买方态度较为积极，承认欠款的事实，表示当地银行已经承诺提供大额流动资金，当前集团股东发生变化，待变更手续完成后可偿还欠款，并表示愿意提供备用信用证作为担保措施。同时，买方提出继续采购的意向。中国信保督促买方尽快偿还欠款，表示将密切监控付款进度，采取一切方式保障中国企业合法权益。

（二）了解情况，制定工作策略

鉴于涉案金额巨大，为有效控制风险，最大限度减少损失，中国信保同步与 H 公司进行了沟通。H 公司介绍了双方交易历史和当前沟通进展，提供了双方往来邮件和有关债务处置方式讨论的材料，为中国信保了解买方经营情况、后续向买方确立债权打下了良好基础。在沟通过程中，中国信保获得一条重要信息，买方拖欠货款主要原因是其在当地市场大规模铺设门店，过于激进的市场策略在短期提振销量的同时为长期经营带来了较大负担。通过从买卖双方获得的信息，中国信保结合已处理的 9 万余宗案件经验，判断买方还款较不乐观，但可给予买方一个减损窗口期，同时获取书面确权材料，为后续诉讼追讨做铺垫。据此，保险双方确认了先行非诉追讨、后续根据还款进展决定启动诉讼追讨的策略。同时，双方就共享信息，合力减损达成了一致处理意见。

（三）态度转变，强势介入追讨

在中国信保的监控下，买方出具了分期还款计划，并支付部分欠款 260 万美元，但迟迟未见大额还款。获得 H 公司书面签发的具有法律效力的委托文件后，中国信保立即委托当地渠道律师团队介入，并直接与 A、B 公司负责人取得联系。买方 A 表示仍未办理完毕相关手续，而子公司 B 表示其已经支付货款给母公司 A，不应再次支付货款，随后有意躲避中国信保委托专业律师的追讨。

判断买方 B 对债务存在抵触情绪后，中国信保凭借丰富经验，进行评估后确认了诉讼追讨的思路。考虑到获得买方 B 书面确认债务金额的材料更有利于后续通过司法程序追讨，中国信保决定与买方 B 取得进一步联系，同时调查买方在当地拥有的资产，为诉讼追讨做铺垫。

2017 年 4 月和 9 月，中国信保多次专程赴买方所在国家，与渠道进一步沟通谈判策略,并与买方当面会谈,了解经营状况以及后续还款计划。同时,H 公司也积极履行减损义务:一方面,H 公司高管带队与买方 B 进行多次沟通,用合同约定的事实战胜了买方的雄辩,获得其书面确认债务的材料;另一方面,H 公司积极梳理,核实确认双方存在 730 万美元的未抵扣款项,随即直接将该应付款项与欠款进行抵扣,降低了买方欠款余额。

至此,买方 A 和 B 的欠款金额降低至 3500 万美元,同时均对债务余额予以书面确认,担保方承认对债务余额承担连带担保责任。虽然欠款金额有所下降,但 H 公司仍面临着巨额损失短期内无法收回的境况,造成一定资金压力。2017 年 10 月,中国信保主动作为,发挥政策性保险公司风险补偿职能,在两案项下累计向 H 公司支付赔款合计 2700 万美元。该笔赔付极大程度缓解了 H 公司资金压力,真正体现了出口信用保险为出口企业保驾护航的作用和意义。

在赔款到账的同时,中国信保与 H 公司也没有忽略海外追偿工作。为进一步向买方施压,中国信保完成了诉讼追讨相关准备工作,与失信买方对簿公堂,强势维护出口企业损失,通过法律手段降低损失。在法院开庭后,如事前预料,买方 A 与 B 否认和解协议真实性。但保险双方前期已进行了充分的调查工作并获取夯实的证据材料,两买方虽极力狡辩,却无法做出法律上的合理解释。债务人终将为自己的欠款行为付出代价。

三、案件启示

(一)树立风险管理意识

本案出口企业 H 公司拥有较强风险管理意识,一方面投保了出口信用保险,并根据中国信保的指导建立了自己的风控体系,在合同中对货款支付方式、适用法律和争议解决方式进行了明确的规定,避免后期发生争议后与买方踢皮球;另一方面对双方交易进行监控,出现风险信号时第一时间控制后续出货,避免了损失的扩大。

(二)制定多元减损措施

发生风险后 H 公司积极履行减损义务,一方面以书面形式固定证据，掌握主动权；另一方面通过多种方式减低损失余额，并全面调查了买方资产状态，为后续采取法律行动打好基础。当买方还款意愿下降时，保险双方及时通过法律手段追讨欠款，尽全力维护自身合法权益，补偿损失。

快赔强追　巧妙施压
助力通信巨头化解债务风险

上海分公司　王晨程

摘要： 自加入 WTO 以来，经过近二十年的发展，我国已成为世界最大制造业国家、全球第一大出口国。许多出口企业的海外市场逐渐遍布全球，出口国别也从欧美等传统地区陆续向非洲、东南亚等新兴市场和"一带一路"沿线发展。而出口信用保险在我国企业走出国门、走向世界的过程中，也发挥着愈加重要的保障作用。本文针对我国出口企业 N 公司向柬埔寨出口通信设备项目，从信用保险的勘查、理赔、追偿等角度进行分析介绍，以期为同类案件的风险防范提供参考。

一、案情介绍

出口企业 N 于 2016 年 11 月至 2017 年 9 月间向柬埔寨通信运营商（买方 C）出口 3G/4G 移动通信网络扩容设备及相关服务，共形成应收账款约 5000 万美元。买方母公司 R 集团及其实际控制人 M，于 2017 年分别出具担保函，就买方 C 对出口企业的全部到期应付债务承担担保责任。

2018 年 2 月至 8 月，因买方未按期还款，出口企业陆续就 7 个通信设备和服务合同项下应收账款向中国信保通报可能损失，报损原因为买方拖欠。

二、案件处理

鉴于涉案金额巨大，为有效控制风险，最大限度减少损失，中国信保接到报损通知后，立即成立了专案工作小组，迅速介入调查减损及赔付工作。

(一) 买方还款能力欠佳，售后服务成拖欠借口

2018年7月，为进一步核实案情、协商债务解决方案，中国信保专案工作组将出口企业、买方及担保方邀请至北京举行债务会谈。数个小时的唇枪舌剑后，买方及担保方终于图穷匕见，当场表示除非出口企业立即恢复所有技术支持和配套服务，否则将提出2000万美元的损失赔偿。

通信设备作为高端制造业产品，其售后技术服务向来是出口企业掌握收款主动权和撷取行业中高端利润的关键。考虑到买方付款违约已近半年，专案工作组严词拒绝了买方的无理要求。会谈最终不欢而散，买方及担保方抛下一份3000万美元的还款方案，且初始阶段每月仅支付50万美元。担保方口头承诺在2019年1月前通过融资方式注资买方，由买方向出口企业支付剩余欠款。

(二) 综合判定保险责任，及时给付大额赔款

面对这种局面，买方承诺的还款遥遥无期，担保方的注资更是镜花水月。为履行政策性职能，缓解出口企业资金压力，中国信保于2018年末至2019年初陆续向出口企业支付近4000万美元的赔款。

(三) 深入开展担保方调查，组团赴柬实地追偿

为有效开展下一步追讨工作，专案工作组立即对担保方R公司及其负责人M进行深入调查，穷尽各种方式了解掌握关于担保方的详尽信息。经调查发现，贸易项下的担保方R公司是柬埔寨的第一财团，是一家多样化经营的战略性投资控股公司，所投资的领域涉及电信、金融保险、传媒、旅游管理（酒店经营）、房地产开发、贸易和农业等行业，创造了许多市场领先的优质企业和耳熟能详的品牌。R公司实际控制人M在柬埔寨拥有广泛的政商界关系，且对中柬经贸合作十分热衷。

专案工作组认为担保方R具有一定资产实力，但债务偏高，流动性偏紧，导致一定的短期偿债压力，长期来看仍具备还款能力。

2019年5月，中国信保专案工作组会同出口企业代表飞赴柬埔寨金边，与买方、担保方相关负责人组成的联合谈判组进行了会谈，并要求与担保方实际控制人M进行会面。为掐灭担保方拖延、逃避债务的不切实际

幻想，专案工作组告知担保方本案已通报相关单位，并通知国际再保集团，希望担保方能高度重视，并在2019年底前还清所有欠款，在买方、担保方还清欠款前，中国信保不可能批复任何新的额度。考虑到担保方集团项下有如此多的项目需要中方进一步支持，希望担保方审慎考虑，优先支付信保业务项下的逾期欠款。

买方、担保方诚挚地表示，对于无法按期偿付债务深感歉意，尽管当前面临重重困难，暂时无法按期还款，但愿意提供明确的还款时间表，并有坚定的诚意和决心去履行承诺，也非常希望中国信保能够对此保持充分的信心和耐心。买方希望采用分期付款的形式，分24个月清偿剩余债务；同时以全额预付费用的形式，继续获得出口企业的售后服务。

（四）还款执行步履维艰，先发制人仲裁立案

签订还款协议以来，买方起初按期履行还款义务，积极汇报担保方的融资进展，陆续偿还了近2000万美元的欠款，并承诺获得国际基金贷款后，优先用于偿还本案债务。

然而好景不长，在出口企业恢复售后服务，帮助买方度过运营难关后，买方转眼又在还款进度上打起了太极。买方甚至不顾自身欠款数年的恶劣行径，反而在新冠肺炎疫情期间裹挟民意，要求出口企业继续提供服务，否则就给出口企业扣上破坏世界抗疫大局的帽子。

面对狡猾奸诈的买方、波谲云诡的追偿形势，专案工作组决心一战到底，绝不被买方牵着鼻子走，绝不给买方任何逃避债务的空间。2020年12月，中国信保联手出口企业，按照商务合同约定，果断在新加坡仲裁庭对买方和担保方发起了仲裁申请。

仲裁立案给买方和担保方带来了巨大的国际声誉负面影响，担保方在欧美金融市场上的融资计划面临搁浅。迫于经济、政治多方压力，买方和担保方再次被拉回了债务谈判桌，严肃商讨剩余债务的解决方案。面对中国信保的多方施压、法律制裁的切实威胁以及柬方政府的斡旋协调，预计担保方将改变甩手掌柜的心态，尽快筹措资金，偿还本案项下剩余债务。

三、案件启示

（一）掌握谈判筹码，保障交易主动

本案中，出口企业之所以能够在买方恶意拖欠这一极度不利的情况下屡次扭转局势、实现大额减损，主要是由于其向买方出口的是成套设备，货物交割后还需负责软件升级、技术支持等一系列售后服务，可以说出口企业利用自身的技术优势握住了买方通信运营网络的"命门"。在此情况下，通过中国信保的统筹协调，将买方恶意拖欠的负面信息实现行业共享，避免了其他出口商被买方各个击破。

（二）设置合理担保，防范交易风险

从海外追偿的经验来看，如在交易之前设置合理有效的担保，则更能保证出口商的权益。从本案的交易模式及回款路径来看，有担保优于没有担保。在设置担保主体时，要理清各个主体的利益关系，选择资质优良的担保方。

在选择担保主体上，可以从还款能力和还款意愿上进行评估和选择。首先，担保方要有一定的资金实力，最好有一定的实体资产。比如首先，持有厂房设备等有价值的固定资产，不必担心担保方突然失踪或逃匿。其次，经营范围要广，最好涉足多种行业且行业走势稳定，可有效抵御系统性风险。最后，如果买方与担保方之间利益高度关联，一荣俱荣，一损俱损，则担保方的还款意愿较高。总之，担保的合理设置能够为风险保障提供坚实基础，帮助实现更好的追偿效果。

（三）及时开展海外调查，深入挖掘债务人痛点

灵活多样的处理方式是取得良好追偿效果的关键。对于拖欠案件，需要认真寻找风险发生的直接原因与根本原因，将买家纳入其所在行业进行综合考量，全方位了解买方的资信情况，不仅考虑其还款意愿，还要考虑其还款能力，同时研究债务人的集团公司背景，从最合适的角度切入追偿，妥善寻求解决方案，圆满解决拖欠案件。

在采取行动之前,及时开展针对买方和担保方的资信及经营状况的调查至关重要,因为这是进行追偿可行性分析的前提。就本案而言,正是因为中国信保通过海外调查发现了担保方想进一步与中国企业进行经贸合作,扩大其资产规模及市场影响力,才坚定了本案的追偿方向,并取得了良好的追偿效果。相反,如果当时没有进行详尽的调查,我们就无法抓住担保方这个有利的制约条件,后续的追偿效果势必不如本案已达成的效果。

中国信保雪中送炭，支持企业复工复产

辽宁分公司　卢爱华

摘要： 2020年，新冠肺炎疫情在全球蔓延，国外买方破产、拒收、拖欠等信用风险频发，作为电子科技行业的"领头羊"，国内出口企业T公司在疫情期间也陷入了海外优质大买家拖欠大额货款、国内授信业务无法正常运转导致的现金流紧张，难以正常复工复产的艰难处境。在本案的处理过程中，中国信保克服疫情期间信息交互不畅、海外核查困难等诸多难题，及时开通"理赔绿色通道"，在企业的危急关头勇担责任，与企业共度时艰，切实践行了政策性金融机构的社会承诺，不辱国家赋予的政策性使命。

一、案情介绍

出口企业T公司成立于2004年，主营液晶电视等数字电视产品，多年来一直深耕欧美市场。受2018年中美贸易摩擦影响，T公司北美业务大幅缩减，仅剩部分核心老客户仍维持合作，其国际业务发展遭遇瓶颈。"屋漏偏逢连夜雨"，2020年一场突如其来的新冠肺炎疫情，导致T公司一美国优质老客户以产品下游销售遇阻为由，拖欠T公司400多万美元货款，给T公司本已发展艰难的北美业务"雪上加霜"，给T公司在疫情期间因国内授信无法正常运转而带来的资金焦虑"火上浇油"。

二、案件处理

本案风险暴露于国内疫情高峰、发展于海外疫情蔓延。为帮助企业顺利走出困境，中国信保及时开通"理赔绿色通道"，切实履行"应赔尽赔、能赔快赔"的社会承诺。

（一）绿色指示牌A：主动排查，提示报损

本案T公司遭遇大额未收汇风险是在疫情期间，中国信保通过每日疫情风险排查了解到的。而在当时，T公司因该买方是大买家、老买家、"优质"买家，心存侥幸，并未急于报损。在中国信保的客观分析下，面对买方始终未支付剩余货款的现状，T公司最终决定向中国信保报损。随后，为了克服疫情期间的不便，中国信保第一时间安排专人指导其通过"信保通"线上报案，并开通"理赔绿色通道"，线上审查案件单据百余份，做到"专案专办、特事特办"。

（二）绿色指示牌B：高效沟通，梳理案情

中国信保收到报案后，立即梳理本案贸易全过程。由于T公司集团结构较为复杂，集团中有多个公司主体涉及到本案，中国信保聚焦本案调查核心事项，积极协调T公司、T公司集团、海外子公司、美国买方，通过无纸化操作、无时差对接，实现沈阳、大连、北京、深圳、加利福尼亚等多地高效互动，理顺证据链条，还原贸易流程，为顺利赔付案件打下了坚实基础。

（三）绿色指示牌C：有的放矢，借力渠道

在掌握了基本案情事实后，中国信保迅速开展海外调查追讨。调查初期，该买方并未在第一时间确认债务信息，称其与T公司是合作关系，并非简单的贸易关系，并提出货物存在质量问题、T公司在买方拓展海外市场中未给予应有的配合等方面的争议。对此，中国信保克服疫情期间海外调查的困难，优选海外渠道，协调多方会谈，精准核查案情，全力施压催收，最终，买方在确凿的事实证据面前，不得不承认贸易事实和债务金额。中国信保在查明保险责任的同时，成功协助T公司先行追回15万美元欠款，全力维护T公司合法权益。经审理，中国信保于2020年5月向T公司支付2400多万元人民币的保险赔款，极大缓解了T公司疫情期间的现金流压力，为其顺利复工复产提供了有效支持与保障。随后，中国信保继续向买方追讨,在中国信保的持续施压下,截至目前,买方已累计支付货款达 135 万美元,进一步弥补了 T 公司的损失。

三、案件启示

(一) 大买家、老买家风险更需警惕

大买家、老买家由于具有较强的实力、与企业长期的合作历史和规划,相比于其他买方的出险概率较低,也给企业造成了一种思维定式,认为大买家、老买家没有风险,在逐步扩大与大买家、老买家交易规模的同时,极易忽视防范大买家、老买家的风险。但是,疫情是一场残酷的、没有硝烟的战场,在全球疫情蔓延、经济形势下行的大背景下,面对生存的压力和生死的考验,大买家、老买家剑走偏锋也是大概率事件,这是买方正常的自保反应,而一旦大买家、老买家出现风险,那么对企业将是巨大的冲击。

具体到本案项下,T 公司起初并未对该"优质"买方的拖欠引起足够的重视,即便在报损后仍希望自行向买方追讨,而随着中国信保调查的深入,T 公司才意识到,买方受疫情影响自身难保,短期偿还债务已是天方夜谭,并提出了很多"莫须有"的争议,以逃避付款责任,昔日的盟友瞬间变成可怕的陌路人,如果继续轻信买方的"承诺",势必造成自身损失的扩大。因此,建议企业要转变对大买家、老买家的思维定式,切不可盲目信任大买家、老买家,尤其在全球疫情蔓延的当下,要善于借助中国信保等专业信用风险管理机构的力量,科学管理经营风险,确保自身行稳致远。

(二) 注重理顺法律关系,确立合法有效债权

出口企业对限额买方拥有真实合法有效债权,是中国信保承担保险赔偿责任的前提条件之一。无论贸易关系多么复杂,企业务必要注意通过签署完整的法律文件,确立自身对于买方的合法有效债权,以便在出现风险时有力向买方主张债权,并获得中国信保的保障。

具体到本案项下,T 公司隶属的集团中有多个主体参与到该笔贸易当

中，但这些主体在集团经营中分别扮演不同的角色，如果单纯从合同表面看，合同卖方并非T公司，而买方起初也想以此为由，拒绝承认与T公司的债权债务关系。然而，事实总是最细腻的，在开展该笔贸易前，T公司已通过代理协议委托合同签署方签署合同、合同签署方向买方披露被代理人身份等一系列法律动作，明确了自身对该笔贸易享有最终债权的法律地位，而买方在客观证据面前，也承认了T公司的合法有效债权。因此，建议企业特别是集团化的企业在与买方签署合同时，务必理顺贸易流程和其中的法律关系，并通过签署相关法律文件的形式，固化自身对买方拥有合法有效债权的证据，必要时在专业律师的指导下开展工作，保障自身合法权益。

恶意拒收

——漂泊流离的蛋氨酸究竟归往何处

贸易险理赔追偿部　赵一臻

摘要： 化工品由于其独特的产品属性，不同国家和地区往往适用不同的质量标准。国际贸易中，买卖双方市场供求关系变化较快，各地政府对于产品的质量进口标准也经常出现尺度不一的情况，这为化工品出口企业带来了一系列收汇风险。本文对一宗化工产品遭到买方恶意拒收的案件进行还原，从勘查、减损、定损核赔角度进行分析，为同类案件的处理、解决提供参考。

一、案件介绍

2018年6月，中国出口企业A公司向厄瓜多尔买方B公司出口蛋氨酸，涉及金额53万美元。2018年7月，货物抵运厄瓜多尔瓜亚基尔港口后，买方突然提出A公司出口的蛋氨酸未达到厄瓜多尔当地的卫生标准而被厄瓜多尔政府禁止进口，买方无法清关提货，要求A公司将货物退运回中国。A公司要求买方说明清关障碍细节，并提供厄瓜多尔海关出具的、明确产品不达标的官方报告，但此时的买方开始了打太极，顾左右而言他，只是表示自己已经尽最大的努力去清关提货，但真的无能为力，建议A公司将货物运回，并表示自己不应承担任何损失，也无力支付任何款项。

A公司在与买方多次沟通无果后，于2018年8月向中国信保报损，中国信保第一时间委托了海外渠道介入调查。

二、案件处理

在海外买方开展调查的同时，中国信保同步与A公司核实，还原货物出口前后的真相。

通过对 A 公司提供的双方全部往来邮件进行梳理，中国信保发现，早在双方签订贸易合同前，A 公司已将其产品的 COA（产品质量检验报告）、MSDS（化学品安全数据说明书）等相关资料发给买方参考，并询问买方厄瓜多尔当地的清关要求。在贸易合同签订后、产品出口前，A 公司将买方要求的清关所需文件发买方核实，买方当时并未提出异议，并指示了原件收件地址。直到货物到达瓜亚基尔港口后，买方表示出口企业提供的 MSDS 不符合规范，COA 需要联合外部实验室出具、而非仅由 A 公司自行出具。面对买方突如其来的要求，A 公司当即表示出口产品存有样品在实验室，可以马上委托全球权威性检测机构 SGS 进行检验，但买方并未对此进行回应。在 A 公司的反复要求下，买方未能详细说明清关障碍，也未能提供任何官方报告。A 公司向中国信保表示，首先，自己具备出口许可证，并曾自行或通过中间商向厄瓜多尔其他买方出口过蛋氨酸。其次，在实际贸易中，A 公司通常都会采纳买方关于进口国标准的要求，因为进口商比出口商更了解进口国的清关要求标准。本次贸易项下，自己已经按照买方要求配合提供了 COA、MSDS 等清关所需文件。最后，买方只是空口白牙地说货物不符合当地的卫生标准，却不能提供任何官方证明文件。对此，A 公司感到很是委屈。

与此同时，中国信保的海外渠道传来消息，表示由于厄瓜多尔当地政府出于保护本国市场的目的，实行了更加严格的检测标准，进口商很难按照新标准达到当地政府的要求，当务之急是迅速寻找新买方，尽量降低损失。

起初，出于退运费用的考虑，A 公司还是希望能够将货物转卖给厄瓜多尔当地的其他买方，但事情进展的并不顺利。兜兜转转，时间到了 2018 年底，面对日益增长的滞港费用，同时考虑到货物仓储条件较差，A 公司向中国信保申请将全部货物退运回国处理。

中国信保经评估后认为，货物退运回国是目前所能达成的最佳处理方案，因此立即同意了 A 公司的申请。就这样，在外漂泊了半年的货物终于回到了原产地。2019 年 8 月，全部货物成功转卖给国内某知名农牧产品企业。2020 年 1 月，在整理完全部单证材料后，A 公司向中国信保提出索赔申请。

中国信保综合考虑了贸易双方的举证情况，审理后认为，买方以货物未达到厄瓜多尔当地的卫生标准而被当地政府禁止进口为由拒收货物，但始终无法提供任何客观有效的书面证据支持其主张，应对此次拒收承担责任。2020年3月，扣除A公司转卖收益，中国信保对货物原值和货物转卖期间的各项合理费用（含滞港费、退运费用）进行了赔付，向A公司支付赔款32万美元。

三、案件启示

（一）了解市场、了解买方

蛋氨酸又名甲硫氨酸，是人体（或其他脊椎类动物）必需氨基酸中唯一含硫的氨基酸，主要用于饲料添加剂，可以在短时间内帮助动物快速生长，增加瘦肉量和缩短饲养周期，可节省大约40%的饲料。由于蛋氨酸制造工艺十分复杂，并且原料多为易燃易爆危险品，目前全球生产企业仅9家，整个行业呈寡头垄断格局。近年来，由于扩产较多及需求弱势导致市场低迷，价格持续下行，蛋氨酸市场已逐渐处于买方市场。处于买方市场的行业，企业切勿急于求成，为了获取订单而忽略对目标市场和目标客户的评估。企业应充分了解进口国的营商环境、贸易管制政策，尽量选择进口政策相对宽松的国别进行交易；如果打算进军进口政策相对严格的国家，需要充分评估买方的资质及实力，尽量选择规模大、资质好的买方进行交易，避免产品不符合进口国清关政策的情况发生。同时，企业还需要时刻关注和跟踪国别及行业风险，重视中国信保发布的《国别风险预警信息》和《行业风险报告》等信息，在相关风险信号出现时及时采取措施，从而规避国别和行业风险。

（二）明确质检标准

对于化工产品，不同国家和地区存在不同的质量标准，为了避免日后可能存在的贸易纠纷，双方需要在贸易合同中对质量标准、检验方式、检验时间和检验费用的承担归属等事项进行约定，详细说明产品需要达到何种质量检测标准、需要由何种级别的检测机构进行检测、检测时间发生在产品生产的哪个环节或生产完毕后多长时间内完成，这些都将对买方无理提出异议行为起到一定的防范作用。

(三) 事中留存证据、抗辩有理有据

对于处在买方市场的行业，不少企业在买方提出质量异议时，为了保住客户保住订单，一味地退让接受买方提出的无理要求，有些买方并不会因此而支付欠款，反而会得寸进尺，同时也为中国信保还原贸易双方纠纷过程造成严重影响。因此，企业应尽量选择书面方式与买方沟通，保存双方从签单、收发货到售后等全流程的沟通记录；同时，在买方提出无理要求时，懂得拒绝，有理有据的进行抗辩，这些都有助于中国信保在贸易纠纷发生时，更加高效的厘定损失，维护中国出口企业的权益。

欧美零售巨头突发重大风险
中国信保助力"敦刻尔克"大撤退

贸易险理赔追偿部　黎荣天

摘要： 因自身经营不善加之电商平台强大的竞争压力，众多欧美零售巨头在市场巨浪中风雨飘摇。近年来，多家欧美零售业百年老店、行业霸主英雄迟暮，纷纷跌落神坛，宣布破产重组甚至清算。我国作为制造业大国，国内诸多企业为欧美零售商供货出口。面对欧美零售行业突发的重大风险，国内供应商生产经营岌岌可危。本文结合某全球最大的玩具及婴幼儿用品零售商破产实例，详细分析了中国信保在前期风险控制、事前风险提示、事后全力减损、最终定损核赔并协助追偿的具体过程，对出口企业后续面对海外零售行业业绩进一步下滑的趋势，如何防范市场风险、如何妥善处理危机以及如何充分利用美国破产制度挽回损失等方面均有良好的借鉴意义。

一、买方背景

某全球最大的玩具及婴幼儿用品零售商 A 公司，于美国当地时间 2017 年 9 月 18 日，在弗吉尼亚州的破产法院正式启动了破产保护程序，一时震惊全球。该企业创始于 1948 年，在第二次世界大战后迅速发展，在全球范围内拥有约 1600 间门店和约 7 万名员工，成为当仁不让的行业霸主，风靡世界各地。但近年来的经营状况却是江河日下，一方面所谓"物先腐而后虫生"，A 公司的衰败首先是由于 2005 年的杠杆收购案，在过于乐观预测利润的情况下，导致债台高筑，给后续经营带来了沉重的债务压力。另一方面则是近年来传统的零售商业模式受到电商的冲击，面对如日中天的电商（如 Amazon）和财雄势大的超市巨头（如 Walmart），无论线上还是线下，A 公司都面临强大对手的蚕食和挤压，节节败退。加之科技时代到来，娱乐多样化的需求和高科技玩具的产生对传统玩具带来了前所未有的冲击，传统的玩具零售商难以抵抗，最终只能黯然落幕。

二、承保回顾

作为玩具零售业的大玩家，A公司的破产不但震惊了业界和坊间，也在美国破产史上留名。据美国破产案例研究机构 Reorg First Day 数据显示，A公司破产案成为美国历史上第三大的零售破产案。尽管风险突发，但回顾中国信保多年来对A公司的承保历程以及此次破产风险前期的风控安排，可谓是帮助国内出口企业打了一场"敦刻尔克"安全撤离战。

（一）收紧授信，逐步掩护撤离

中国信保在承保国内出口企业对A公司应收账款的同时，多年以来持续跟踪A公司经营风险，以防不测。利用海内外资信及相关信息渠道，持续跟踪到A公司出现营收下降、大额亏损、资不抵债等趋势，自2015年起，逐步收紧对A公司的授信规模，并具体采取三大措施：一是对新供应商不建议开展赊销交易；二是对老供应商，审慎评估、建议增加风控手段；三是设定有效期，逐步掩护供应商安全撤离。

（二）提前捕捉，迅速控制风险

在本次A公司突然申请破产前，中国信保早已通过海外专业渠道捕捉到了相关风险信号。在破产前十天，根据中国信保资信跟踪，已了解到A公司已聘请律师帮助其进行重组，包括考虑申请破产保护的可能性。在破产前一周，中国信保发布风险警示信息，及时提示A公司持续亏损、资不抵债，面临破产保护风险。在破产前三天，中国信保发出停止出货通知，及时通知各供应商停止出货。在破产前一天，中国信保暂停承保对A公司的后续出运，迅速控制风险。

三、案件处理

我国广东某大型出口商B公司，多年来与A公司合作密切，并在中国信保投保与该 A 公司项下的出运前及出运后业务。在 A 公司正式申请破产时，B 公司对 A 公司已出运损失达 338 万美元，尚未出运合同金额达 524 万美元。在获悉 A 公司进入破产保护程序后，B 公司遂停止向 A 公司继续出运上述尚未出运合同项下货物，并向中国信保正式报损。

中国信保受理案件后，第一时间成立专案小组，多次与出口企业及买方代表进行会谈，详细了解梳理案件项下背景信息，通过多次谈判沟通为出口企业 B 公司争取到关键供应商地位。

在美国破产重组程序中，获得融资和供应商的信用支持，是破产企业走出破产，重获新生的关键因素。为了帮助破产企业重组成功，法院可酌情同意以债务人破产财产中的部分资金，专门用于清偿对"关键供应商"在破产前业已形成的债权，而该供应商必须根据协议在破产程序中继续向债务人提供货物。供应商通过继续向破产企业供货的形式，可以提前回收对重组企业申请破产前产生的债权，同时，后续供货产生的应收账款即便最终无法按照交易条件获得清偿，在破产分配时也能提高清偿的顺位。

在中国信保大力施压以及多方共同努力下，通过继续向 A 公司出运货物以及溢价交易手段，在本案项下累计成功收回欠款 556 万美元，成功化解尚未出运合同项下的全部风险并大幅度降低了已出运合同项下的风险损失。

在出口企业提出索赔申请后，中国信保主动担当、积极作为，为缓解出口企业资金紧张压力，对出口企业部分损失进行先行赔付，并在 2018 年 12 月对于出口企业的最终损失再次定损核赔，累计赔付金额 237 万美元，极大地补偿了出口企业海外应收账款损失。

最终，尽管 A 公司多方努力且争取到关键供应商的供货支持，但仍未能走出破产程序，进入到破产清算程序，中国信保帮助出口企业再次获得破产清算款项 82 万美元，基本完美化解了此次风险危机。

四、案件启示

近年来，随着"一带一路"倡议的实施，中国企业加快了"走出去"步伐。但随着海外市场此起彼伏的风险涌现，出口企业在进行出口贸易时，应充分利用信用保险这一官方支持出口的政策工具，在开拓海外市场时，更细心才能更放心。

(一) 增强防范意识，建立风险预警机制

从本宗案例可以看出，在面临海外市场风险时，越早捕捉风险信号控制风险敞口的企业才能越早安全撤离。国内出口企业应增强风险防范意识，积极利用市场渠道资源以及中国信保的渠道信息，建立健全风险预警机制。

(二) 提高谈判能力，提升风险保障水平

在风险发生之后，不要退缩不前，而应牢牢抓住核心资源，与买方进行深入协商谈判，以寻求有效救济手段。本案中，中国信保利用海外渠道以及授信资源，抓住美国破产法中的关键供应商制度，成功帮助企业挽回大量损失，充分体现了全面风险保障的水平。

(三) 加强过程监督，健全风险管理体系

面对海外市场的风起云涌，这宗案例彰显了中国信保为企业承担弥补风险的担当，同时也体现了中国信保的风险管理贯穿能力。机遇和风险是孪生兄弟，往往并存，对于出口企业而言，在寻找以及抓住市场机遇的同时，亦应充分利用好信用保险这一工具，将信用保险的方方面面嵌入企业过程管理的各个节点中，加强风险监督，用中国信保的风险控制手段武装自己，健全风险管理体系，才能在新一轮的国际贸易竞争中站稳脚跟，扬帆远航。

起底印度药品市场　中国信保护航中国制药

贸易险理赔追偿部　田　伶

摘要： 一部《我不是药神》揭开了印度仿制药市场神秘面纱的一角，印度仿制药凭借低廉的价格优势和政府的政策支持，逐步成为"世界药房"。然而，大众所不知的是，中国是世界最大的原料药出口国。新冠肺炎疫情之前，中国年度原料药出口超过1000万吨。约70%的印度制药公司原料药依赖中国进口，可以说，正是中国的原料药出口支撑起了印度仿制药的巨大市场。本文以一宗原料药出口印度的案件为契机，重点分析中国原料药出口企业在面对印度市场时潜在的风险，为药品出口企业扬帆海外提供帮助和启示。

一、案情介绍

中国出口企业 A 公司主要从事医药贸易业务，产品包括中成药、化学药制剂、化学原料药等，同时业务还涉及海外医药投资、国际医疗合作和医疗健康服务等领域，海外业务市场包含亚洲、美洲、非洲等地区，属医药出口行业龙头企业。

2019 年 12 月至 2020 年 3 月间，A 公司向印度买方 B 公司出口药品，出运共计 17 票货物，合计金额 206 万美元。因货款到期后买方迟迟未能支付货款，A 公司于 2020 年 5 月向中国信保通报了可能损失。

二、案件处理

获悉上述风险后，中国信保迅速开展买方项下风险排查，并启动其在印度的核心渠道与买方核实债务。经过渠道核实，印度买方 B 公司承认其已经提取了 A 公司出口的货物，但表示因其经营的产品为原料药和添加剂等，主要客户为药厂及食品企业，其下游客户受到疫情影响均放缓了对其的采购和付款，自身资金周转出现严重问题。为了表示诚意，买方陆续付款约 80 万美元，并在渠道的施压下出具了一份分期还款计划。

为了有效缓解被保险人资金压力，中国信保快速理赔，就中国出口企业 A 公司应收账款给予了足额赔付，向 A 公司支付赔款 112 万美元。中国信保赔付后，积极跟进追偿，B 公司按照还款计划分期偿还了全部欠款。

三、案件启示

（一）原料药行业基本发展情况

中国有 1500 多家原料药生产企业，是世界最大的原料药生产国，也是世界最大的原料药出口国，中国抗生素、维生素等原料药产能占全球 60% 以上，其中超过 50% 的产品出口海外。2020 年上半年虽然受到疫情影响，但中国药品累计出口总额依然达到 132 亿美元，到 2021 年中国医药行业整体表现回暖，海外疫情的持续蔓延促使中国原料药特别是与新冠肺炎防治相关的药品，如抗病毒类原料药和抗生素类原料药需求持续增加，中国原料药出口行业迎来新机遇的同时，面临着前所未有的挑战。

根据原料药产品所处行业周期不同，原料药大体可分为如下三种：第一种为大宗原料药，所涉及的产品上市时间较久，不存在专利问题，该类产品较早完成全球产业转移，代表品种有维生素类、抗生素类等，主要应用领域为医药、饲料、保健品、食品等；第二种为特色原料药，即将过或刚过专利期的品种，主要供给仿制药企业，代表品种有慢病用药、中枢神经类、抗肿瘤类、肝素类、造影剂类等；第三种为专利原料药，即仍在专利期内的品种，该类产品开发难度大，附加值高，主要供给原研药企业。

目前，中国在大宗原料药产品上具有明显的规模优势和价格优势，这也是中国原料药出口的主要产品。而在特色原料药和专利原料药方面，由于技术壁垒高和研发成本投入的问题，中国的药品企业发展较为缓慢，中国药企迫切需要从大宗原料药的"红海"市场向特色原料药和专利原料药的"蓝海"市场进军。

(二) 印度市场情况

1. 地缘政治风险高企,政策围堵中国企业

随着世界各国健康基础设施的改善和人口的老龄化加剧,大量专利药陆续到期,都导致了世界药品市场对印度仿制药的更大需求。然而,印度与中国的地缘政治问题引发印度政府对于中国的原料药心存戒心,印度成为国际上对中国医药产品发起反倾销调查数量最多、力度最大的发展中国家。此次新冠肺炎疫情的爆发引发了原材料短缺,使得印度更加重视药品供应链布局的完整性与稳定性。对此,印度政府出台了大宗原料药实施方案,以振兴本土的原料药市场,并针对中国出口的产品采取了一系列"封堵"措施。

但从短期来看,供需的严重失衡、中印双方较高的依存度等因素,使得未来4~5年内,印度仍然需要依靠中国的药品原料的进口。

2. 市场准入难关重重,买方市场良莠不齐

近年来,随着仿制药生产从欧美国家转移出去,印度已取代美国成为中国原料药的第一大进口国。在印度约有3000家制药企业,仿制药的生产厂商具有高度集中的特点,其本土制药商占据了印度国内77%的市场份额,其中排名前十的制药公司约占41%的市场份额,跨国公司占27%。

由于行业特殊性,中国药品出口企业面临进口国家市场的注册法规关卡,各国对外来药品进入本国市场的注册制定了严格复杂的管理制度和技术要求。中国原料药企业出口经营在药品注册环节面对重重难关,中国企业难以与当地龙头药企建立贸易关系。

中国原料药出口企业面对的买方市场良莠不齐,买方中小型的中间商居多,买方自有资金实力较弱。以本案为例,印度买方B公司自2018年与A公司建立贸易关系,经营规模从十几万美元快速增长到百万美元,但面对下游客户的延付,买方本身不具备较强的抗风险能力,无力维持其正常经营和资金流转。

(三) 印度市场风险提示

1. **谨慎选择交易对象**

中国药品出口企业在进入印度市场时，要做好买方的资信调查，重点关注买方自身经营实力、在药品行业的专业性和下游客户分布情况，适当收取一定的定金或预付款，尽量缩短放账期限。

2. **慎重选择支付方式**

中国药品出口企业在签署合同时，要尽量避免使用D/P或L/C的支付方式。在D/P的交易方式下，印度买方往往以各种理由不赎单提货，逼迫降价或放货，出口企业如将货物进行转卖还需要承担多项港口费用及印度海关罚金等。在L/C支付方式下，印度信用证条款相对复杂，单证要求细节较多，且要求多种检验证明，附加条款中经常要求显示与进口许可相关的编号，出口企业交单时难以满足。

3. **加强对货权的控制**

近期，中国出口的货物在印度孟买、钦奈在内的港口均受到阻碍，导致大量货箱在港口堆积，中国药品出口企业要做好与买方的沟通，确保货物能够顺利清关，同时也要与船公司或货代公司事先确认港口费用等问题，避免目的港清关政策调整，如有必要及时调整卸货港口。

从一宗工程机械行业拖欠案浅谈出口贸易风险

贸易险理赔追偿部　宋霄霖

摘要：工程机械行业是国家重点鼓励发展的领域之一，是拉动国民经济快速增长的主要动力，也是中国信保重点支持的行业。从中国信保处理的出险案件看，工程机械行业案件普遍具有涉案金额较大、付款账期较长、易发生贸易纠纷等特点。本文通过介绍一宗工程机械行业纠纷案，为出口企业在长账期业务项下相关风险防范措施、应收账款管理等方面提供经验和启示。

一、案情简介

2019年4月至2019年10月，出口企业A公司向某独联体国家买方B公司出口9票挖掘机，货值500万美元，合同约定付款方式为：20%预付款+提单日后720天分期还款（分八期等额）。在足额收到合同约定的预付款后，A公司按合同约定出口货物，B公司收货后仅支付了前3期分期款项，后续分期款项发生拖欠，虽A公司多轮催促，但B公司始终未说明拖欠原因，也未再付款，A公司遂向中国信保报损。

二、案件处理

中国信保委托海外渠道进行调查后反馈，B公司提出多项抗辩主张：一是出口企业A公司违反独家代理协议规定，擅自在当地向第三方销售货物，对B公司造成了损失，B公司已向A公司提起了仲裁申请并获得胜裁裁决，胜裁金额约300万美元，A公司应立即向B公司付款；二是涉案业务项下部分货物存在质量问题，A 公司应进行维修或退运；三是涉案货物存在迟出运情况，根据合同约定 A 公司应承担违约责任。针对上述抗辩主张，B 公司提供了对 A 公司的胜诉判决文件，但始终未就质量问题及迟出运问题提供任何书面材料。

经与 A 公司核实，A 公司表示知悉裁决事宜，并在仲裁审理过程中提出了抗辩意见，但相关意见未获得仲裁机构的支持，面对已生效的仲裁裁决，A 公司对仲裁内容的实体问题提出严重异议；针对货物质量问题，A 公司表示全部货物在出厂前已通过检验，质量达标，货物在使用过程中出现的问题属常见现象，双方可协商通过维修、更换配件等多种形式解决；针对迟出运问题，A 公司承认确实未按照合同约定时间出运，但系由于船期突然变更导致，且 A 公司在获悉相关情况后已第一时间与 B 公司协商变更出运时间，B 公司已书面同意，故 A 公司并不存在违约行为。

结合律师专业分析意见，本案相关纠纷问题分析如下：

一是关于独家代理协议纠纷问题，经审核独家代理协议文本，双方约定争议解决方式为"买方所在国仲裁"，B 公司通过在所在国仲裁机构申请仲裁的方式解决纠纷符合协议约定。同时，B 公司所在国系 1958 年联合国《承认和执行外国仲裁裁决公约》（《纽约公约》）的缔约国，即 B 公司获得的胜裁裁决能够得到承认和执行。即使 A 公司对实体问题提出异议，但鉴于仲裁为"一裁终局"制度，除非具有明显的程序瑕疵，否则 B 公司目前获得的胜裁裁决应被认可。

二是关于货物质量问题，出口企业提供了第三方出具的货物质检报告以证明货物质量达标，买方虽然提出质量问题主张，但未提供任何书面有效的证明材料以支持其观点，按照"谁主张、谁举证"的责任判定规则，买方应承担无法举证的不利后果。

三是关于迟出运问题，出口企业提供了货代公司通知变更船期的文件，以及与买方之间关于协商变更船期的沟通往来函电，经进一步调查，买方对上述情况予以认可，故从合同效力层面分析，出口企业在获悉突发情况后第一时间通知买方并提出变更合同条件的要约，买方同意的行为应视为对新要约的承诺，则贸易双方已通过"补充协议"的形式对原合同约定进行变更，出口企业按照变更后的约定履行了卖方义务，未发生违约。

针对买方拖欠原因，经过海外渠道进一步调查发现，买方支付前 3 期分期款项的周期存在逐渐的延迟现象，主要原因是涉案货物系用于买方下游客户当地工程，因为天气等原因导致工程延期，买方对其下游客户的资金回笼出现延误，进而导致了买方拖欠。

综合上述情况，中国信保对买方提出的独家代理协议纠纷予以认可，对货物质量问题及迟出运问题不予认可，并对本案在扣除买方胜裁金额后，对出口企业其余部分损失金额予以赔付。

三、案例启示

（一）严格履行"独家代理协议"，避免违约行为

从某种程度上看，寻求到实力较强的经销商，并通过独家代理的形式开拓海外市场，不失为一种行之有效的市场策略，尤其是在双方合作的"蜜月期"，独家代理的关系能够紧紧捆绑住贸易双方，形成一荣俱荣、荣辱与共的"利益共同体"。但另一方面，获利的代价是让渡某些利益或额外付出成本，尤其是"独家代理"关系中也要考虑"人和"的因素，出口企业与经销商从彼此互助、成长，发展为后来的"反目成仇"的案例不在少数。不论双方合作关系如何，建议出口企业能够严格按照协议约定履行相关义务，避免发生违约行为，从而影响后续业务债权，甚至可能会对经销商额外补偿。

（二）合理设置付款节点

针对工程机械行业账期较长的特点，出于风险防控的考虑，出口企业与海外买方通常倾向于采用分期付款的支付方式，这对于客户资金回笼、监测买方风险状况、及时采取风控措施具有十分积极的意义。但付款节点的设置也并非越多越好，需科学地综合当地市场情况、货物运输耗时及周转周期、买方销售计划及回款预期等因素进行设置，争取设置与买方资金回笼情况相匹配的分期节点。本案中，合同约定的8期等额分期看似较为科学，但实际情况是买方资金回笼完全依赖于下游客户的工程进度，但经进一步调查并结合往年经验，下游客户的前半程工期有较大概率由于天气、气候原因延迟，而后半程工期的进展则会相对顺利甚至提前完成，通

过与出口企业 A 公司复盘，A 公司也承认可能采取"前少后多"的分期安排会更为合理。

(三) 科学管理应收账款

长账期下的分期付款业务，对于出口企业的应收账款管理意识和能力提出了更高的要求。为科学管控风险，建议出口企业根据合同约定记录好付款节点，提前向买方发出付款提示，跟踪买方付款情况，做好收汇记录并定期与买方做好书面对账工作，保证债权的清晰完整。同时，在贸易执行环节如发生任何情况致使无法按照贸易合同约定履行相关义务时，建议及时与买方协商变更，并留存书面证明材料。另外，根据保险合同要求，在买方未按期付款并发生拖欠风险后，要及时控制后续出口并向中国信保报案，避免因保险合同下的履约瑕疵而导致无法获得足额赔付的情况。

从一宗拖欠案件浅析东南亚工程机械行业买方风险

贸易险理赔追偿部　王学敏

摘要：2019年中国工程机械出口规模达到242亿美元，2020年受到新冠肺炎疫情严重影响，出口规模降为209亿美元，但依然保持着全球主要工程机械出口国的地位。"一带一路"沿线国家尤其是东南亚国家作为我国工程机械重点出口国，我国出口企业在立足新发展阶段开拓市场的同时，应在事前、事中、事后等环节加强风险管理，稳步推进国际化步伐。本文以一宗出口东南亚工程机械出险案件为例，详细讲解案件处理过程及买方集团潜在风险，为出口企业防范东南亚工程机械买方风险提供帮助和启示。

一、案情简介

出口企业A是一家国内成立于2006年的工程机械企业，于2017年5月至2018年7月间向印尼买方S出口50台挖掘机，发票金额305万美元，支付方式为每180天有一个付款节点，最长信用期限为OA720天。2019年4月10日，在最后一期尾款即将到期时，A忽然收到S的信息，告知其采购的车辆主要用于向下游煤矿业主销售，因煤矿业主拖欠，无法按期支付出口企业货款。

在获悉上述风险后，出口企业A于2019年5月16日向中国信保报损，报损金额为210万美元。

二、案件处理

考虑到案件账期长、尾款金额较大，为尽快厘清案情、挽回损失，中国信保接到企业报损通知后,迅速开展买方项下风险排查,介入调查和追讨。

(一) 全面排查买方集团风险,及时止损减损

自 2019 年 3 月开始,中国信保已陆续接到买方 S 项下报损案件 2 宗。因买方 S 隶属于买方集团 P,故中国信保第一时间将风险排查对象由买方 S 拓展到买方集团 P 项下所有买方,并就买方集团的有关情况进行梳理总结。

通过详细梳理买方集团 P 的承保情况,中国信保发现集团业务特点如下:一是该集团交易对手多为国内较大规模工程机械出口企业;二是集团 P 项下企业集中在东南亚地区,如印尼、柬埔寨、越南等国;三是贸易账期时间较长,基本上都在 360 天以上,部分业务账期甚至达到 720 天,且中间付款节点较少。同时,中国信保结合买方特点,研究制定风险排查方案,梳理相关国别项下的在途回款项目,核实项目背景信息及收汇情况,要求出口企业尽快向合同买方确立债权并加大催讨力度,多家营业机构向客户发送风险警示函。对于已出现逾期支付情况的,及时向中国信保报损并提供全套委托材料。最终,多家出口企业在买方集团 P 项下报损了 11 宗案件,报损金额超过 1000 万美元。

(二) 高效勘查快速理赔,诉讼追讨施压买方

中国信保急企业之所急,用最短的时间介入调查,委托海外渠道直抵买方 S 现场调查施压,同步开展货物流等辅助勘查手段。渠道联系买方 S 后,买方以内部人员变动、财务核算为由含糊其词,拒绝正面承认贸易事实及具体债务金额。随后渠道把涉案贸易单证及货物流调查事实呈现在买方面前,买方 S 最终确认本案贸易事实,并出具书面认债文件。但表示因下游销售回款受阻,暂时无法清偿本案欠款,且无法给出相应还款计划。

为了有效缓解出口企业资金压力,中国信保快速理赔,向出口企业支付赔款 185 万美元。随后,新冠肺炎疫情暴发并在全球蔓延,买方又以疫情导致其经营困难为由持续拖欠,期间分毫未付。面对此情况,为维护出口企业在海外权益,中国信保指导出口企业采取法律手段向买方严厉施压,按照合同约定在北京贸仲提起仲裁,并在出口企业获得胜诉裁决后,

请当地的渠道律师在买方所在地就生效的仲裁裁决申请执行。在收到仲裁执行文件后，买方陆续开始偿还出口企业的欠款。

三、案件启示

（一）开拓市场应注意甄别新买方资质

本案中，出口企业的交易对手买方S包括集团P为新买方，成立时间不长并且历史交易有限，其下游项目回款较为不稳定。面对新买方，出口企业已经较为谨慎，采取提高预付款比例、增加付款节点、分批分次间隔发货等方式来降低货款收回风险，但还是无法避免陷入本案的被动局面。因为工程机械行业的需求主要来自下游的基础设施建设、房地产开发及采矿业等，买方的信用风险与其所掌握的项目资源及质量紧密相关。在甄别工程机械行业买方时，需要关注买方的行业地位、销售前景、项目质量等。优质的老买方通常为海外基建项目业主或与项目业主合作多年的贸易商，国内出口企业在选择新合作伙伴时应格外谨慎。

（二）东南亚市场机遇与挑战并存

东南亚国家是我国工程机械产品的主要出口地。东南亚市场距离我国较近，具有天然的地缘优势。同时随着经济发展，东南亚国家不断加码基础设施建设，整机产品及属具产品的需求旺盛。由于我国产品质量提升，在东南亚市场已经逐步对欧美系产品形成了冲击，带来了中长期的产业替代机会，外加适逢更新换代周期等因素影响，工程机械产品在东南亚出口面临很大机遇。但出口企业也不可被良好的市场前景冲昏头脑，买方集团P项下系列案件启示我们海外市场中都有潜藏的风险，如新冠肺炎疫情影响、行业竞争加剧、买方良莠不齐等，一些海外买方会利用出口企业的赊销政策盲目扩张或者不注意挑选项目，导致资金无法回笼，造成我国出口企业最终承担大额的损失。

（三）工程机械行业赊销应注意增加保障措施

工程机械销售通常具有较长信用期限，账期增长也增加了货款回收的风险，一旦买方经营出现波动，出口商将面临钱货两空的窘境。工程机械行业不可避免的长账期属性（360天以上）导致此类业务的风险水平显著提高。因此，出口企业更应该注意增加长账期业务事前风险管控措施，如充分了解买方业务模式，要求买方提供其向下游销售证明材料等；在签订贸易合同的过程中，增加"所有权保留"条款及有利于出口商自身的适用法律及争议解决机制约定（如尽量约定在中国进行仲裁等）；争取增加合法有效的担保，如要求买方提供固定资产项目业主出具的连带责任保证，或买方（及所属集团）股东或主要负责人的个人资产担保等，通过多样化的债权保障措施，最大限度维护自身权益。

进口国采取临时措施
中国信保为企业出口保驾护航

贸易险理赔追偿部　陈国晖

摘要：世界各国对转基因农产品的进口均采取管控措施。巴基斯坦食品安全与研究部植物保护局负责对进口农作物等进行检测检疫。在过去十多年内，巴方对从中国进口的水稻种子未进行过转基因检测，仅提供中国检疫机构出具的非转基因检测凭证即可。2018年3月中旬，巴方突然对进口种子进行抽检，先后宣布中国多家公司的数百吨种子为转基因阳性，导致货物滞港且未合理储存，中国出口商面临大额损失。

一、案情介绍

2018年2月至4月，中国出口企业A公司向巴基斯坦买方B公司出口杂交水稻种子，出运共计5票货物，合计金额110万美元。2018年5月，货物抵运卡拉奇港口后，巴基斯坦植物保护局对货物进行抽检。由于检测结果显示为转基因阳性，巴方拒绝买方清关提货。因投保了出口信用保险，A公司在接到通知后，立即向中国信保报损。

A公司产品在国内农作物检测中心及出入境检验检疫局均进行过检测，结果均为转基因阴性。由于此事涉及到中国多家种子出口企业，国家海关总署及驻巴大使馆均已就中国出口巴基斯坦种子滞留一事向巴方提出异议。A公司提出货物一直在海关处于暴晒状态，若是未能得到及时妥善处置，经济损失会日益加剧。

二、案件处理

中国信保委托的海外渠道经调查后发现，巴方并未颁布有关进口产品检疫检测的新规定，而此前中国企业向巴基斯坦出口种子仅需提供中国检疫机构出具的非转基因检测凭证即可。近期巴方植物保护局新局长上任，要求将进口种子送至 NIBGE 和 DESTO 两家检测机构进行抽检。而实际上，根据 2018 年 3 月巴基斯坦国家评审协会的公告，巴基斯坦仅有一家机构具备转基因检测资质，前述 NIBGE、DESTO 两家机构在转基因检测上缺乏经验以及相应的设备，由此可能导致了检测结果与国内不一致。由于检测机构的权威受到质疑，巴方已委托第三方德国检测机构 EUROFINS 再次核查。

最终，德国检测机构判定本案项下货物为转基因阴性，巴基斯坦政府认可检测结果并同意货物清关放行。在此期间，中国信保海外渠道积极联系买方确认货物处理方案，同时也要求 A 公司同买方保持密切沟通。在双方施压下，买方完成了后 3 票货物的清关提取，但前 2 票由于海关不当放置货物（遭受暴晒），导致种子失活，发芽率严重受损，只能弃货处理，对于前两票货物，买方拒绝承担付款责任。

律师分析认为：巴基斯坦植物保护局有权力要求进口至巴方的杂交水稻种子进行转基因检测，属于其行使行政职能的范畴。本案项下，巴方对进口种子进行抽检，在未通过该检测之前，海关不予放行，属于巴基斯坦当局采取的行政管理手段。对于 A 公司而言，其已经履行了出口环节的基本义务，巴方进口的杂交水稻种子必须经过巴方转基因检测以及巴方检测实验室不具备非转基因检测技术属于其不可预见且不能避免的情况。

三、案件启示

（一）知己知彼

中国企业在出口时应重点关注进口地海关政策要求，如进出口许可证要求、检验检疫标准、货物质量标准或认证要求等。在向政策变更频率高的国别出口时，企业应当定期跟进政策变化情况，与买方保持高频沟通，确认新政策执行是否会对待出运或已在途货物造成影响。在情况不明朗时，可通过官方或专业机构获取相关信息。

（二）防患未然

对于特定产品或贸易模式等，要通过书面方式与买方约定双方的权利义务。如本案，两票货物受损，出口企业和买方必有一方需承担损失。如合同中对上述情况有明确约定，在发生争议时也有利于维护自身权益。中国出口企业也要充分利用中国出口信用保险公司信用保险产品的保障作用，在"走出去"的征途中行稳致远。

步步惊心

——一宗小微案件回头看

山东分公司 王广霞

摘要： 农产品出口企业中，小微群体居多。小微企业因自身经验不足，风险管理水平有限，极易遭受损失。近年来，农产品行业出险率一直居高不下。本文通过对一宗小微企业农产品出口案例进行回头看，总结经验教训，并提出风险管理建议，供出口企业参考。

一、案件介绍

中国出口企业 L 公司，于 2020 年 10 月 16 日向印度买方 D 公司出运一批货物（新鲜李子），发票金额 18480 美元，双方约定付款方式为 D/P AT SIGHT，全套单据已寄至对方银行。不料 D 公司以前期收到的货物存在质量问题为由，拒绝付款赎单。

买卖双方就货物处理方案进行了多轮沟通。起初 D 公司要求 L 公司免费放货，以抵扣因前期出运货物质量问题对其造成的损失。L 公司拒绝了买方的无理要求。为减少损失，L 公司尝试沟通降价放货。通过协商，D 公司同意降价方案，但前提是 L 公司需书面确认，降价金额为前期出运质量问题扣款。考虑到印度特殊的海关政策，买方提货无疑是最佳减损方案，为避免损失扩大，L 公司无奈作出确认后，D 公司却一面要求 L 公司承担滞港费，另一面要求免费放货，否则拒绝提货。

L 公司束手无策，于 2020 年 11 月 30 日向中国信保报损，并委托渠道介入追偿。此后渠道虽多次向 D 公司施压付款提货，但 D 公司坚称，由于历史交易纠纷无法付款提货。最终 L 公司未放货给买方，但受印度海关政策限制也无法转卖或退运,货物全损并产生了大额目的港费用。

二、案件分析

出口企业一不小心走入买方设置好的陷阱,每一步都走得艰难又痛苦。但回头看本案,出口企业的不规范操作,也让我们感到惋惜。

首先,本案买卖双方未签署贸易合同,仅通过聊天软件对出口产品、数量、价格等基本贸易细节进行了确认,双方日常沟通也是通过聊天软件进行。对于农产品行业比较重要的事项,如质量条款、检验条款均未约定。当买方以历史交易质量纠纷为由拒收货物时,出口企业拿不出有力证据维护自身权益。

其次,面对买方利用印度特殊的海关政策恶意索要折扣,出口企业为尽快处理货物,减少损失,就买方对历史交易质量纠纷作出书面确认,落入买方布置好的陷阱,失去了抗辩的主动权。

三、案件启示

(一)规范合同条款,维护自身权益

在国际贸易实务中,贸易纠纷时有发生,而农产品行业的质量纠纷案件更是屡见不鲜。然而在农产品案件处理过程中,中国信保发现仍存在买卖双方不签订贸易合同或者贸易合同约定过于简单的问题。贸易合同是买卖双方交易的书面依据,对于规范双方的权利和义务,维护彼此权益,解决贸易纠纷发挥关键作用。因此建议出口企业要规范合同条款,完善合同内容。除了对基本的标的条款、数量条款、价格条款做出约定以外,建议将质量条款、检验条款以及争议解决条款充实到贸易合同中。此外,在与买方的日常沟通中,对于重要事项应尽量采用邮件等书面形式与买方确认,同时做好重要单据及相关沟通记录的保存和留档。

(二)了解目的国付款环境

国际贸易能否安全收汇主要受三个因素的影响:一是买方的付款意

愿，二是买方的付款能力，三是买方所在国的付款环境，如海关政策、外汇政策等。这三个因素缺一不可，只有同时具备，企业才能安全收汇。然而在国际贸易实务中，很多企业更加关注买方的付款意愿和付款能力，对买方所在国的付款环境却不甚了解。当不良买方利用当地特殊的付款环境拒绝提货或者恶意索要折扣时，出口企业只能束手无策。所以，了解目的国的付款环境对于保障出口企业的收汇安全很有必要。除了本案买方所在国家印度外，巴西、斯里兰卡、土耳其、尼日利亚等国家海关均规定到港货物如需退运或转卖需征得原买方同意，提供原买方拒绝接收货物或不再提货的书面声明，即不反对声明书（None Objection Certificate，NOC）。

（三）选择有利的付款方式

托收和见提单副本付款是农产品出口企业经常使用的付款方式。很多出口企业认为，采用托收和见提单副本付款的付款方式，买方不付款就无法提货，能够自己掌握货权，因而相对安全。但殊不知，在某些国家仍会发生买方与银行或者承运人互相勾结，银行擅自放单和承运人擅自放货的情况。此外，在印度这样有特殊海关政策的国家，约定托收和见提单副本付款的付款方式，如果遭遇不良买方，极易出现买方拒绝付款提货甚至恶意索要折扣的情况，从而使企业遭受损失。因此建议出口企业投保出口信用保险，并选择 OA 结算方式，降低买方拒收货物的可能性，同时收取一定比例的预付款，增加买方违约成本，掌握一定主动权。

（四）充分利用出口信用保险维护自身权益

在发生贸易纠纷时，出口企业应据理力争维护自身权益，不要擅自与买方达成和解或擅自处理货物。已经投保出口信用保险的企业，要深入掌握和理解保单条款，避免因擅自放弃债权而无法得到出口信用保险的赔款补偿。

从一宗美国买方破产案浅析咖啡豆行业出口贸易风险

云南分公司　侯复新

摘要：云南地处我国云贵高原西南部，受亚热带季风气候影响，地势起伏，海拔落差较大，优越独特的地理环境赋予了云南省"动植物王国"的美誉。中国信保自成立以来始终重视培育地方特色产业，特别是大力支持包括经营优质本地咖啡豆在内的高原特色农产品企业对接国际市场，扩大出口贸易规模。本文以一宗出口美国咖啡豆案件分析该行业的风险特点，并提供相应借鉴。

一、案情介绍

云南省某出口企业 A 专营咖啡豆出口业务，美国一直是该企业的主要市场之一，并拥有较为稳定的业务和客户关系。2020 年 4 月—5 月，出口企业 A 向美国客户出运 5 票货物，预估货值总额约 62.27 万美元，在扣除出运时收到的约 49.82 万美元预付款后，仍有约 12.45 万美元的预估尾款金额未收。贸易双方约定，这批货物应在 2020 年 5 月—7 月国际咖啡豆期货价格区间内，按卖方指定的任一价格确定并结算尾款。由于出口企业 A 预估该时段内咖啡豆市场行情不佳，遂在 5 月完成其中 2 票业务的定价及结算后与买方商定将剩余 3 票货物的期货价格结算时点推后至当年 9 月。

2020 年 7 月，出口企业 A 突然接到买方通知称，由于经营情况恶化，该公司已向当地法院申请进行破产清算。此时，出口企业尚未收到前述 5 票出口业务的尾款，其中 3 票业务甚至还未完成定价及结算。出口企业 A 对买方的突然破产毫无准备，茫然失措下向中国信保寻求帮助。

二、案件处理

在接到出口企业 A 的报损信息后，中国信保积极协助出口企业发起索赔申请，并第一时间委托美国当地渠道介入了解买方破产情况。中国信保渠道经调查获悉，买方公布其对出口企业 A 的债务金额仅约 6.12 万美元，且破产管理人在短期内不会对有误的债权债务金额进行实质性审查及更正。

出口企业 A 此时面临部分货物尚未定价结算，破产债权金额有误，且难以与买方取得直接联系的情况。此外，疫情期间外贸经营环境不佳，急需资金支持，十余万美元的货款损失，对于企业来说是难以承受的打击。

针对这些问题，中国信保一方面积极协助出口企业 A 与买方进行联系，尽快完成货物的最终定价，另一方面指导出口企业准备单证文件并通过美国渠道向破产管理人提交抗辩材料。经过一番努力，出口企业 A 于当年 8 月与买方完成了剩余 3 票货物的定价并开出最终发票，确定了相关贸易的货值金额。但破产管理人却并没有对我方抗辩进行审核并反馈意见，为解决这一问题，尽快为企业弥补贸易损失，中国信保迅速委托渠道启动货物流调查工作，在确认买方已收取案件项下全部货物后，立刻按照保单约定进行定损核赔并向出口企业 A 支付了赔款。

三、案件启示

（一）未雨绸缪，积极运用出口信用保险保障风险

以本案为例，由于咖啡豆行业在外贸操作方面具有一定的特殊性和专业性，能够参与其中的出口企业相对不多，贸易方式与客源较为稳定，一些出口企业也因此认为咖啡豆行业有一定的准入门槛，客观上为业内各方持续稳定的交易提供了保障，贸易风险并不高。然而事实证明，即便是业内长期稳定交易的客户，也难免发生信用风险，给出口企业造成严重的损失。如果没有中国信保的积极协助和足额赔付，企业很可能在风险突然发生时茫然无措，最终有苦难言。

（二）对于较长账期的赊销贸易要与买方保持沟通

以本案出口企业为例，该企业具备充足的咖啡豆出口交易经验，在货物出运后积极关注期货价格并能准确预判，然后迅速果断地对货物定价条件作出有利变更，但是却没有注意到买方可能存在经营情况变化。

对于长期交易的客户，特别是信用期限较长的业务，在货物出运后至收款前，应持续关注买方的经营情况，尽可能定期向对方书面提示对账，或在商洽新业务过程中通过交谈侧面了解对方当前的经营情况。如果认为买方可能已经出现经营风险异动，应及时采取防损止损措施。

（三）注意留存证据以便确立应收账款债权

出口贸易过程中，应仔细核对并留存能够确立应收账款债权的交易凭证，包括货物交付或签收凭证、正本提单、发票或对账凭证等。特别是通过期货定价等特殊模式开展的业务，更应仔细审核贸易合同条款对于货物定价条件、付款方式等的约定，在货物完成最终定价并顺利收款前，要妥善留存贸易过程中任何能够证实货物已出运或货权已转移的正本贸易单证，以有助于在风险发生时能够确立清晰的债权债务关系。

中国信保助力鲜果企业乘风破浪

陕西分公司　李　栋

摘要：以苹果为代表的果业是陕西经济的优势特色产业，也是农产品出口的"主力军"。2020年由于部分海外市场受到新冠肺炎疫情影响，集中出现买方违约，辖区内多家主营鲜果业务的中小微企业向中国信保提交了三十余宗索赔申请，涉案金额超过1400万元。我们通过一宗实例，归纳总结系列案件的处理过程，对鲜果行业发生信用证风险及买方拒收风险下减损防损措施提出一些思路。

一、案情介绍

2020年上半年，数家鲜果出口企业纷纷反馈，货物（苹果）出运至孟加拉国后买方不予配合提货，孟加拉国开证行提出不符点，或直接退单，或交单后无任何反馈，同时买方提出拒收或降价要求，鲜果陆续抵港，货物难以保存，中国信保陆续接到数十宗报案，其中包含出口企业B公司的一宗索赔案件。

B公司于2020年3月向孟加拉国买方A分批次出运8票鲜果，总货值约19万美元，合同约定支付方式为全额即期信用证。开证行收到全套单据，但未在签收单据后5个工作日内支付信用证款项且先后4次以植物检疫证书、原产地证书等单据相关信息不全为由提出不符点，交单行不予认可开证行所提出的不符点，经交单行历次抗辩后，开证行最终未再提出不符点。此时货物陆续到港，买方拒绝提取货物，并要求在大幅降低信用证款项的前提下提货。B公司难以抉择，随即于4月下旬向中国信保通报风险，并提交货物处理预案。

二、案件处理

中国信保在收到 B 公司提交的货物处理预案后,第一时间研究探讨货物处理最佳方案。经海外渠道了解到,受疫情影响,孟加拉国鲜果市场销售低迷,滞港货物迅速增多,同时受疫情防控影响,开证行单据签收审核及付款事项处理较往常大幅放缓。由于货物为鲜果产品,储存条件要求高、保质期短,一旦滞港造成港杂费用递增,势必进一步降低买方收货意愿,如最终买方执意拒收货物,则出口企业可能承担的损失甚至超过货值。

面对开证行及买方的重重刁难,中国信保指导 B 公司实施两步走策略。

一方面,积极应对开证行。因孟加拉国进口要求采取信用证结算方式,无论开证行提出不符点的出发点是什么,我们都需要确保债权的确立。因此,在开证行提出不符点后,我们建议 B 公司积极应对,排查不符点是否成立、开证行提出不符点是否合理等,并及时进行抗辩,不给开证行抓住 B 公司操作失误的机会。

另一方面,积极应对买方。综合考虑鲜果特性及处理可行性,为避免损失持续扩大,中国信保积极指导 B 公司与买方 A 协商货物降价事宜,通过中国信保与 B 公司共同施压谈判,从初期买方坚决拒收货物到同意付款提货,由一开始提出的 60% 降价要求缩减至 25%。在买方配合下,开证行及时支付了货款,货物得到较好处置,避免港口损失为企业带来的额外损失。

货物处理完毕后,B 公司就货值损失部分提出索赔申请,中国信保指导客户提供完整的索赔资料及损失证明材料后,快速开展定损核赔工作,于受理索赔一个月内向出口企业划拨赔款。通过损失补偿,中国信保用实际行动支持企业应对疫情之下的出口困境。

三、案件启示

(一)熟悉进口政策,不忘风险防范

受自身属性制约,农产品出口易受进口国相关政策影响,拒收风险一旦发生，如孟加拉国等部分国家货物退运及转卖须经进口商同意，出口商将被迫采取降价或弃货处理方式。部分出口商片面追求订单规模与市场开拓，忽视进口国农产品行情、价格及进口国近期相关政策，风险防范意识薄弱，易造成自身被动局面，带来不小损失。

（二）关注信用证操作，确保债权确立

在信用证支付方式下，要格外关注相关条款的约定和执行。一是要选择具备一定资质和信誉的开证行，避免开证行过分"协助"买方逃避付款义务；二是关注条款约定，如果发现操作中存在困难的，一定要提前修改信用证，不给开证行或者买方提供合理拒付理由；三是规范操作，在规范己方操作的同时，也要关注开证行操作是否规范，为自身收集确权证据。比如UCP600第七条规定"自信用证开立之时起，开证行即不可撤销地受到兑付责任的约束"；第十四条规定"自收到提示单据的翌日起算，应各自拥有最多不超过五个银行工作日的时间以决定提示是否相符"，那么即期信用证下，开证行被赋予的义务便是按期兑付或者限期提出不符点。如开证行并未按UCP600约定执行，出口企业应及时跟进并通过交单行进行抗辩。

（三）留意买方动态，及时做好沟通

在此系列案件商务合同的执行中，受新冠肺炎疫情影响，也发生了许许多多的小意外，比如货物发运延迟、单据无法及时传递、开证行无法正常收单等，提高并完善自身履约合规性是避免产生贸易纠纷的前提和保障。如果确实由于一些客观因素造成履约执行与合同约定有出入，应及时与买方保持沟通并征询到买方正式回复意见，避免买方在违约后提出执行过程中的问题作为逃避付款的理由。

追偿减损篇

出口企业面临巨额损失
中国信保实现成功减损

贸易险理赔追偿部　刘丹丹

摘要：随着全球经济呈下行趋势，海外买方因抗风险能力不足进入破产程序的案件频发。一旦买方进入破产程序，国内出口企业通常作为无担保债权人，获得破产分配的概率较小，将有可能面临钱货两失的风险。为了避免上述风险，出口企业应在合同签订、货款跟踪、沟通减损等各个环节做好准备，尽最大可能维护自身权益。本文以一宗工程机械行业大额破产案件为例，详细分析破产案件中利用企业事先签订的"物权保留"条款及中国信保海外渠道资源成功取回部分货物，实现大额减损的过程，为出口企业后续面对买方破产时如何化解风险提供帮助和启示。

一、案情介绍

出口企业 L 是国内一家成立于 1958 年的工程机械企业，于 2012 年 9 月至 2013 年 3 月间向买方 P 出口 50 台挖掘机及属具，发票金额 890 万欧元，支付方式 OA720 天。2013 年 3 月 25 日，L 收到 P 来函，称因缺乏运营资金，无法按期支付本案货物进口税，导致挖掘机被执行机关扣押，要求 L 立即向其注资以缓解财务压力。

因获悉上述风险事项，出口企业 L 于 2013 年 3 月 29 日向中国信保报损。

二、案件处理过程

鉴于涉案金额巨大，为有效控制风险，最大限度减少损失，中国信保接到报损通知后，立即成立了专案工作小组，迅速介入调查减损及赔付工作。

（一）买方经营恶化，进入破产程序

了解到买方风险事项后，中国信保第一时间调取买方资信报告，最新资信报告显示，P 在过去 5 个月间已有不同债权人获得了 40 余项支付裁决，单项金额从数千到数万欧元不等。2013 年 1 月和 3 月，分别有两位债权人向法庭提起申请，要求宣布 P 破产。

2013 年 4 月，P 向当地法庭申请破产重组，并表示对本案所涉及的交易无异议，申请破产重组主要原因是长期缺乏运营资本，正常经营活动无法按期进行，导致成本上升、利润下降，最终大量到期债务不能清偿。为解决困境，除采取裁员降低成本、提升运作效率和依靠新订单盈利这些逐步改善措施外，P 提出希望获得出口企业 550 万欧元注资。

（二）利用物权保留条款，积极寻求减损

买方进入破产程序，甚至希望出口企业向其注资，向买方追讨欠款弥补损失已不可能，无法预期时间和金额的破产分配款对于巨额损失来说更是微不足道。此时，控制住货物、最大限度减少损失成为出口企业的唯一希望。

经审理，本案贸易合同约定了"物权保留"条款，依据合同约定，在完成货款支付前，P 不得出售或将挖掘机交付第三人，但因买方在未经出口企业许可的情况下，已擅自对 18 台挖掘机出租使用，故出口企业事实上已无法控制并处置此部分货物。为避免损失继续扩大，中国信保第一时间指示海外渠道向买方发出通知，终止合同执行并主张物权保留，向买方据理力争，最终及时控制并取回了尚未向买方交付使用的 32 台挖掘机（价值约 600 万欧元）。

（三）确定保险责任，及时给付大额赔款

本案中，出口企业虽取回了部分货物，但实现转卖仍需一定时间。为履行政策性职能，缓解出口企业资金压力，中国信保于 2013 年 12 月先行向出口企业支付赔款 840 万美元。

后出口企业对于取回的货物在周边国家陆续实现折价转卖处理，转卖金额约 300 万欧元。

三、案件启示

（一）完善合同，最大限度保障自身利益

本案中，出口企业之所以能够在买方破产这一极度不利的情况下扭转局势、避免大额损失，主要是由于其在与买方签订的贸易合同中加入了"所有权保留"条款，约定在买方全额还款之前，货物所有权仍属于出口企业。尽管该条款在执行的过程中遇到了买方的极力阻挠，但仍作为中国信保海外渠道与买方谈判的有力抓手在减损过程中起到了至关重要的作用。因此，面对波谲云诡的国际贸易形势，国内出口商在与买方签订贸易合同的过程中应尽量加入有利于自身的条款，例如"所有权保留"条款、担保条款等，最大限度保障自身权益。

（二）主动出击，买方破产并非无计可施

在很多国内出口商的意识中，一旦买方进入破产程序，则意味着其将遭受重大损失，要么慌乱应对，要么消极等待。然而各国破产法律不尽相同，买方破产并非意味着全损。本案中，出口企业获悉买方可能进入破产程序的第一时间即求助于中国信保，中国信保海外渠道运用自己的法律专业知识，认真研究贸易合同，仔细分析案情，利用合同中有利于出口企业的条款，积极主动与买方协商斡旋，一方面成功控制住大部分货物并完成转卖，另一方面对于买方已投入使用的 18 台挖掘机，也要求其将租金等收益优先偿还出口企业。

俄罗斯买方拖欠大额欠款
中国信保解企业燃眉之急

贸易险理赔追偿部 孙 征

摘要： 国内企业在海外市场业务扩张过程中，良好的风险防范和风险处理机制对企业发展尤为重要。本文为我国出口企业A公司向俄罗斯出口农业机械设备拖欠案，从前期勘查到后期追偿等角度进行分析介绍，以期为同类案件的风险防范提供参考建议。

一、俄罗斯买方拖欠大额货款

国内某出口企业A公司于2017年10月向俄罗斯买方B公司出运农业机械设备约300万美元。买方收取全部到港货物后，因资金紧张，仅支付80万美元的款项，超过200万美元的余款发生大额拖欠。2018年4月，A公司向中国信保通报了可能损失，并委托中国信保代为追偿应收账款。

二、中国信保快速理赔追偿

（一）深入调查买方状况

接到报损后，中国信保立即与A公司就本案基本案情进行会谈，全面了解双方贸易历史、买方当前经营状况及主要资产分布情况，确保双方信息共享、形成合力，为后续勘查追讨工作奠定了良好基础。

随后，中国信保委托俄罗斯当地资深追偿渠道律师介入勘查追讨。通过调查发现，买方B公司为当地该行业知名供应商，案发时信用状况并未出现较大波动，其资金紧张的原因在于本案农业机械设备销售缓慢，影响到现金回流，导致资金压力较大，故无力承担农业机械设备的售后维修费用及支付本案项下应付账款。

（二）谈判受阻寻求突破

渠道律师向买方 B 公司发送催讨函后，买方立即以各种借口逃避付款责任，拒绝全额付款。后经渠道律师大力施压，买方又提出以 100 万美元了结全部付款责任的解决方案。中国信保以及出口企业第一时间表示拒绝，后经多次严肃交涉，买方态度依然强硬，坚持拒绝全额付款，甚至拒绝与渠道见面会谈。

为进一步加大追讨力度，中国信保同步对担保方 C 公司进行深入调查后发现，贸易项下的担保公司 C 公司实力雄厚，除经营大型农业机械设备以外，还经营农产品出口业务等其他销售利润较高的产业。于是，中国信保立即将 C 公司作为减损突破口，要求其尽快履行担保责任，促成新的还款方案，争取早日全额收回货款。

（三）成功收回欠款款项

中国信保抓住担保方 C 公司负责人来华的有利时机，与出口企业、渠道和买方进行会谈。会谈中，中国信保既大力施压促使贸易双方达成还款协议，又留有余地以维护贸易双方的贸易关系。此外，信保提出，如果担保方 C 公司能尽快履行还款业务，中国信保还愿意帮助其扩大在华农产品出口的贸易规模。随后，C 公司明确表示愿意履行担保责任，买方也一改之前的强硬态度。在各方的共同努力下，担保方 C 公司首先支付了 100 万美元，之后就剩余的约 100 万债务提出了分期还款方案。经过渠道律师的大力跟进，最终成功收回了本案全部欠款。

三．案例启示

（一）科学设置合法有效的担保，是防范交易风险的重要保障

从海外追偿的经验来看，如在交易之前设置合法有效的付款担保，一般情况下更能保证出口商的权益。从本案的交易模式及回款路径来看，有担保优于没有担保。在设置担保主体时，要厘清各个主体的利益关系，选

择资质优良的担保方。

在选择担保方上,可以从还款能力和还款意愿上进行评估和选择。首先,担保方要有一定的资金实力,最好有一定的实体资产。比如,持有厂房设备等有价值的固定资产,不必担心担保方突然失踪或逃匿。其次,经营范围要广,最好涉足多种行业且行业走势稳定,可有效抵御行业性系统性风险。最后,如果买方与担保方高度关联,则担保方的还款意愿较高。总之,担保的合理设置能够为风险保障提供坚实基础,帮助实现更好的追偿效果。

(二) 及时介入开展海外调查,丰富追偿手段决胜千里之外

灵活多样的处理方式是取得良好追偿效果的关键,而单纯的诉讼手段未必是处理所有案件的最好办法。对于拖欠案件,需要认真寻找风险发生的主要原因,将买家纳入其所在行业进行综合考量。全方位了解买方的资信情况,不仅考虑其还款意愿,还要考虑其还款能力,同时研究债务人的集团公司背景,以从最合适的角度切入追偿,最终促使双方达成和解,圆满解决拖欠案件。

在采取行动之前,及时开展针对买方和担保方的资信及经营状况调查至关重要,因为这为制定追偿方案、研判追讨策略提供有效的支持。就本案而言,正是因为中国信保通过海外调查发现了担保方想进一步与中国企业进行农产品出口贸易,扩大其销售规模及增大利润的需求,才坚定了本案的追偿方向,并取得了良好的追偿效果。相反,如果当时没有进行详尽的调查,我们就无法抓住能够牵制住担保方的谈判条件,进而影响后续的追偿效果。

开辟理赔绿色通道　极速推进线上理赔

湖北分公司　刘　曦

摘要： 在新冠肺炎疫情肆虐全球的2020年，全球汽车市场经历了一次重大考验。根据 IHS Markit 的数据，2020年全球汽车销量约为7650万辆，其中近八成国家汽车销量下滑，美国、欧洲、日本等主要汽车消费国和地区销量下滑明显。本文选取了疫情期间加纳汽车经销商 A 公司拖欠国内某汽车出口企业 D 公司大额货款案，通过介绍中国信保为受疫情影响的出口企业开辟理赔绿色通道，及时承担赔偿责任缓解企业资金压力，为出口企业在风险发生后如何有效处理风险及如何快速弥补损失提供经验和启示。

一、案情介绍

2019年3月至12月期间，某出口企业 D 公司向加纳 A 公司陆续出运6票货物，合同采用赊销支付方式，货值金额138万美元。2020年2月20日，D 公司因未能收回到期款项向中国信保提出索赔。

二、案件处理

在获悉上述情况的当天，中国信保立即做出响应，向出口企业了解案情，指导出口企业提交电子版基本理赔材料，并在索赔当天完成案件受理。

（一）突破常规环节，快速完成海外勘查

中国信保克服时差影响，直接上门走访。由于涉案金额较大，且案件

发生在国内疫情形势最严峻的时期，收到 D 公司索赔后，中国信保克服加纳与北京 8 小时时差的影响，突破常规勘查流程，指示海外渠道直接展开对本案 A 公司的实地调查工作。

经渠道实地勘查，了解到 A 公司是加纳当地一家规模较小的汽车企业，A 公司虽确认贸易及收货事实，但未确认债务金额，面对渠道追偿，A 公司态度极为回避，表示因下游销售不畅而无力偿还欠款。为了进一步查清案情，准确判断保险责任，中国信保于当日委托另一家渠道启动货物流调查，经渠道与承运人核实，提单系真实签发。至此，中国信保完成债务人海外勘查和货物流调查，并进行了分析审理，用时不到一周。

（二）提前判定风险，一次性赔付全部债务

D 公司索赔的 6 票货物中，有 2 票出运已发生保险合同约定的买方拖欠风险，而后 4 票尚未到保单约定的拖欠风险发生日，正常情况下，当前只能先针对前 2 票货物进行定损核赔，其余 4 票须等风险发生后方可进行赔付。但根据中国信保疫情期间特殊理赔服务措施，对受疫情影响的客户给予一定的政策倾斜，同等条件下从快、从优、从宽处理出险案件，为快速缓解出口企业的资金压力，中国信保决定对 D 公司的 6 票出运进行一次性赔付。

（三）高效定损核赔，极速出具赔付方案

根据海外调查进展，结合单证审理情况，中国信保于 2020 年 2 月底向 D 公司支付赔款 110 万美元，缓解了 D 公司资金压力，促进了 D 公司复工复产。此时，距离 D 公司提交索赔仅 10 天时间，该案成为极速推进理赔的典型成功案例。

三、案例启示

回顾案件处理进程，此案之所以能够在短期内快速高效推进，主要是因为以下三个方面：

一是 D 公司风险意识强、操作规范。D 公司在中国信保批复的信用限额内出运，申报及时，出运后密切跟踪应收账款支付情况，并未因为买家

以往有习惯性拖欠而放松警惕,当拖欠时间超出买家习惯范围时,D 公司敏锐地洞悉到买家付款情况的异动,及时通报了可损并委托中国信保追讨,便于中国信保快速查清损失原因和进行风险控制。

二是提交的单证合规、齐全、准确、清楚。本案 D 公司申请索赔后,克服疫情期间办公条件受限的不利影响,按照中国信保的建议认真准备相关文件资料,提供了比较齐全的证明其损失及贸易关系的材料,贸易合同条款约定清晰,有利于快速判断保险责任。

三是中国信保建立的受疫情影响客户业务需求的快速反应机制,优先处理受疫情影响出口企业的出险理赔,对受疫情影响客户给予一定的政策倾斜,进一步从速、从简、从优、从宽处理出险案件,应赔尽赔,能赔快赔,充分彰显了中国信保履行政策性职能,助力小微企业"走出去"的独特作用。

同时,高效的理赔工作需要出口企业的积极配合,中国信保尽早介入海外追讨有利于尽快查明案情并作出赔付决定。在单证齐全、出口企业按保单规定履行了应尽义务的前提下,如果经海外调查证明损失属于承保责任范围,中国信保会以最快速度予以赔付。

不畏疫情　快速响应　解决企业燃眉之急

重庆分公司　王　敏

摘要： 2020年初，一场新冠肺炎疫情突如其来。中国信保充分发挥政策性职能，主动摸排企业受疫情影响情况，简化理赔程序，出台配套支持措施，帮助企业克服困难，充分体现了政策性金融机构的责任感和使命感。本案为一宗疫情严重期间赔付的汽车案件，金额大、响应快、企业感受佳，可为汽车行业出口企业提供风险提示。

一、案情介绍

2018年6月至10月，中国出口企业K向越南买方D出口了4票总价值约150万美元的汽车配件（微型卡车），支付方式为5%预付款+OA180天。双方合作已有两年有余，早期采用稳扎稳打的信用证结算方式，历史交易超过500万美元。因历史合作情况较好，双方协商后变更为赊销方式结算。

K企业出口的该批微卡配件为国内标准，发运到越南组装后，发现车辆制动力不能达到越南标准（因越南道路状况差，越南政府制定的车辆制动标准高于中国）。K企业派出技术人员到越南，经过3个月反复改进测试，才最终达到了越南制动标准。受此影响，该批微卡延期3个月方才上市销售，未能赶上销售旺季，D买方资金回收严重滞后。另外，由于2018年越南政府项目减少，微卡市场出现了整体下滑，D买方库存压力较大。

考虑到微卡散件的批量制动问题对D买方销售造成了不利影响，K企业向中国信保申请延期报损2个月并获同意，相应地同意了D买方延期3个月付款。D买方随即也承诺将在延期后的付款时限内及时偿还货款，并采取加大市场推广力度、下调终端销售价格、加速促销库存车辆、变卖旧厂房等手段加速资金回笼。

2019年4月，D买方未能如期支付货款，K企业遂向中国信保通报了可能损失。报损后，K企业加大与D买方的沟通力度，前期采用自追方式追回10万美元。随后，D买方开始躲避K企业的追讨，双方沟通陷入困境，K企业已无计可施。

二、案件处理

事已至此，K企业立即申请由中国信保介入。中国信保遂委托一家追讨经验丰富的越南当地渠道向D买方追讨。在渠道多次上门施压后，D买方全额确认债务金额。然而，正当渠道要求D买方出具还款方案时，D买方又提出了质量问题（胶水不合格导致驾驶室门生锈），称需要先解决质量问题，才能还款。

对此，K企业抗辩称，生锈问题系D买方自行喷漆过程中工艺不规范所致，产品本身并不存在质量问题。考虑到D买方提出质量问题的时间已远远超出贸易合同中双方约定的质量异议期，中国信保和K企业对D买方的主张不予认可，并要求D买方全额支付欠款。

随后，中国信保、渠道、K企业与D买方通过电话会议、邮件往来、上门拜访等方式进行了多轮沟通，最终促成贸易双方就质量争议达成了一致，D买方再次全额确认债务金额，并出具了书面分期还款计划。

2020年2月，正值新冠肺炎疫情不断蔓延、企业复工复产遭遇挑战的严峻时期，K企业向中国信保提交了索赔申请。K企业提出因疫情影响，资金压力较大，希望能尽快获得赔付。"停工不停责、离司不离岗"，中国信保急企业之所急，开通绿色理赔通道，通过线上办公持续推动案件进展，高效完成定损核赔工作，简化单证要求，最终在短短半个月内就将赔款顺利拨付到了K企业手中。

一次性获得大额赔款的K企业，资金压力得到极大缓解。K企业感激地表示，通过本案件，深刻感受到了政策性金融机构的温暖，日后将继续深化与中国信保的合作，双方携手共推业务高质量发展。

三、案例启示

（一）明确质量标准

国际贸易的交易双方在订立合同时，应注意订立明确、合理、具有可执行性的质量标准。必要时可具体指明双方认可的检验机构、检验标准或采用样品作为质量标准，并约定质量异议期，避免后期不必要的纠纷。尤其像本案中汽车一类的商品，各国技术标准不一致，如合同中没有明确的质量标准，很容易产生质量纠纷，影响双方合作。

（二）把握追讨时机

出口企业和国外买方是贸易合作关系，在发生风险的初期，双方沟通往往较为顺畅。企业应把握此时的最佳追讨时机，视实际情况决定采取自行追讨或委托中国信保介入追讨的方式。对买方认债态度好，提出明确还款计划的，可以采取自追方式，但应密切跟踪还款进展；对双方沟通还款方案无果的，应立即委托中国信保介入追讨，而不应出于维护贸易关系等原因盲目一味地自行沟通、延迟委托，以免影响追讨效果和自身保险权益。

（三）充分信任信保

中国信保是企业在国际贸易"走出去"的过程中，尤其是危机袭来时有力而可靠的支持。在应对新冠肺炎疫情的爆发及在全球蔓延肆虐的过程中，中国信保主动出击，积极作为，出台"简、快、宽、惠"理赔服务措施，急企业所急，想企业所想，充分发挥专业能力，解决企业的经营困境。无论是在出险前还是索赔后，出口企业均可充分信赖中国信保，与中国信保及时沟通，协力解决出口中面临的各种问题，及时获得损失后的赔款补偿。

积极研判　高效处理

——一宗汽配件拒收案的经验启示

江西分公司　冷迎娅

摘要： 国际贸易实践中，商品价格下跌、买方资金困难等因素，导致买方拒收货物，极易让出口企业陷入被动的两难境地。本案为一宗较为典型的拒收案，出口企业在中国信保的指导下，审时度势，准确把握货物处理方向及谈判进度，最终成功实现减损。本文通过还原该案件的处理细节，为出口企业提供了拒收案件的风险启示和建议。

一、买方无理拒收，出口企业进退两难

2019年7月，中国出口企业A向埃及买方出口汽车零配件，货物金额8万美元，支付方式为20%预付货款，尾款OA60天支付，买方已于出运前支付预付款。2019年8月，A公司突然收到买方通知，无法偿付货款，将不会提取货物，建议出口企业退运。

收到买方通知后，出口企业陷入两难境地：一方面货物已到港口，如无法说服买方提货，将可能产生高额滞港费，而本案贸易术语为CIF，高额滞港费最终需由保户承担；另一方面，如果接受买方建议，退运货物，将产生高额退运费，且退运费用难以预估。

在不知如何抉择的情况下，出口企业选择向中国信保通报可能损失，并寻求相关建议。

二、审时度势，中国信保助力出口企业高效减损

中国信保收到出口企业A公司报案后，立即开展案件分析工作，最首

要的工作为帮助A公司确定货物处理方向。重点考虑因素包括：一是核实买方偿付能力。中国信保通过内部系统查询该买方报损记录及资信报告，相关信息显示，买方经营状况正常，无破产等重大风险异动，买方近期有多宗报损记录，但最终均因买方后续支付货款撤损。因此，中国信保判断该买方历史交易习惯为拖而不欠，偿付能力未发生实质性变化。二是判断货物的转卖性。根据A公司提供信息，该票出口为根据买方需求定制的汽车零配件，货物转卖性差，即使退运回国也难以实现二次销售。三是退运的费用情况。根据企业向货代了解，退运费预计较高，且费用不可控。同时本案项下，买方已支付预付款，拒收货物也将给买方造成损失。综合以上因素，中国信保建议A公司缓和态度，积极谈判，争取买方提货。

后续调查显示，买方不付款的直接原因为埃及外汇紧张，无法汇兑，从而影响提货意愿。为促成双方顺利达成一致，中国信保建议A公司适度让步，给予买方一定宽限期。同时，中国信保建议A公司联系货代，了解目的港免堆期，避免货物堆存时间过长，产生高额滞港费，进一步影响买方要货意愿。经过一周左右的谈判，A公司给予买方90天宽限期后，买方最终同意提货。

需要强调的是，在中国信保的提示下，A公司在放货前取得了买方书面还款计划。在放货后，中国信保指导企业加大催收频率，转变态度，强势追讨，买方最终按计划如期还款，A公司实现全额减损。

三、案例启示

在国际贸易实践中，货物运输周期长、货物价格变动、买方资金周转不灵等因素都将可能影响买方提货意愿。一旦出现国外买方拒收，出口商往往比较被动。本案的成功之处在于，能够积极研判形势，准确把握货物处理方向、谈判策略，最终变被动为主动，实现高效减损，具体风险启示和建议如下：

一是根据买方还款能力、产品属性及退运费用等综合因素精准确定货物处理方向。对于产品属性为定制品、鲜活品等不易转卖或易腐烂的商品，在买方未出现重大风险异动的情况下，优先与原买方积极谈判，对于首次交易的新买方，建议收取一定比例预付款，增加谈判筹码。

二是加快谈判节奏，避免高额滞港费用的产生。在货物处理案件中，应尽快与货代或船公司沟通，了解免堆期政策，货物处理尽量在免堆期内完成，避免谈判拖而不决，产生高额滞港费。在部分情况下，出口商可及时与中国信保进行沟通，在避免损失进一步扩大的前提下，根据谈判情况，在诸如费用承担方式等有关问题上适度予以让步。

三是积极获取买方书面还款计划。买方书面还款计划为后续开展催收的有力手段，建议出口商在放货前尽量获取买方书面还款计划，确立清晰债权。

四是及时向中国信保报损，寻求专业意见。拒收案发生后，部分出口企业选择自行与买方谈判，因出口企业自行处理货物经验不足，可能造成损失扩大甚至货物全损继而影响后续保险双方权益。因此，一旦发生买方拒收，建议广大出口企业按照条款约定及时报损，在中国信保指导下开展后续减损工作。

货代无单放货　中国信保助力解危机

厦门分公司　郭妙莊

摘要： 国际贸易中，无单放货的现象频频发生，尤其是在南美一些国家，出口企业持有正本提单但是货物却被提走的现象层出不穷，不少出口企业面临钱货两空的窘境。本文选取了一宗典型的无单放货案例，详细介绍了中国信保查实货代无单放货、帮助企业追回货款、指导企业打赢官司获得货代赔偿款的过程，为同类案件的处理提供减损思路。

一、冷藏农产品滞留港口，货代主张高额费用

国内出口企业 A 向巴西买方 B 出口一批蘑菇，货物价值约 50 万美元，合同约定卖方收到全部货款后再将提货单据寄送买方。货物装船之后，A 多次提示买方付款，买方虽一再承诺付款，但直到货物到港数日，买方仍然未支付任何款项，A 也就一直持有全套正本提单。

因出口货物为生鲜产品，需要在适宜的环境中存储，如因存储不当发生变质，出口企业将失去转卖减损的机会。此外，货物滞留港口，相关费用逐日攀升，如收货人不能提货，货代必然要求出口企业承担这笔费用，这对出口企业来说无疑是雪上加霜。因投保了出口信用保险，A 遂向中国信保报损。

二、提单在手，货物已被第三方提取

农产品减损的黄金期稍纵即逝，中国信保接到报案之后，一方面立即

联系巴西买方，并请出口企业尽快确认货物是否仍然可控，是否有其他可行的货物处理方案，多管齐下寻找最优的解决方案。出口企业很快反馈，货物已被货代卸载存放在目的港保税区仓库，货柜已空柜返还船东，但全套提单在手，货权可控。

另一方面，中国信保很快与巴西买方取得联系。按照以往的经验，买方可能以各种理由要求出口企业先放货，或者提出折扣要求。但令人意外的是，巴西买方不仅没有提出放货要求，而且承诺在一个月内付清全部货款。情况反常，中国信保立即委托海外渠道调查货物状态。而经调查后发现，涉案货物早在出口企业报损之前就已被第三方公司清关提取。

三、收集证据，指导出口企业做好应诉准备

根据《最高人民法院关于审理无正本提单交付货物案件使用法律若干问题的规定》第二条规定："承运人违反法律规定，无正本提单交付货物，损害正本提单持有人提单权利的，正本提单持有人可以要求承运人承担由此造成损失的民事责任。"中国信保再次与出口企业核实，确认出口企业仍持有全套正本提单，且未通过签发电放提单的方式指示货代放货给买方或第三方。

经律师分析，在中国法项下，记名提单的承运人只能凭正本提单或托运人指示放行货物。而在本案中，承运人却在提货人未出示正本、托运人也未签发电放指示的情况下，将货物放行交付给第三方，其行为显然已构成"无单放货"。

为维护出口企业合法权益，中国信保立即指示出口企业与货代联系，要求其反馈当前货物状况及存放地点，并确认出口企业是否仍可控货。沟通过程中，货代始终坚持货物仍在港口，但因长期无人提取已产生高额的存储费用，要求出口企业承担相关费用，甚至向出口企业发出《目的港无人提货通知》。在中国信保的指导下，出口企业留存了与货代的书面沟通记录。

此外，中国信保的海外渠道经多方调查取证，获取了巴西目的港码头（Brasil Terminal Portuária）主管提供的十五份《货物登记信息》（INFORMATION OF REGISTRATION OF CARGO），确认货物已被放行交付且仓储

登记的进口商为第三方 C。且经进一步调查，中国信保发现提货方 C 系合同买方 B 的关联公司，因存在大额拖欠记录已被中国信保停止承保。为继续从中国进口货物，提货方 C 改用其关联公司 B 的名义签署合同，并串通指定货代提取了货物。上述证据的取得，为出口企业起诉货代无单放货奠定了良好的证据基础。

四、及时赔付解危机，双向追讨降损失

结合调查结果，中国信保及时启动定损核赔程序，并向出口企业一次性支付了赔款约 45 万美元，解决了出口企业燃眉之急。案件赔付之后，中国信保一方面继续委托海外渠道向巴西买方追讨货款，另一方面继续指导出口企业通过法律手段向货代公司维权。

买方 B 并未履行其在一个月内付清全部货款的最初承诺，且后续一再回避中国信保的追讨。中国信保经反复施压，同时对其资产、经营情况等进行综合评估，最终接受了买方 B 提出的新的分期还款方案，并委托海外渠道监督买方执行还款计划。

货代方面，在各种证据的支持下，货代主动在法院审理过程中提出和解，经多方斡旋，最终达成货代公司支付 50% 货款的赔偿方案，最终货代向出口企业一次性支付赔偿款。

五、案例启示

遭遇无单放货，并不意味着出口企业一定会发生损失，出口企业还是可以通过积极的应对手段最大程度减少损失。以下几点建议供出口企业参考：

（一）事前防范是关键

在我国的出口贸易中，60% 至 70% 的交易采用 FOB 贸易术语进行，由买方负责租船订舱。因买方与货代关系密切，容易发生无单放货情形，虽然多数情况下贸易术语的选择并不是出口企业能够改变的，但在货物出口之前应尽可能全面地了解买方指定货代的资质（如国内货代公司、国外货

代公司在国内的分公司/办事处、国外货代公司在中国的代理等），加强与指定货代的沟通，做好事前的风险防范，如要求出具船公司提单，要求提单发货人记载为出口企业，要求货代出具保函，承诺承担无单放货的风险等。通过事前的准备工作，尽可能降低货代无单放货的概率。

（二）固化证据，通过法律手段维护自身权益

货物到港之后，及时通过承运人官网查询货柜流转情况，如发现货柜已空箱返还，建议进一步了解目的港清关流程，同时结合港口收费情况判断是否有必要将货物从集装箱上卸载在保税区仓库以节省费用。

联系国外收货人，了解货物是否已被其提取。如初步判断货物已被提取，建议立即联系承运人或者起运港货代，要求其就货物状态作出书面答复，并注意留存相关沟通记录。

（三）锁定实际提货人，委托专业机构追偿

除非是买方与货代恶意串通骗取货物，多数情形下，买方多因为资金方面的问题与货代协商先行放货。这种情况下，建议委托专业追偿机构与买方联系，要求其履行付款义务。如实际提货人为合同买方以外的第三方，也可考虑委托专业机构以不当得利为由向其追讨，必要情况下可通过法律途径进行追讨。

中国信保助力小微企业脱离贸易陷阱

贸易险理赔追偿部　黎荣天

摘要： 近年来，海外买方利用各种手段逃避债务的情况时有发生，出口企业尤其是小微企业由于风险防范意识不强、识别贸易风险的经验缺乏，经常掉入海外买方精心设计的贸易陷阱之中。本文展示了中国信保通过一系列调查手段，核实贸易事实，帮助小微企业海外维权，积极赔付弥补损失的全部过程，为小微企业在国际贸易中谨慎交易提供了有益的启示。

一、案情介绍

出口商A为国内小微企业，主要从事农产品加工与出口贸易等，系当地农业扶贫企业，对当地农民收入具有极大支撑作用。

2019年末，出口商A向越南一家企业B公司出口了一批香菇，交易金额达180万元。货物出口后，越南企业B公司仅支付43万元货款后便不再支付。出口商A多次向越南企业B公司追索无果后立即向中国信保通报了可能损失，并委托中国信保介入勘查和追讨。

二、两套合同，中国信保火眼金睛识别真伪

（一）情况突发，越南买方提出多项异议

中国信保收到出口商A的报损后，立即委托越南当地渠道向越南企业B公司核实债务并追讨。但核实结果出乎意料，越南企业B公司在承认贸易事实及收货事实的同时，提出了如下异议主张：(1) 否认签署出口商A

提供的贸易合同，并主张实际合同金额仅为 4 万美元左右；（2）已以人民币币种向出口商 A 支付 43 万人民币，高出上述合同金额的部分系支付前序业务。综上，越南企业 B 公司主张不欠出口商 A 任何货款，同时越南企业 B 公司提供了其所主张真实的贸易合同及相关水单。

（二）扑朔迷离，多方核实助力拨开谜团

面对出口商 A 和越南企业 B 公司各执一词的 2 套贸易合同，2 套合同上均加盖有贸易双方的盖章，到底孰真孰假，一时扑朔迷离，难以辨认。

为充分履行政策性职能，为出口企业保驾护航。中国信保多次组织出口商 A 及海外渠道、国内律师召开电话会议，详细梳理贸易过程及相关疑点，并通过各种手段调查核实，终于发现越南企业 B 公司的主张存在以下问题：一是越南企业 B 公司所提供的合同，系因前期要求出口商 A 随货物提供的空白盖章合同上打印完成，该合同上出口商 A 的签字系伪造；二是越南企业 B 公司提供的提单显示货物自中国青岛口岸出口，经国内律师调查核实，本案货物系自中国深圳口岸出口，与出口商 A 提供的提单一致；三是越南企业 B 公司提供的合同显示的货物单价极低，不符合市场价格。

综上，在多方深入调查核实后，结合全部关联证据，可以认定越南企业 B 公司所提供的贸易合同及相关单证均系其伪造，并非真实单证材料。

（三）快速定损，中国信保积极完成赔付

在获得上述证据材料后，海外渠道进一步向越南企业 B 公司施压，越南买方 B 公司并不能对中国信保调查发现的证据进行进一步的举证，选择消极回应躲避债务。

为缓解企业资金周转困难，保障农民工工资落实，全面贯彻落实党中央"六稳""六保"决策部署，中国信保在组织海外渠道及国内律师一并加班加点的基础上，积极开展核定损失金额、制作赔付方案，最终足额向出口企业支付赔款 15 万美元，一解企业燃眉之急。

三、提高警惕，中国信保助力识别贸易陷阱

（一）谨慎交易风险，充分利用信用保险工具

从本宗案例可以看出，海外市场风险变幻莫测，海外买方随时可能"变脸"。当前受疫情影响，各国经济状况萎靡不振，海外买方即使以往信用记录良好，亦可能抓住贸易环节中的种种漏洞，制造贸易陷阱，以此躲避债务。为防范风险、保障损失，出口企业一定要积极充分利用信用保险工具，在交易的事前事后与中国信保积极沟通，调查核实买方背景，淘汰信用资质较差企业，积极跟踪收汇，及时报损追偿。本案中，中国信保利用海外渠道及国内律师资源，从贸易细节、行业价格、海关口岸等多方面入手进行调查核实，帮助出口企业维护了合法权益，有效弥补了损失，充分体现了中国信保的政策性职能与强大的风险处置能力。

（二）注意贸易规范，全面留存贸易证据

面对买方故意设下的贸易陷阱，出口企业在海外贸易过程中一定要注意贸易规范。本案中，海外买方利用出口企业提供的空白盖章合同自行伪造了一套单据意图逃避真实债务，实际上对出口企业造成了极大的法律风险，如不是借助中国信保强大的海内外调查能力，出口企业很有可能面临钱货两空的艰难境地。因此，在国际贸易中，出口企业一定要注意贸易规范，全面留存各项贸易证据，拒绝给海外买方提供任何有机可乘的单据，以杜绝一切形式的贸易风险，才能在风云变化、暗潮汹涌的国际贸易过程中行稳致远，扬帆远航。

履行政策性职能　为小微企业解燃眉之急

四川分公司　欧忠依

摘要： 随着经济全球化的不断推进，小微企业已成为国际贸易中的中坚力量。小微企业受限于自身经营规模及管理能力，更容易在出口贸易中发生风险。为更好履行政策性职能，中国信保进一步加大对小微企业的支持力度，为小微企业"走出去"保驾护航。本文选取了西班牙买方A拖欠国内某服装行业小微企业J货款的案件，通过介绍中国信保及时介入，快速协调第三方评估，有效保障小微企业出口收汇安全，为同类案件的处理、解决提供借鉴和参考。

一、多年老买方出险，企业深陷经营困境

2020年3月，中国信保收到出口企业J报损。出口企业J反馈于2019年12月向西班牙买方A出运的男士夹克货款尚未收讫，报损金额1万美元。出口企业J是在中国信保自主投保的小微企业，本次报损是该企业第一次报损，正值疫情期间，虽可损金额不大，但对出口企业来讲，一方面企业面临着未能收汇的压力，另一方面为维持工厂继续复工复产，企业成本压力明显增加。出口企业J多次反馈希望尽快获得赔款以缓解经营压力。

二、信保勘查受阻，预付款抵扣陷疑云

（一）信保多措并举助勘查

收到出口企业报损后，中国信保第一时间梳理案情，委托海外渠道介入勘查，并积极与出口企业J保持沟通。2020年3月正值西班牙疫情高发

期，买方公司关闭，且买方负责人采取回避追讨的态度，未能及时承认贸易事实和债务金额。随后，为尽快推进案件处理，中国信保立即多角度尝试联系买方公司其他人员，但经多次尝试，买方业务人员和财务人员均反馈其已离职，对债务金额未正面回复。中国信保随即启动了货物流调查，经核查，货物均已被买方提取，案件所涉的记名提单真实，货物流真实。

（二）预付款抵扣陷"疑云"

在海外渠道勘查的同时，中国信保同步对贸易单证进行审核。经核查，案件所涉的货物（货值约 1.5 万美元）隶属于出口企业 J 与买方 A 签订的大合同，合同金额合计 7 万美元，合同约定支付方式为 30% 预付款，剩余 70% 收货后付款。2019 年 12 月，出口企业 J 在收到买方 A 支付的大合同项下 30% 的预付款 2 万余美元后出运了第一批货物（即案件项下所涉出运货物），出口企业 J 扣除了该部分发货金额对应的预付款后向中国信保申请索赔，同时主张未发货部分产生的成本投入远大于此部分买方支付的预付款。在当前买方回避追讨的情况下，预付款如何冲抵使案件再次陷入疑云。

三、引入第三方公估，实现案件快速赔付

在涉及预付款已全额收讫但出口企业仅部分出运的案件项下，中国信保通常会结合贸易合同的具体约定、预付款的具体性质、贸易双方的具体认债情况综合判定。本案项下，买方既没有确认预付款金额，也没有对预付款的冲抵进行明确反馈，如何确保保险损失补偿原则的落实，保障出口企业收汇安全，是本案处理的关键。中国信保立即委托律师对本案项下预付款性质进行分析，并同步委托第三方公估机构对出口企业成本投入及收益进行评估确定。

结合上述专业机构分析意见和评估结果，出口企业 J 尚未发货部分产生的成本投入确实远大于该部分买方支付的预付款，在本案贸易真实的前提下，秉承保险风险补偿原则，中国信保同意出口企业提出的未发运合同项下预付款不应直接冲抵涉案项下应收账款的主张，并对本案已出运货物损失进行定损核赔。2020 年 3 月底，在多方通力配合下，中国信保完成对

出口企业 J 的赔款支付。

四、案例启示

（一）注重贸易过程中书面证据的获取与保留

买方的信用状况往往会随着行业、国际大环境等多种因素的变化而变化，能否及时付款受多方面因素影响。建议小微企业及时关注买方所在国别、行业及买方经营情况变化等风险信号，重视贸易过程中书面证据的获取和保留。在本案项下，出口企业 J 提供的证据链完整清晰是本案能够高效快速推进定损核赔的前提条件。在出口贸易过程中，完善的证据亦可为案件后续的责任划分提供有力证据。

（二）完善合同条款，夯实贸易基础

小微企业往往存在出口规模较小、国际贸易经验不足等问题，在签订贸易合同时，小微企业往往很少签订正规的贸易合同，多以订单、PO 甚至形式发票作为合同。建议出口企业重点关注合同核心条款，例如针对支付条件，应明确支付方式或在有预付款且分期发货的情况下，对预定款项如何抵扣进行明确约定，以保障后续贸易纠纷出现时双方责任的判定，避免因此问题的理解不一而影响应收账款的顺利回收。

又爱又恨的"老买方"

山东分公司　范献亮

摘要：老买方之所以称之"老"，必然有两个特点：一是出口企业与该买方有长期的合作，二是买方本身已经营多年。前者往往意味着买方付款意愿层面的"信用"有保障，后者一般可认为买方付款能力层面的"信用"有支撑。然而，由于合作地位不对等，习惯性拖欠等问题是老买方的通病，老客户一旦出现欠款，金额往往较大，甚至可能影响出口企业的经营稳定。本文通过对案情介绍和经验总结，希望给出口企业一些启发，帮助出口企业利用信用保险工具规避老客户信用风险。

一、风险初显，出口企业犹豫不决

美国买方A公司成立于1928年，主营家居配件产品，2017—2019年每年销售额约1亿美元。买方A与国内某家纺出口企业S公司自2006年建立合作，A公司同时是S公司在美国最大的采购商，累计合作规模过亿美元。对国内出口企业而言，美国买方A公司是名副其实的"又大又老"的买方。

每年四季度，买方A公司都会采购大量货物用于美国圣诞节销售。自2019年10月开始，国内企业B公司向美国买方A公司陆续发货，合同约定支付方式为OA90天。然而自2020年1月份开始，买方A公司回款频率及金额都大幅减少。2020年2月初，保单约定的拖欠风险发生。

风险发生后，出口企业S公司内部就下一步处理思路出现不同意见。财务部门要求尽快向信保报案止损，而业务部门要求维系合作，暂缓报案，业务部门和财务部门为此争执不下。

二、主动介入，中国信保拨云见日

2020年3月，中国信保发现S公司在买方A公司项下有大量逾期未收汇但未报损，主动向S公司了解情况。综合考虑S公司内部不同意见，提议组织召开出口企业+买方+信保的三方电话会议。电话会议上，买方A公司称由于受疫情影响门店关闭，销售回款缓慢，反复强调双方的合作历史，但无法给出明确的还款计划和还款来源，并希望S公司继续发货。

2020年3月19日，美国新冠肺炎病例过万；3月26日，美国历史上首次出现百万级别的失业金申请数据；3月27日，美国确诊病例已超10万，成为当时全球确诊病例最多的国家。疫情冲击下，首当其冲的是零售行业，中国信保分析认为买方A公司一是没有通过寻求外部融资积极筹措资金；二是主要依赖于实体门店销售，没有其他销售平台；三是美国疫情形势不明朗。综合分析后，中国信保建议出口企业S公司尽快报案。最终，S公司内部统一共识，向中国信保报损并委托追讨。

三、信保赔付，助力出口企业度过财务危机

中国信保第一时间委托海外渠道向买方A公司勘查追讨，但由于疫情原因，买方处于远程办公状态，渠道无法上门勘查，对于渠道的邮件及电话，买方一直采取回避的方式。为加快案件调查进展，中国信保一方面进行海外物流调查，核实贸易背景的真实性，同时通过海外渠道施压，组织召开了三方电话会议。通过电话会议，中国信保了解到买方面临的财务困难和下一步希望中国信保恢复其授信的诉求。中国信保综合考量后，督促买方出具书面的还款方案，并对其诉求给予了较为积极的反馈。

在核实贸易背景真实性和确认债权金额后，中国信保对出口企业S公司一次性赔付450万美元。在疫情背景下，该笔赔款极大程度缓解了S公司的资金压力。同时S公司作为上市公司，中国信保的赔付也及时打消了投资者的顾虑，稳定了其股价。

四、恢复授信，助力维系买卖双方未来合作

中国信保赔付后，通过海外渠道继续对买方采取法律手段，同时积极回应其恢复授信的诉求，"边打边谈"的双重举措督促买方主动履行还款方案，并陆续支付货款 200 余万美元。

为督促买方加快还款进度，支持双方恢复合作，在有利于逐渐降低买方项下应收账款的前提下，中国信保经慎重研究，决定恢复对买方 A 公司的部分授信并视还款方案执行情况逐季度调整授信规模。此举极大地帮助了出口企业 S 公司维系与买方 A 公司的合作关系，并有效推进本案欠款的全额偿还。

五、案例启示

（一）底线思维识别风险，老买方不等于无风险

本案中，虽然买方 A 公司在行业内具有较长的经营经验，与 S 公司历史合作关系稳定，但是疫情大背景下，买方 A 公司的偿付能力出现严重恶化。事后来看，距今已时隔一年，买方 A 公司仍未走出财务泥潭。中国有句俗话"泥菩萨过江，自身难保"，虽然是老买方，其自身能否存活下来尚且存疑，出口企业不能简单地寄希望于"希望"。据央视财经报道，标普全球市场情报统计显示，截至 2020 年 10 月 4 日，美国申请破产的较大规模企业达 504 家，超过 2010 年以来任何可比时期的破产申请数量，其中不乏经营历史悠久、资产过十亿美元的知名企业。

（二）科学高效管理风险，用好出口信用保险工具

出口信用保险是承保出口企业在经营出口业务过程中因买方或信用证交易下开证行的商业风险和政治风险而遭受损失的一种信用保险。我国对外贸易法中明确规定，"国家通过进出口信贷、出口信用保险、出口退税及其他促进对外贸易的方式，发展对外贸易"。出口企业可根据自身情况，选择不同的信用保险产品以保障其出口风险。

（三）保险双方密切合作，因案制宜化解风险

在买方市场的大环境下，面对老买家、大买家，出口企业往往底气不足。出于维系合作关系的考虑，对于老买家、大买家出现欠款，出口企业催收力度不足、效果不佳，甚至还经常在没有任何措施保障下"发新货，讨旧债"，导致损失扩大。中国信保作为专业信用保险机构，作为出口企业代表出面催收债务，能够大大提升出口企业的谈判地位。在本案中，中国信保"宽严相济"，赔付后既逐步追回欠款，同时又帮助维系了出口企业与买方的合作关系，实现多方共赢的结果。

疫情寒冬　老伙伴也有宕机的时候

厦门分公司　陈　韬

摘要：对于出口企业来说，稳定合作多年的老买方、老伙伴是公司的宝贵资源，也是业务稳定发展的重要基础，双方共同成长，培养了感情，壮大了规模。然而，在疫情的寒冬之下，老伙伴也无法避免陷入宕机的境地，再好的感情也换不来货款的安全回收。面对变幻莫测的贸易环境，出口企业应当居安思危、未雨绸缪，采取积极妥善的应对措施。

一、疫情突袭寒意浓

厦门某出口企业H公司从2014年开始与美国买方L公司建立合作关系。买方L公司为灯具制造企业，H公司向L公司供应照明电极等配件，多年来双方的业务合作一直保持稳定，L公司也保持着良好的还款记录。

按照贸易合同的约定，H公司在2019年11月至2020年3月间向L公司正常出运了15票货物，出口货值约115万美元，双方约定在出运后120天结算。正当H公司按照惯常的节奏跟踪还款时发现，L公司从2020年2月开始出现少量货款逾期的情况，此后债务的雪球越滚越大，到4月底全部115万美元货款均发生逾期。L公司表示由于当地疫情封锁措施导致工厂无法正常开工，无法按期偿还货款。经多次催款无果后，H公司向中国信保报损。

二、信保出手解难题

经中国信保委托当地渠道介入调查追讨，L公司承认债务，而且态度非常诚恳，介绍了目前面临的困难，表示愿意协商还款计划。经进一步了解，除了当地疫情封锁措施导致工厂无法正常开工外，L公司的货款拖欠还有更加深层次的原因。L公司的主营业务是向当地影院销售灯具，疫情下受政府封锁措施的影响，影院长时间停止营业，导致L公司的产品大量积压，资金无法回笼，公司经营陷入宕机的状态。经渠道进一步向L公司施压，L公司最终给出了从2020年8月下旬开始分期还款的计划。

由于L公司提出的还款计划周期过长，给H公司造成了严重的资金压力，因此H公司在2020年8月正式向中国信保提交了索赔申请。此后，中国信保结合海外勘查进展和保单覆约情况向H公司支付赔款103万美元，有效地缓解了H公司的资金压力，也稳定了H公司的经营。

同时，在渠道的监督下，L公司按照计划开始陆续还款，而且随着美国当地封锁措施的逐步调整，L公司后续将陆续恢复向影院供货并回笼资金。在此情况下，中国信保给予L公司以信心，没有采取进一步的法律追讨措施，在很大程度上也稳定了L公司的经营，帮助其从宕机的状态中逐步缓过来，在两个老伙伴之间达到双赢的效果。

目前国外的疫情还在发展，建议出口企业持续高度关注国外买方的经营受到疫情影响的程度，保持合理的出货量，避免国外买方出现产品过度积压的情况。如果投保的出口企业遇到买方货款逾期的情况，建议及时与中国信保联系，商讨后续的处置方案。

三、案例启示

2020年突如其来的新冠肺炎疫情对很多行业都造成不同程度的影响，其中对有些行业的影响是正面的，如家居用品、电子产品等，但对有些行业的影响则是负面的，甚至是致命的，如旅游业、娱乐业、零售业等。而且，即使是同一类型的产品，比如本案项下的灯具，也因买方所在细分市场的不同而冷热不同，疫情对于影院灯具销售的冲击要明显大于对家居灯具的冲击。因此，在疫情面前，出口企业应认真分析买方所在行业和市场受冲击的程度，从而采取适当的应对措施。

同时，突如其来的新冠肺炎疫情也让我们更加认识到出口贸易风险的复杂多变，外部环境的突变也可能导致长期合作的买方发生违约。因此，面对出口贸易中各种潜在的不确定因素，出口企业可以借助政策性出口信用保险工具规避风险，一方面通过获得赔款缓解资金压力，另一方面也可以通过中国信保专业灵活的追偿手段追讨欠款，甚至还可以帮助合作伙伴渡过难关，达到共赢的效果。

货物处理帮助企业摆脱买方破产困境

厦门分公司　陈　惟

摘要：破产货物处理是出口企业在面对买方破产风险时挽回损失的重要抓手。相较于登记破产债权后等待分配等传统追偿手段耗时较长、减损率低的特点，出口企业对于符合条件的货物积极、有效地进行处理能够更直接和迅速的减少买方破产所带来的损失。本文以一宗买方破产案件为例，具体分析面对买方破产风险时中信保协助出口企业积极处理货物，最终帮助出口企业挽回大部分损失的过程，为日后出口企业面对破产风险时如何以货物处理为抓手实现减损提供建议及启示。

一、受新冠肺炎疫情冲击，老买方陷入破产困境

出口企业 A 公司与南非买方 B 公司合作多年，历史交易项下 B 公司付款及时，收汇记录良好。2020 年 7 月，A 公司向 B 公司出口价值约 12 万美元的服装，合同约定支付方式为 30%预付款，70%见提单复印件付款。然而，令 A 公司意想不到的是，货物到港后 A 公司却迟迟未收到 B 公司支付的货款，货物也未被 B 公司提取。此时，A 公司接到通知，B 公司表示因受新冠肺炎疫情影响，公司经营困难，已进入破产程序，A 公司接到通知后于 2020 年 9 月向中国信保通报可损。

二、费用高昂，货物处理面临难题

中国信保接到 A 公司提交的可损后，立即委托当地渠道介入调查。渠道调查显示，如根据当地破产程序进行债权登记，不仅程序较为烦琐，后

续何时获得分配款项也不得而知。此外，渠道预估债权登记最高仅能获得应收账款债权8%的分配款项，减损效果不佳。鉴于A公司仍可控制货权，中国信保建议A公司积极处理货物以更大程度减少损失。

但此时，货物处理却面临难题，B公司因经营困难拖欠货代费用，滞港货物已被货代留置，费用结清前货物无法进行后续处理，相关货代费用经统计已远远超过货值，若由A公司全额承担货代费用后再进行货物处理，对A公司而言无疑得不偿失。此外，A公司积极寻找转卖途径，但均未寻找到有意购买货物的新买方。同时，破产管理人表示，如A公司未经同意私自转卖货物，将要求A公司退回此前买方支付的预付款。故即便A公司可结清货代费用，也无可行、有效的后续处理方案。

三、积极沟通，中国信保协助企业顺利减损

在得知A公司货物处理方面的难题后，中国信保通过当地渠道积极与破产管理人、B公司及货代等各方进行沟通，积极推动各方促成本案货物处理。首先，渠道积极向货代争取减免本案货代费用，以便以较低的成本从货代处提取货物进行后续货物处理，但经过一番沟通后，并未获得货代方面的正面回应。渠道转而与B公司及破产管理人沟通，敦促B公司承担货代费用，并尝试使B公司付款提货或协助促成货物转卖。经各方协商后，破产管理人提出，已寻找到有意向购买本案货物的新买方，可以原货值70%的价格购买本案货物，且B公司及新买方愿意共同承担货代费用。

鉴于目前货物被货代留置，A公司自身已无法寻找到更优的转卖途径，相比于债权登记，破产管理人提出的方案可较大程度减少本案损失且A公司无须承担高昂的货代费用。最终，A公司同意破产管理人提出的方案，顺利将货物转卖，新买方在收取货物后于2020年12月按约定支付转卖货款，A公司在报损后仅3个月成功挽回了70%的损失。同时，中国信保在货物处理完毕后，也第一时间启动定损核赔程序，对A公司剩余的30%损失进行赔付，帮助A公司顺利摆脱买方破产困境。

四、案例启示

从上述案例可以看出，A 公司在面对买方破产风险时正是利用货物处理挽回了大部分损失。因此，中国信保建议广大出口企业，在应对买方破产风险时，应多措并举，以货物处理为抓手有效减少损失。

（一）第一时间控制货权，积极主动处理货物

对于出口企业已出运但买方尚未提取的货物，出口企业在买方破产后应及时联系货代控制货权。如买方仍有收货意愿，出口企业可积极与买方沟通，尽可能争取让买方支付全部或一定比例的货款后提取货物。如买方已无意愿付款提货，出口企业应积极利用自身销售网络，寻找有意向购买货物的转卖买方，通过转卖货物实现减损。在买方已经破产的情况下，很多国家的破产法律均允许这部分货物由出口企业进行处理。

（二）把握买方出货需求，以供货为减损契机

部分进入破产重组程序的买方，因后续经营的需要，仍希望出口企业为其继续供货。此时，出口企业可抓住买方对后续订单的需求，利用后续向买方继续供货的契机，与买方协商未付货款的减损方案。例如，出口企业可要求买方在付清或支付一定比例的欠款的前提下，方可继续向买方供货。

（三）完善贸易合同条款，积极主张物权保留

出口企业在前期与买方签订合同时，可在贸易合同中与买方约定，如买方未付清全部货款，则货物所有权仍属于卖方。上述物权保留条款的作用在于，即使货物已被破产买方提取，出口企业依然可以通过向买方主张物权保留，取回已被买方收取的货物进行处理，从而给予出口企业在买方破产情况下取回货物的可能，避免"钱货两空"的风险或者漫长的等待破产财产分配的被动局面。

从一宗仲裁案谈减损策略

厦门分公司　郭妙莛

摘要： 国际贸易中，买方以质量问题为由要求折扣、退货、拒付货款甚至提出高额反索赔的情形时有发生。本案的出险背景是美国 FDA 和欧盟在中国企业生产的缬沙坦中发现疑似致癌物质，秘鲁买方因此召回药物并向出口企业索要高额反索赔，中国信保指导出口企业通过法律手段确立全部债权，再倒逼买方认债、和解，最终将损失降到最低。本文介绍了案件处理过程中的减损方案，可为出口企业在处理复杂纠纷时提供相关参考。

一、欧盟发现疑似致癌物，秘鲁买方提出高额索赔

2018 年 4 月—9 月期间，国内出口企业 A 向秘鲁某大型药企 B 出口多批次医药原料，合同约定出口后 120 天付款，出口货物总值为 32 万美元，其中 4 月份出口了一批次值为 2.7 万美元的缬沙坦原料，秘鲁买方收货后验收合格，陆续生产并投放市场，并承诺在货款到期后及时付款。

2018 年 7 月 5 日，欧盟药品管理局发布公告，称中国一药业公司生产的缬沙坦原料药被检测出含有一种 N-亚硝基二甲胺（NDMA）的致癌物杂质，决定对该原料药展开评估调查，并要求召回采用该原料药生产的缬沙坦制剂。随后，在中国其他药厂（包括本案缬沙坦生产商）出口的缬沙坦以及印度药企生产的沙坦类药物中也检测到该种杂质。

2018 年 9 月，本案买方召回本案项下已投入市场的缬沙坦制剂，并以药品被召回产生巨大损失为由向出口企业主张约 36 万美元的索赔，索赔项目包括库存原料药的金额、库存已生产制剂的金额、已召回制剂的金额、

待召回制剂的金额、药品包装费用、利润损失、分销库存损失、管理费用、名誉损失、销毁费用等。出口企业认为买方系单方面召回药物，且索赔金额明显不合理，经与买方协商未果，出口企业于2018年11月向中国信保报损。

二、买方拒绝协商，有效债权金额无法确立

中国信保接到报案之后，立即委托海外渠道就相关事件进行调查。调查显示，在NDMA被发现之前，各国对NDMA杂质均没有官方标准，欧盟及美国于2018年9月对这个含量的杂质制定标准，要求控制在0.3ppm以下。秘鲁于2018年12月公开通知召回市场上的含缬沙坦的药物，并禁止继续销售该类药物。2019年1月，秘鲁针对缬沙坦事件制定相应药物标准，同样要求控制在0.3ppm以下。

出口企业反馈其出口缬沙坦大部分符合新制定的标准，要求买方按照新标准重新评估其损失金额，对于符合标准的不得扣款，对于不符合标准的原料要求买方退回，对于其他损失双方进行友好协商，出口企业同时向买方提供了第三方检验报告，检验报告显示买方索赔明细中涉及的大部分缬沙坦符合当地标准。此后，中国信保海外渠道与出口企业多次与买方协商解决方案，希望买方对该批货物的使用情况及现状进行明确的说明，但秘鲁买方表现强硬，坚持索要高额反索赔，拒绝支付任何款项，也拒绝将未生产的缬沙坦原料退回。

三、部分赔付，指导出口企业通过仲裁确权

因本案出口的缬沙坦确实存在市场召回问题，经律师分析，无论出口企业是否存在过错，依然应当对此承担违约责任。但缬沙坦的销售合同与其他货物的销售合同互相独立，买方不能以缬沙坦存在质量问题为由拒不支付其他销售合同的货款。为解决出口企业资金压力，中国信保根据调查结果先行向出口企业支付了部分赔款，并指导出口企业积极通过法律途径确立对买方的有效债权，出口企业也依据合同约定，委托专业律所对买方提起仲裁。

出口企业经不懈努力，于 2020 年取得胜诉仲裁裁决。仲裁庭认为买方应支付全部货款并承担全部仲裁费用，具体如下：

1. 出口企业应就缬沙坦合同承担相应的违约责任

根据《联合国国际货物销售合同公约》（以下简称《公约》）第 35 条条第 2 款（a）项的规定，货物应当"适用于同一规格货物通常使用的目的"。作为药品，关系到使用者的生命健康安全，其不含有有毒或有害物质为其基本的要求，也为符合该货物的通常用途所必须。而对于该条的违反，并不以当事人的过错作为必要条件，即使由于事后发现的原因，导致货物不符合同类货物的通常用途，依然构成对于公约 35 条第 2 款（a）项的违反。产品生产时符合合同约定及行业标准仅为产品生产的最低标准，而对于潜在的、其后发现的产品存在的缺陷，特别是可能影响使用者生命健康安全的缺陷，依然不能满足"适用于同一规格货物通常使用的目的"的要求。因此，虽然出口企业在履约过程中并不存在主观的过错，但应当注意的是《公约》要求当事方承担违约责任的前提并不是当事人在履约过程中存在过错。由于出口企业出口的产品不能满足《公约》所要求的品质担保要求，所以出口企业应当对于其后果承担相应的违约责任。

2. 买方未履行说明及退回义务，无权拒绝支付货款

根据《公约》第 82 条的规定，买方有义务向出口企业提供关于合同项下货物有多少已经用于生产成品药以及有多少可以进行返还的相关说明，并提供相应的证据；并且在可能的情况下，应根据出口企业的要求，将剩余合同货物返还给出口企业。鉴于买方未能履行《公约》第 82 条义务以及《公约》第 77 条项下的减轻损失义务，买方无权拒绝支付合同项下货款。

3. 就缬沙坦以外合同，买方应支付全部货款

就缬沙坦以外的其他合同，出口企业已履行交付义务，货款均已到期，买方均应予以支付。

四、综合评估，以申请执行倒逼买方和解

债权有效确立之后，中国信保立即就执行仲裁裁决的可行性及相关成本进行分析，初步评估后发现，海外执行手续繁杂，执行效果及执行周期

均不可预判。即便能够通过执行实现全额回款，也需要支出约 7.5 万美元左右的费用，最大回款比例约为 77%。

考虑到买方对中国信保海外渠道的排斥，经与出口企业协商，中国信保建议由出口企业主导与买方沟通。通过与出口企业密切配合，以在当地申请执行可能对买方声誉产生负面市场影响等为由，成功迫使买方书面承认仲裁裁决结果。买方同意支付全部货款的 80%，并承担 80% 的仲裁费用，上述款项已在双方签署书面和解协议后全额支付。

上述和解方案虽放弃了 20% 的债权，但实际回款比例高于执行仲裁裁决可能追回的回款比例，且还款周期较短，风险可控。一旦买方未按和解协议还款，出口企业仍保留依据仲裁裁决及双方签署的和解协议申请执行全部货款的权利，从成本和效益角度出发，无疑优于直接申请执行仲裁裁决的追偿方案。

五、案件启示和建议

1. 事前定好纠纷解决方式

国际贸易的纠纷解决方式通常为和解、调解、仲裁和诉讼。双方和解或达成调解，是最好的纠纷解决方案，但如调解不成，需要通过诉讼或仲裁来解决。仲裁裁决一裁终局，并且仲裁裁决可以在《纽约公约》的缔约国得到承认和执行。本案的出口企业是一家拥有丰富行业经验的药物出口企业，其内部风控体系也较为健全。因企业与买方在合同签订环节对货物质量标准和争议解决方式进行了明确的规定，本案才得以在国内通过仲裁形式进行确权。国内企业如选择仲裁方式，建议约定在中国仲裁，沟通成本相对较低，且能够保证信息的完整传递，仲裁条款可在国内仲裁机构的官方网站上查询参考。

2. 有理有据，积极应对

在发生贸易纠纷时，出口企业应根据贸易合同约定积极抗辩、据理力争，保留好交易的相关单据和材料作为证据支持。如本案的出口企业，在遇到突发状况后积极完成货物检验，对符合质量约定货物据理力争，敢于对买方索赔的合理性提出质疑。对不符合质量约定的，主动要求买方退货，协商赔偿方案，为后续打赢仲裁官司奠定了基础。

3. 综合评估，灵活减损

本案出口企业虽取得胜诉的仲裁裁决，但中国信保并未执着于保单约定选择在海外执行，而是另辟蹊径，采用灵活的策略迫使买方全额认债，并在较短的时间内付清和解款项。出口企业在处理贸易纠纷案件时，建议同时考虑多种解决方案，综合评估各类方案的时间、效益等成本，灵活选择一种或多种方案进行减损。

突遭买方破产 中国信保雪中送炭

湖北分公司 刘 曦

摘要：新冠肺炎疫情大流行显著增大了全球范围内的企业破产风险。2020年11月7日，意大利国家统计局发布报告显示，面临破产危机的企业涉及意大利28.8%（约为360万人）的就业人口。海外买方破产后，出口企业债权保障及减损措施相对有限，易遭受较大损失。本文通过解析一宗意大利买方破产案件，为出口企业有效应对破产风险提供参考。

一、基本案情

2020年1月—4月，出口企业J公司向意大利买方P公司出运2票货物（男鞋），交易金额约15万美元，原定支付方式为L/C150天，后受疫情影响交单行未复工，J公司无法及时交单。经双方协商后，支付方式变更为OA180天。

货物出运后，意大利国内疫情爆发，企业陆续停工停产，P公司提取第1票货物后迟迟未付款，且未提取第2票货物。6月中旬，J公司收到P公司邮件，表示其出现财务危机，已经被政府部门接管。获悉上述情况后，J公司立即将相关风险情况通报中国信保，并就两票货物损失向中国信保提出索赔申请。

二、案件处理过程

经中国信保海外渠道进行调查，P公司为2003年成立的鞋类零售商，雇员超过两千人，资产超过4亿欧元，但近三年连续出现亏损，并于2020年5月申请进入破产程序。

在中国信保的指导下，J公司就本案项下应收账款债权申请破产债权登记，同时J公司仍可控制第2票货物货权。考虑到货物为季节性产品，且受国外疫情影响，在当地进行转卖的可行性较低，为避免滞港、仓储等费用损失进一步扩大，经中国信保审批同意后，J公司将货物退运回国内后进行转卖。

中国信保经调查审理后认为，案件致损原因为买方破产，保险责任清晰，为缓解出口企业资金压力，中国信保对J公司本案索赔项下全部损失进行了赔付。

三、案件启示

部分出口企业可能会认为，买方进入破产程序往往较为突然，难以寻求到切实有效的风险控制措施及减损抓手。但如果细心留意，实际贸易执行过程中可以发现买方信用风险恶化的种种"蛛丝马迹"，比如买方付款节奏变慢、延长付款期限、降低预付款比例等。针对上述问题，建议出口企业切忌抱有侥幸心理，同时也需要警惕海外买方诸如"请支持业务发展""下次一定按期还款"等"花言巧语"，理性、全面、认真地对买方信用风险情况进行研判，有针对性地采取风险管控措施，也可咨询中国信保指导。

（一）及时跟踪，提高对买方经营异常的嗅觉

结合行业风险、国别风险（如疫情形势、政治经济政策等）等宏观因素，提前储备风险防控手段、制定风险防控预案，充分保障自身合法权益。定期跟踪买方资信情况，动态了解买方经营状况，对付款节奏变慢、资金周转恶化、销售额萎缩、经营业绩亏损、净资产的缩水等提升敏感性及警惕程度，及早安排风险防控措施，为可能出现的信用风险恶化或破产风险做好充分的准备。

（二）灵活机动，采取多种途径及时处理货物

如买方发生风险时货物仍在途或者尚能控制货权，则建议出口企业积

极与货代或承运人联系，确认能否控制在途货物或到港未被提取货物的货权，及时控货减损。如货权可控，出口企业可充分评估退运、转卖等方式，妥善制定货物减损方案。对于无法退运、转卖的货物，可根据买方的破产情况，尝试与破产管理人进行联系，在相关权益得到保障的前提下，可考虑将货物放给买方。

（三）运用"物权保留条款"减低损失

物权保留条款，简单来说是双方约定在货物交付后、买方全额付款前，卖方始终有权保留货物的所有权。在一般情况下，如物权保留条款被认可，则在买方发生破产风险时，设置物权保留的货物因所有权仍属于卖方（即出口企业）故不被确认为买方财产，出口企业可行使取回权或享有优先受偿权。建议出口企业与买方在合同中或补充协议中约定物权保留条款，确保买方付清全部货款前出口企业始终享有货物所有权。在买方发生破产风险后，可通过主张取回全部或部分货物后减损，或就该部分货物争取与破产管理人磋商和解方案，最大限度降低损失。

法律技术篇

货发第三方的理赔案例及风险分析

浙江分公司　许克文

摘要：在国际贸易中，贸易合同及物流单据作为贸易中的重要凭证，是证明双方贸易关系以及卖方主张债权的有力证据。一般情况下，物流单据中的收货方与合同中的买方应保持一致，但在实际贸易中，买方可能会由于种种原因，指示卖方将货物出运给第三方。许多出口企业对此已习以为常，对其中的风险也未多做分析留意，尤其是近年随着电子商务的兴起，贸易双方往往通过网络的形式接触，出口企业对买方的实际情况可能并未全面充分的予以了解，更是容易步入不良买方设置的圈套。本文通过相关案例，对货发第三方的几种常见原因及相关风险予以梳理分析，为出口企业提供参考。

一、代理清关

部分海外买方出于国别政策、贸易安排等原因，可能会选择不以自身名义进行清关提货，并要求出口企业将第三方（通常为清关公司等）列为提单上的收货方，比较典型如俄罗斯买方。俄罗斯买方项下存在上述安排的情况由来已久且较为普遍，部分出口企业可能已习以为常。但是需要注意的是，上述安排可能会有法律风险，在贸易双方关系"和睦"时，可能会有便利通关等"实惠"，便于贸易的执行与开展。但如果贸易双方的关系一旦破裂，上述安排有可能成为买方逃避债务的"有力武器"。

例如某案件中，出口企业 A 与俄罗斯买方 B 合作多年，贸易额达到数百万美元，后买方以种种理由拖欠货款，中国信保接到 A 公司报损后立即开展海外调查：B 公司否认向 A 公司采购过该笔货物，而 A 公司的贸易单证显示，双方仅多年前签署一份框架合作协议，后续的订单均是通过个人邮件或微信等形式沟通，而物流单据显示的收货人均非 B 公司，A 公司表示物流单据显示的收货人均系 B 公司提供的代理清关公司，而 B 公司则称这些货物从未收到，与清关公司也无任何关系。由于 A 公司认为在俄罗斯使用清关代理是惯常做法，与 B 公司也一直关系良好，故风险防范意识不足，一直未注意留存相关证据，从而导致后续债权主张异常困难。

在贸易过程中，物流凭证是合同卖方完成货物的交付义务并可要求买方付款的关键证据。但若单据上显示的收货方非合同买方，则难以作为卖方证明买方确实收到货物的书面证据。同时由于该类案件中的清关公司通常与买方熟络，可能会与买方进行串通，出口企业往往难以通过清关公司获得买方收货的证据，难以保障合法权益。

除俄罗斯以外，买方要求出口企业将货物收货人变更为清关公司或代理进口商的情况在其他国家（如巴西、秘鲁等）也广泛存在。为避免风险，建议出口企业尽量沟通，将收货人与实际买方保持一致，或者在贸易过程中有意识的留存关于买方指示变更收货人或买方确认收货的书面证据。在俄罗斯的法律诉讼中，当地法院会要求提供正本贸易单据，出口企业在与买方签署任何与贸易相关的材料时（如贸易合同、补充协议、买方书面承诺等），应要求买方有权签署人签字盖章并提供正本。若买方坚持要求修改收货人信息，建议要求买方出具书面指示，并在其收取货物后进行书面确认，同时注意相关信息应与贸易合同、商业发票、物流单据中的信息相一致，从而形成完整的证据链条，以便发生风险后维护自身的合法权益。

二、中间商贸易

在合同买方实际为中间商的情况下，往往会要求出口企业将货物直接运送至下游买方处。该种情形在国际贸易中也较为常见，但几种风险值得出口企业关注。

（一）辨明交易对手

出口企业应首先辨明直接的交易对手，并了解其风险情况。如某案件中,中间商 A 替下游客户 B,向出口企业 C 采购货物,由于货物直接向 B 公司出运,且 A 公司在贸易洽谈中也多次提起其代 B 公司采购,故出口企业 C 认为其交易对象即为 B 公司。但在实际的贸易过程中,B 公司并未参与其中,A 公司也未提供客户 B 的授权,A 公司均是以自身名义开展的贸易并签订贸易合同,故实际的买方及风险主体应为 A 公司,而非 B 公司,若 A 公司因自身原因不付款,出口企业 C 无法要求 B 公司承担付款责任。

(二)了解终端风险

近年来,欧美传统零售行业不景气,陆续有大型的零售业巨头破产倒闭,大型零售企业往往会通过中间商进行采购,而这些中间商与这些巨头之间往往也是一荣俱荣,一损俱损的关系,中间商一旦无法及时回收货款,风险必然会转嫁至出口企业。例如 2019 年某大型纺织行业零售商破产后,多家为其采购货物的买方(即中间商)也发生资金链断裂的情况。在该种贸易模式下,建议出口企业多了解其买方的下游客户信息,并妥善关注其信用风险情况,以便在发生风险传导前及时减少损失。

(三)谨防空壳贸易

部分海外买方通过注册有多家既无实体资产也无实际的经营活动的空壳公司,与出口企业签订贸易合同,但会指示出口企业将货物出运给其背后的经营主体,并在交易完成后采取"关门大吉"的策略,另换马甲重起炉灶,严重影响出口企业的权益。针对上述情形,建议出口企业在与买方洽谈合作时,通过资信调查等方式对其背景情况进行充分了解,尤其是查清相关安排背后的故事,查清买方与收货人的关系,谨防落入有心人设置的圈套。

中间商贸易形式复杂多样,建议出口企业提高警惕,充分了解买方的相关信息,借助中国信保强大的资信调查及风险评估能力,为自身权益增添保障。

三、第三方冒用欺诈

第三方冒用真实买方名义开展贸易也是较为复杂的情形之一。某案件中，出口企业A在网上与一自称北美某大型企业B的采购人员C建立联系并随后开展贸易。货物生产完毕后，该人员C称B公司在非洲有一子公司D，并要求出口企业A将货物直接出运至子公司D。经中国信保调查，B公司表示合同上显示的印章系伪造，C并非其公司员工，其也从未从中国采购过任何货物，更未在非洲设立过任何子公司，另经调查，所谓的子公司D在非洲也无任何注册信息。

近年来，此类第三方冒用真实买方名义进行欺诈的案件时有发生，贸易双方往往通过网络等方式建立联系，买方联系人对相关行业的信息可能较为了解，甚至包括一些冷门产品。其提供的信息显示买方的财务情况均较为良好，通常位于欧美等发达国家，但提供的收货人则位于非洲或者希腊等地区，且其使用的联系方式与企业名称类似但不完全一致，常用的联系电话也非买方所在国号码。

由于此类案件有较强的欺骗性，除一般的贸易洽谈了解买方信息之外，建议出口企业仔细辨别对方身份，如要求其通过买方户名支付预付款、索要授权文件、与同业了解情况等，并采取更为谨慎的交易方式保障权益。同时建议借助中国信保的资信调查功能，调取买方及收货人的资信情况，对比资信调查信息与已有信息之间可能存在的不同之处。如在某案件中，出口企业A与B的业务员均获得了欧洲C公司发来的订单，A公司的人员未过多考虑即开始了贸易，而B公司的人员则发现下订单的邮箱地址后缀与中国信保调查显示的买方官方邮箱地址后缀不同，遂向该邮箱发函核实，并获得对方回复称未进行过该笔贸易，遂及时停止交易，从而避免了损失发生。

四、启示和建议

目前国际贸易形式多样，对出口企业来说如何分辨并应对风险是从事国际贸易的必修课。对贸易过程中的一些异常信号，出口企业应保持警惕之心，切莫因为一些所谓的惯例，或碍于与买方的合作等因素，就放松了警惕，从而埋下隐患。除加强自身的风险控制能力以外，出口企业还可通过中国信保及时了解买方信息，做好风险的评估，从而更好地保障自身权益。

买方破产无所惧　物权保留显神威

河北分公司　吴　磊

摘要：国际贸易实务中，因买方破产所导致的海外应收账款损失时有发生，特别是在国际宏观经济形势低迷时，国外买方容易出现资金紧张甚至资金链断裂，进而演变为破产风险。本文以一宗出口企业通过行使"物权保留条款"实现大额减损的买方破产案例，为广大出口企业介绍买方破产风险案件的处理思路，同时针对买方破产风险提出风险管理建议。

一、案情介绍

出口企业 A 公司与德国买方 B 公司进行交易，于 2019 年 8 月出运了 4 票货物（太阳能电池板），货值金额约 40 万欧元。2019 年 12 月，A 公司收到了 B 公司破产管理人发送的通知，告知 A 公司其被申请进入了破产保护程序，要求 A 公司尽快进行债权登记。中国信保接到 A 公司报损后立即委托海外追偿渠道了解 B 公司经营状态、协助进行破产债权登记并参与债权人会议等一系列减损工作。

二、案件处理

中国信保海外追偿渠道反馈买方已于 2019 年 10 月进入预破产程序，同时经过海外渠道的努力，出口企业全额登记破产债权。另外，早在 2011 年，中国信保的德国追偿渠道就反馈并通报了"物权保留条款"在德国追偿案件处理和减损过程中的重要意义，中国信保将海外追偿渠道的重要反馈信息进行整理，对相关国别和行业的出险情况进行综合分析和研判，并结合光伏行业的实际情况对 A 公司海外贸易风险管理提出了一系列的建议举措，其中重要建议之一即 A 公司在同德国重要买方签署贸易合同时约定"物权保留条款"，并向 A 公司提供了"物权保留条款"的示范模板，A 公司随后采纳了中国信保的建议。时隔多年之后，该条款在 A 公司同 B 公司交易风险减损中发挥了重要的作用。

B 公司的破产管理人对于贸易合同中的"物权保留条款"予以了认可，并允许 A 公司执行"物权保留条款"，将部分货物从 B 公司的控制下取回至欧洲的海外仓库，后经过 A 公司努力，成功将取回的货物进行转卖，成功实现减损超过 20 万欧元，实现了超过 50% 以上的减损效果。后中国信保就 A 公司其余部分损失进行了赔付，有效地帮助 A 公司补偿了交易中的损失和风险。

三、"物权保留条款"介绍

物权保留条款（Rentention of Title，ROT），也称为"所有权保留条款"，是贸易双方在合同条款或补充协议中约定，卖方在货物交付后保留货物所有权直至买方付款的特定条款。以德国法律为典型，许多国家的法律对该条款的法律地位予以了确立。约定和执行"物权保留条款"，可以使得卖方有效避免交付货物后丧失货物所有权却又得不到付款的风险。

本案项下，A 公司通过在贸易合同中约定"物权保留条款"，使得自己在货物处理减损和破产债权分配上都占据了较大的主动。B 公司的破产管理人认可了"物权保留条款"的法律效力，由此对于"物权保留条款"所涵盖保障范围内的货物所有权归于 A 公司，此部分货物不会作为破产财产进行分配，使得 A 公司较为快捷地实现了货物取回和减损，避免了一般买方破产案件处理所经历的包括破产法院受理、债权登记、债权人会议、重组方案谈判、清算程序、资产清偿等一系列漫长法律程序。

然而值得注意的是，不同国家的法律环境对于"物权保留条款"的认可效力是不一样的，比如印度法律认为，依据"物权法定"的基本原则，货物一旦形成交付，就等同于所有权已经发生了实际的转移，贸易双方当事人也就不得再以约定的方式将所有权转移的形式和时点进行变更以对抗一般法律原则，因此在实践中，出口企业还应当注意所交易国家对于"物权保留条款"的认可程度、法律效力、执行现状等信息，综合考虑"物权保留条款"的约定。

四、案件启示

（一）关注中国信保发布的行业和国别风险信息

在出口贸易实务中，出口企业除了应关注买方资信状况等微观信息外，还应该注重关注包括买方所在国（地区）经济形势、货物市场价格、汇率利率水平、经济政策运用等一系列宏观经济信息，特别是买方破产风险发生前，一系列端倪会随之显现，比如整个国际宏观经济形势低迷、进口国采取的收紧信贷政策都是一系列风险信号，出口企业应当保持对于此类信息的敏感性。中国信保利用专业的理赔、追偿业务团队，结合驻海外代表处、工作组，以及遍布全球的资信和追偿渠道，会将上述情况汇总并进行发布，建议出口企业高度重视中国信保反馈的风险信息，做好风险监控工作，在发生风险后及时向中国信保通报并及时减损。

（二）了解交易所涉进口国的法律及相关政策

建议出口企业对包括交易所涉进口国的破产法律制度在内的相关法律制度和政策内容进行了解。中国信保的专业团队在全球范围内开展追偿业务中，会及时地汇总和梳理一些重点交易国别的法律和政策方面的重要信息，建议出口企业予以关注。出口企业在获悉买方破产信息后不需要惊慌失措，可以联系中国信保对海外特定交易国别的相关情况进行咨询，适时委托中国信保开展海外追讨或者破产债权登记等专业业务，依照中国信保的专业建议，有针对性地共同开展追讨和减损工作。

（三）完善贸易合同条款，规范贸易操作

中国信保在案件处理过程中，会及时发现出口企业在贸易合同中约定的不完善条款或贸易操作瑕疵，同时结合海外追偿渠道的重要反馈信息，

为出口企业完善贸易合同条款和规范贸易操作提供合理化建议举措。中国信保非常重视并持续发挥风险信息反馈职能，建议出口企业参照中国信保提供的风险控制建议，结合自身的实际业务，不断完善和规范实际的贸易操作。

（四）注重反馈和抗辩的时效性

建议出口企业牢牢树立"时效"观念，部分出口企业对破产保护程序不甚了解甚至存在误解，部分出口企业对于买方破产信息不敏感，仍认为相关货款会得到按时清偿等，导致错过了债权登记或债务催收的最佳时机，形成了应收账款损失。建议出口企业在获悉买方破产信息后，及时联系中国信保并尽早开展破产债权登记，最大限度地保障自己的权益。

谨防"合同变更"的陷阱

中策律师事务所　祝琳曦　李曦冉

摘要： 在国际贸易中，买卖双方经过磋商达成合意后又对合同进行变更的情况屡见不鲜。当海外买方针对合同中某一条款提出变更时，出口企业可能往往只专注于判断该条条款内容的变更是否是可接受，但忽视了此条内容的变更对合同其他条款甚至整个合同的潜在影响。本文通过对一宗合同变更案例进行分析，希望出口企业了解相关风险，避免合同的部分变更导致合同不对等，自身合同义务大幅加重等情况的出现。

一、案情介绍

出口企业 A 公司与海外买方 B 公司于 2020 年 1 月通过邮件往来签订了七箱货物的第一份买卖合同（以下简称"原合同"），买卖双方签字并盖章，贸易术语为 FOB China，约定了七箱货物的规格、单价与数量。后经过买卖双方的进一步磋商，对原合同进行了修改，于 2020 年 2 月通过邮件往来签订了第二份买卖合同（以下简称"涉案合同"），买卖双方签字盖章确认。涉案合同对原合同进行修改的主要内容有：

（一）对涉案货物的单价进行修改，小幅上调了货物的价格；

（二）原合同的标的为七箱货物，约定 2020 年 5 月直接出运；涉案合同将其变更为 2020 年 5 月发送样品，待样品经买方 B 公司确认后，B 公司将于在 2020 年 12 月前采购七箱货物。

A 公司生产了七箱货物后，2020 年 5 月 B 公司失去联系，由于约定的贸易术语为 FOB China，应当由买方 B 公司负责联系航运再通知国内出口商 A 发货。最终，样品与七箱货物均未出运。

二、案件分析

A 公司与 B 公司通过书面形式签订了原合同，该合同经双方签章确认，依照《民法典》第四百六十九条"当事人订立合同，可以采用书面形式、口头形式或者其他形式"之规定，合同形式分为书面、口头和其他形式，均可以作为认定双方买卖合同关系成立的依据。本案中，A 公司与 B 公司通过书面方式订立的原合同已成立。

后 B 公司通过邮件往来与 A 公司进行协商，希望能对原合同稍作修改。双方经过协商后一致同意对原合同进行修改，并对修改后的合同加盖签章，依照《民法典》第五百四十三条"当事人协商一致，可以变更合同"之规定，A 公司与 B 公司协商一致对原合同的变更有效，变更后的涉案合同已成立。

经审阅合同变更的内容，A 公司与 B 公司对原合同作出了较为特别的变更，即将合同条款修改为"2020 年 5 月发送样品，待样品经买方 B 公司确认后，B 公司将于 2020 年 12 月前采购七箱货物"，依照《民法典》第五百零二条"依法成立的合同，自成立时生效，但是法律另有规定或者当事人另有约定的除外"，以及第一百五十八条"民事法律行为可以附条件，但是根据其性质不得附条件的除外。附生效条件的民事法律行为，自条件成就时生效。附解除条件的民事法律行为，自条件成就时失效"之规定，合同可以附条件，附生效条件的合同自条件成就时生效。本案中，修改后的条款即为附条件生效的合同条款，所附条件为"样品经买方 B 公司确认"，条件满足后"B 公司将于 2020 年 12 月前采购七箱货物"的条款才会生效。

在约定的样品发货期即 2020 年 5 月，买方 B 公司故意不订船，忽视 A 公司发送的邮件，A 公司通过各种方式尝试与 B 公司沟通，但 B 公司均不予回复，依照《民法典》第一百五十九条"附条件的民事法律行为，当事人为自己的利益不正当地阻止条件成就的，视为条件已经成就；不正当地促成条件成就的，视为条件不成就"之规定，附条件的合同，一方不正当地阻止条件成就的，视为条件已经成就。同时，由于本案货物的特殊性，根据 A 公司提供的证据材料，足以证明其生产的货物经 B 公司检测不予进行质量确认的可能性极小，此外，B 公司拒绝 A 公司各种尝试沟通，同时通过不订船的不作为方式导致 A 公司实际上无法发运样品给 B 公司检测。

综合上述因素，国内律师认为 B 公司的作为与不作为都是在故意阻止"A 公司发送样品经买方 B 公司确认"的条件成就，应当视为条件已成就，即"B 公司将于 2020 年 12 月前采购七箱货物"的条款已生效。

本案中出口企业向中国信保投保了出口前保险，中国信保经综合分析后认为出口企业相关损失属于保险责任，并对案件进行了赔付。

三、启示与建议

本案中，出口企业 A 公司同意合同的变更主要是基于两点原因：一是变更后的合同单价虽然仅是小幅上调，但也提高了利润率；二是 A 公司坚信自己的产品一定是符合质量标准的，所以增加样品测试的条件并不会对七箱货物的买卖产生影响。站在国内 A 公司的角度，合同变更是对其有利的。但是，A 公司忽视了合同变更后七箱货物买卖的不确定性带来的风险。虽然最终认定变更后的附条件生效的合同条款履行过程中，存在买方 B 公司为自己的利益故意阻止条件成就，因此视为条件已成就，七箱货物买卖的合同已生效。但是，附条件生效的合同要认定其已经生效的条件是比较严格的，存在不被认定的可能性。

本案 A 公司同意 B 公司提出的合同变更的请求事实上带来了一定的风险，为尽量规避合同变更带来的风险，建议出口企业在遇到合同变更时重点关注以下事项：

（一）全面考虑合同的变更内容

谨慎对待海外买方提出的合同变更的要约。已经成立生效的合同，每一条条款在整个合同中都有举足轻重的作用，当对方提出合同某一条内容的修改，也应当把变更条款放到整个合同的背景中来审查合同内容。建议出口企业注意部分条款的变更是否会导致与其他条款相矛盾，全面考虑变更后的合同整体内容是否为可接受的。

（二）从收益与风险角度比较考虑合同变更

一般情况下，合同的变更一定存在双方各自得到一定的收益，同时增加一定的风险的情况。当对方提出合同变更的要约时，切记不要因为对方让出的利益而蒙蔽双眼，应当更加重视与对方让出的利益相对应的风险。做生意不是做慈善，建议考虑并重视对方让步的原因，避免承担与合同收益不对等的风险。

（三）变更后的合同应当注意条款的明确性

国际贸易中，也不乏出现出口企业提出要对合同进行变更的情况，在出口企业要做出对自己更有利的变更条款时，应当注意变更的明确性。依照《民法典》第五百四十四条"当事人对合同变更的内容约定不明确的，推定为未变更"之规定，变更内容的明确与否会直接影响变更是否有效。在提出合同变更的时候，出口企业往往会让出一部分的利益作为对价，从而促使对方就出口企业提出的对其有利的变更内容达成合意。因此，切勿由于变更内容的不明确导致被推定为未变更，将本应多获益的行为反而变成了让出利益。

设计合同条款　应对质量异议

中策律师事务所　李曦冉

摘要： 国际贸易中，境外买方拖欠货款比较常见的理由有以质量瑕疵为由要求国内企业给予货款折扣，更有甚者，会要求国内企业退还全部货款乃至提出反索赔。在双方博弈的过程中，各方争议的焦点主要集中在货物质量认定标准和质量责任承担主体两个方面。本文以一起境外买方以质量瑕疵为由拖欠货款为例，梳理出口企业预防相关质量异议纠纷的思路。

一、案情介绍

2019年12月30日，国内出口商与买方签订了合同，约定国内出口商向买方出售百花蜜（以下简称"货物"），约定的检测机构为A公司，合同总价150000美元。国内出口商在货物出运前委托A公司对货物进行检测。2020年4月2日，A公司出具含有各项合同约定指标的检测报告（下称"检测报告1"）。2020年4月21日，国内出口商发运了货物。2020年6月17日，国内出口商收到买方支付的首期货款25000美元，后买方未支付本案合同的余款。

买方拖欠余款后，国内出口商遂向中国信保报损。当中国信保海外追偿渠道联系买方时，买方声称本案货物存在质量问题，不符合本案合同约定，并提供了使用NMR测试方法进行检测的检测报告（下称"检测报告2"），报告显示，本案货物的样本中含有杂质。买方称国内出口商提供的蜂蜜掺杂其他杂质并非纯蜂蜜，因此拒绝支付货款。

对于买方的抗辩，国内出口商回应称：双方签订的合同上并没有明确规定需要用 NMR 测试方法进行检测，在国内出口商与买方的往来沟通邮件中，国内出口商明确表示不使用 NMR 测试方法进行检测，买方回复邮件表示同意。因此，国内出口商坚持认为本案货物符合本案合同约定的质量标准，买方应依约支付本案货物余款。

二、案件分析

基于上述案件事实，买方抗辩称国内出口商提供的蜂蜜掺杂其他杂质并非纯蜂蜜，因此拒绝支付货款。若买方抗辩的货物与合同约定不符成立，则会影响到本案货款的支付。故下文就买方的抗辩主张能否成立展开分析。

根据国内出口商提供的《关于要求对出口蜂蜜及时理赔的报告》，国内出口商亦是按照本案合同约定，在本案货物生产后，联系第三方机构取样后寄往买卖双方约定的检测机构 A 公司进行检测，检测报告 1 的结果显示本案货物均符合合同质量要求，根据买卖双方 2020 年 3 月 19 日的邮件往来，双方约定卖方应在检测报告 1 得到买方确认之后再出运货物。根据海外调查渠道报告可知，国内出口商已将本案合同项下的货物发运，买方确认已收到货物。据此，合理推断双方已经就发运前的检测报告 1 进行过确认。

2020 年 7 月 24 日，买方委托 A 公司用 NMR 检测方法检测本案货物的样本，并出具检测报告 2。该报告显示本案货物的样本中含有杂质。

买方提供的检测报告 2 和国内出口商提供的检测报告 1 均系双方约定的检测机构 A 公司出具，两份检测报告使用了不同的检测方法得出了两种不同的检测结果。

本案中，双方合同仅约定了检测机构，对于检测方法未作明确约定。但是，根据国内出口商与境外买方在往来邮件中的沟通可知，国内出口商在邮件中明确表示不使用 NMR 检测方法，且买方对此回复同意。就本案中对于本案货物的检测方法，虽然国内出口商与境外买方在合同中未明确约定，但是邮件中的表述系双方真实意愿的体现，该邮件中的表述系双方合意内容的一部分，对双方均具有约束力。既然双方已经达成合意，检测时不使用 NMR 检测方法，买方不应当使用 NMR 检测方法对本案货物进行检测。

同时，结合国内出口商在出运前和买方提出抗辩后委托 A 公司对本案货物进行了检测，检测结果显示本案货物均符合合同质量要求。而就买方提供的检测报告 2 而言，"A 公司 NMR 检测方法是实验室方法，非官方指定的标准方法，由于其检测方法存在局限性，该方法不适用于对中国蜂蜜的判定。"检测报告 2 中明确载明其使用的 NMR 检测是一种非典型的模式，蜂蜜可能会因为所在地区不同导致结果有所偏差。且国内出口商在邮件中明确表示不使用 NMR 检测方法时，买方未按照双方约定的检测方法进行检测，得出的本案货物不符合质量要求的结果其证明力较低。

综合上述因素，国内出口商两次委托合同约定的 A 公司对涉案货物进行了检测，出具的检测报告结果均符合合同质量要求，而买方提供的检测报告 2 系采用既不是双方约定的亦不是国家标准的检测方法所得出的结果。两者相比较，前者更为可信，证明力更高。依照《民事诉讼法》司法解释第一百零八条第一款："对负有举证证明责任的当事人提供的证据，人民法院经审查并结合相关事实，确信待证事实的存在具有高度可能性的，应当认定该事实存在。"民事案件中采用优势证据的裁判规则。本案中，已经为买卖双方确认的检测报告 1 显示本案货物与合同约定相符合。因此，根据现有证据材料，本案国内出口商出运的货物符合合同约定具有高度盖然性。若无相反证据，应合理推定本案货物符合合同约定。

三、启示和建议

从以上案例中我们可以看出，若国内出口商在与买方订立合同时，注意设置完备的质量检测条款，当再次面对买方类似的无理由抗辩，就可以做到有理有据的反驳。为应对潜在的质量异议，除保证自身产品无问题之外，我们建议国内出口商在设计合同条款时，注意以下合同要点和相关风险：

（一）提前约定合理的质量异议期

实务中，部分买方并不会在第一时间提出质量异议，而往往会在市场不景气、货物出现滞销或资金出现问题以后提出。针对这些做法，出口企业可事前在合同中约定一个合理的质量异议期，如"有任何质量异议需在到港后 30 天内书面提出，如未提出异议，则视为默认产品无问题"。若买方在质量异议期未提出质量异议的，除隐蔽瑕疵外，通常即视为货物符合约定。但需注意的是，质量异议期设定要合理，保证买方有合理时间可以检验货物。不合理的或过短的质量异议期，将可能不会被法院和仲裁机构认可。

（二）买卖双方应提前约定明确的质量标准

为更好地避免质量纠纷，买卖双方对于质量标准应有统一的认识或者界定标准。事前在贸易合同中对产品质量标准有明确约定，能有效减少事后质量纠纷的发生；即使仍然发生纠纷，也有界定标准可以参照。在具体约定方式上，应尽量约定己方较为熟悉的质量标准；对于有国际标准或者行业标准的产品，可约定以该标准为质量标准；对于没有国际标准或者行业标准的商品，可以约定以样品作为质量标准，样品要做好封样留存。出口商应避免以买方单方面的主观检验作为货物是否符合约定的标准。

（三）买卖双方应提前约定质量检验事宜

买卖双方应尽量在出口前检验。在合同中约定质量标准的基础上，还应约定质量检验的相关事宜，包括质量检验的时间、检验主体、检验方法、检验的效力等，例如约定："出货前（时间）SGS（检验主体）的抽样检验（检验方法）为最终质量检验（检验效力）"。在出口前完成检验，往往对出口方较为有利。出口前检验可以包括买方或其委托的第三方检验，或者由买卖双方共同指定的检验机构进行检验。很多买方会在合同中约定以客检、甚至收汇后的检验作为最终有效的质量检验，这将置出口企业于非常不利的地位。

保管及仓储费用　你不知道的那些事

江苏分公司　张华凯

摘要： 在 FOB 贸易术语项下，通常由买方委托出口企业租船订舱或由买方指定船公司，相关费用由买方承担，但本案在处理过程中发生的小插曲，会让我们重新审视保管及仓储费用中我们"不知道的那些事"。本案出口企业与买方之间的销售合同虽约定 FOB 术语，但出口企业又与承运人签订了货物运输合同，在买方拒收货物滞港的情况下，发生了保管及仓储费用纠纷，通过对本案的介绍及相关建议，希望出口企业在订立合同时注意保管及仓储费用等"小事"。

一、案情简介

出口企业 A 公司向美国买方 B 公司出口 3 票电动车，合同约定价格术语为 FOB 上海，B 公司指定货物运抵港口为意大利热那亚港，承运人为 C 公司。货物到港后买家 B 公司拒收，中国信保结合出口企业提供的材料，综合调查分析后同意 A 公司弃货，同时 A 公司将正本提单一式三份提交给中国信保。

然而，案件处理后中国信保突然接到一个陌生电话，来电人声称，其受本案承运人 C 公司之委托，向中国信保致电询问有关仓储保管费用事宜，并向中国信保发函表示：C 公司了解到，案件所涉提单已转让给中国信保，而 C 公司目前正在为提单持有人的货物在港口进行保管和仓储，相关保管及仓储费用逐日累积，C 公司要求提单持有人承担该笔费用。

二、案情分析

如上所述，案情本身其实并不复杂，但是由于后期承运人 C 公司的介入，导致本案发生了戏剧性的变化，因此有必要对本案涉及的关于保管及仓储费用的法律问题予以分析。

（一）FOB 价格术语并不排除由卖方承担保管及仓储费用的可能性

通常来讲，FOB 价格术语下应由买方安排货物运输并承担相应费用，即由买方与承运人签订货物运输合同，买方为"托运人"，并在违约未提取货物的情况下，应向承运人支付港口的保管及仓储费用。

本案中，A 公司与 B 公司签订的销售合同虽约定适用 FOB 价格术语，但 A 公司同时提供了《出口货物订舱合作书》，显示运输委托人为 A 公司，如果该《出口货物订舱合作书》是真实有效的，那么可被认为是货物运输合同。因此，在 A 公司无法证明自己是接受 B 公司委托签订该《出口货物订舱合作书》的情况下，A 公司将被认为是货物运输合同的主体。

经咨询专业律师，对于事实上由卖方向承运人订舱的情况，司法实践中主要有两种观点：（1）卖方接受买方委托，作为买方的代理人与承运人签订货物运输合同；（2）货物运输合同与贸易合同是两个相互独立的合同，在卖方签订货物运输合同的情况下，卖方应当作为该运输合同的当事人，但运费由买方支付，如果买方未支付运费，承运人可以要求卖方支付，卖方支付后可依据贸易合同向买方追索。对于第一种情形，由于卖方作为买方代理人而与承运人订立运输合同，通常情况下运输合同项下产生的权利义务由买方承担；而对于第二种情形，需要区分运输合同仅仅是对安排运输本身进行约定，还是包括对运费承担事宜也加以约定。实践中，国外买方从便利角度考虑，有时会要求卖方负责订舱（并非委托），如果运输合同仅约定由卖方实施订舱行为，则并不改变贸易合同项下买方基于 FOB 价格术语应承担的支付运费的义务，那么卖方在运输合同项下向承运人支付相关费用后可以依据贸易合同向买方追索。但是，如果运输合同同时约定了由卖方负责订舱并由卖方承担运费，那么该运输合同应当视为对原贸易合同项下 FOB 价格术语的变更，此时应由卖方承担相关运输费用，且不得向买方追索。当然，在贸易实践中，由于货物交易价格通常会考虑运费等成本因素，因此在 FOB 价格术语下，如果由卖方承担运输费用，那么货物交易价格一般会相应上浮。

综上所述，本案中 A 公司未能提供其接受 B 公司委托订舱的书面文件，而《出口货物订舱合作书》显示的委托方为 A 公司自身且提单"Shipper"一栏也显示为 A 公司，因此 A 公司很可能被认定为运输合同的主体，因此应当承担港口的保管及仓储费用，而由于货物价格在运输合同订立前后未发生过变动，且无证据表明 A 公司向 C 公司的订舱行为是对 B 公司在销售合同项下承担运费义务的变更或免除，因此 A 公司有权向 B 公司进行追索。

（二）如提单持有人不按时履约，承运人有权行使留置权

所谓留置权，是指债权人按照合同约定占有债务人的动产，债务人不按照合同约定的期限履行债务的，债权人有权依照法律规定留置财产，并以该财产折价或者以拍卖、变卖该财产的价款优先受偿。而根据我国《海商法》《民法典》等相关法律规定，在托运人或者收货人不支付运费、保管费及其他运输费用的情形下，承运人对相应的运输货物享有留置权。因此，本案中如果承运人 C 公司收不到港口的保管及仓储费用，其将有权行使留置权，对本案项下出运的货物实施留置。

三、案件启示

如上所述，A 公司与 B 公司之间的销售合同虽然约定适用 FOB 价格术语，但是 A 公司又在销售合同之外与承运人 C 公司订立了一个货物运输合同。在该货物运输合同项下，承运人 C 公司在未收到相关保管及仓储费用的情况下，有权要求另一方即 A 公司予以支付。A 公司虽一再声称自己系接受买方 B 公司的委托及要求实施订舱行为，但始终未能提供书面委托材料，而其出具的《出口货物订舱合作书》及提单正本皆显示 A 公司自身系订舱委托人。因此，即便销售合同中约定适用 FOB 价格术语，但 A 公司仍无法据此对抗承运人 C 公司的权利，最多只得在其支付相关费用后依据销

售合同向买方 B 公司进行追索。

因此，为避免后期出现此类关于保管及仓储费用相互推诿扯皮的现象，建议出口企业在与买方签订销售合同时，尽量明确双方关于货物运输的权利义务关系，即使出于便利考虑而由卖方出面订舱，亦需要明确其只是接受买方之委托，卖方自身并不承担相应权利义务；或者，卖方虽非接受买方之委托实施订舱行为，但其订舱行为本身并不得免除买方在销售合同项下基于价格术语条款而承担的支付运输费用的义务。同时，在弃货情况下，建议出口企业及时向货运公司发送弃货声明，或及时向中国信保通报相关风险情况，在综合调查情况后研判处理方案。

破产案件起死回生　物权条款减损立功

上海分公司　石　诚

摘要： 为了控制新冠肺炎疫情蔓延，部分海外国家和地区目前仍实行封闭政策，不少海外买方未能熬过漫长的"寒冬"，纷纷向法院申请破产。在充满危机的国际贸易中，出口企业为了维护自身的权益，不断寻求风险防范措施。近年来，越来越多的出口企业认识到物权保留条款在维护国际贸易利益方面所发挥的巨大作用。本文通过两宗美国买方破产案例，结合物权保留条款等方面进行分析，为出口企业提供参考。

一、案情简介

（一）物权保留，未雨绸缪

2019年，出口企业A公司向美国买方B公司出口一批挖掘机，支付方式为OA90天，B公司收货后未按时支付货款，A公司向中国信保报损。经海外调查后发现，B公司已进入破产程序，同时，A公司表示已向破产管理人全额申请破产债权登记，并向破产管理人披露与买方签订过物权保留协议，并提供相关证明材料。经综合分析，A公司在中国信保的协助下，积极与破产管理人沟通，最终顺利取回货物并进行转卖，收回了全部货款，未发生任何损失。

（二）普通债权，看天吃饭

2018年，出口企业C公司向美国买方D公司出口一批手机，支付方式为OA90天。D公司收货后未按时支付货款，C公司向中国信保报损。经海外调查后发现，D公司已进入破产程序，后在中国信保协助下，C公司成功全额登记破产债权，中国信保向 C 公司进行赔付后，持续跟进破产债权分配，但最终破产管理人以普通债权顺位向 C 公司分配了 10%的权益。

二、案件分析

通过以上两宗案件的简单介绍，足以证明物权保留条款在减损方面的重要性。

（一）签订物权保留协议为出口企业赢得减损主动权

两宗案件货物虽均有"价值高、易转卖"的特征，但追偿减损情况截然不同：第一宗案例中，B 公司付清价款前，出口企业 A 公司仍然保留了货物的所有权，既可以就地转卖货物，也可以要求取回货物，货物所有权仍归属于 A 公司，破产管理人无权处置这批货物；然而第二宗案例中，货物一旦完成交付，出口企业 C 公司即丧失了货物的所有权，只能基于买卖合同享有对买方 D 公司的债权，破产管理人有权处置该批货物，出口企业只能以普通债权人的身份登记破产债权并等待最终分配结果。关于破产分配为保护全部债权人的利益，一般会依照法定程序对债权人按债权优先顺序及债权比例分配债务人的财产。举例而言，担保债权优先于普通债权；处于同一顺位的债权，将按照权益比例同时分配。因此，对于普通债权而言，获得破产分配的可能性较低甚至为零。

（二）签订物权保留协议有助于出口企业提高减损效率

在第一宗案例中，无论是转卖货物还是取回货物，由于 A 公司仍保留所有权，故减损方案可由 A 公司自行决策，如果想尽快回笼资金，A 还可以考虑降价转卖等方案。但在第二宗案例中，买方破产债权登记需破产管理人核损资产及财务情况，在有分配可能性的情况下再根据债权优先级情况及债权比例等因素制定（或达成）破产分配方案，而在此情形下，出口企业可能只能被动等待，并将面临"遥遥无期"的情况。

（三）签订物权保留协议为出口企业节省费用

破产债权的登记工作以及对破产程序的跟进，往往要委托当地律师去处理，出口企业需为此承担一笔数额不确定（甚至不菲）的律师费。

三、启示和建议

在国际贸易中，签订物权保留协议是对出口企业的有力保护，当出现国外买方发生破产时，物权保留协议能够将货物所有权保留在出口企业手中，避免"货款两空"的局面。与此同时，我们也要注意物权保留协议的生效条件和效力范围。

（一）物权保留协议的生效条件

由于物权保留的主要目的是避免货物被计入买方破产财产，从一定角度上来说具有对抗破产管理人的性质。部分国家的法律为物权保留协议的生效条件设定了一定的形式要件。根据各国的具体情况不同，物权保留协议的生效条件模式主要有四种：

一是意思主义，如《俄罗斯联邦民法典》，确定物权保留协议的生效条件为双方合意。二是书面主义，如《德国民法典》，规定物权保留条款只有双方书面明确约定方可生效。三是登记生效主义，如《瑞士民法典》，规定物权保留协议需要向相关机关进行登记方能生效。四是登记对抗主义，如《意大利民法典》，规定延伸的物权保留协议只有在登记的情况下才能对抗第三人。

（二）物权保留协议的效力范围

物权保留协议一般保护的是买卖合同中卖方对买方的应收账款权利，但是为了促进经济运行的效率，部分国家法律中规定了"善意取得"制度，即对善意第三人与无权处分人之间的交易进行保护。换言之，当国外买方将货物以合理的价格转卖给不知情的第三人并完成现实交付的，尽管出口企业和国外买方签订过物权保留协议，由于丧失了标的物，物权保留协议也有可能被迫终止。因此，建议出口企业注意物权保留协议的适用范围，合理选择物权保留协议的类型，让物权保留协议成为出口企业未雨绸缪、防范买家信用风险的有效手段。

破产案件中的"关键供应商"问题之利弊分析

江苏分公司 夏 凡

摘要：在买方破产案件中，出口商经常会遇到"关键供应商"的问题，理清"关键供应商"的概念及相应后果，事关对减损方案的抉择，对保险双方都非常重要。实务中很多出口商对此问题认识不清，本文拟通过对"关键供应商"相关法律问题的解释，结合具体案例，对破产案件的减损进行初步的探讨。

一、案情简介

出口商A公司报损称其通过某大型中间商C集团向美国买方B公司出运了170万美元的货物，产品为服装。B公司拖欠其欠款后在2019年2月向美国联邦破产法院申请了破产重组。A公司报损后，又称其仓库内还有之前为B公司所做的200万美金的服装尚未出运，而B公司希望A公司能够继续供货。中间商C集团也告知A公司，买方正在进行破产重组，A公司目前已是B公司的"关键供应商"，建议A公司继续出运货物，协助买方走出困境。A公司遂向中国信保提起了继续出运货物的书面申请。

二、背景知识：何谓"关键供应商"

在买方破产的情况下，A公司仍有胆量申请继续出运货物，无外乎从其中间商C集团处获悉其已经获得了"关键供应商"身份，那么何谓"关键供应商"呢？

美国法律规定，美国公司在不能如期偿还债务时，可以依照《美国破产法》的第 7 章申请破产清算，或依照《美国破产法》第 11 章申请破产保护。如果依据《美国破产法》第 7 章申请破产清算，公司立即完全停业。由破产管理人拍卖公司资产，所得资金用来偿还公司债务。

但是很多企业不希望就此倒下，仍希望获得时间来找出办法走出困境，因此，会按《美国破产法》第 11 章申请破产保护，这样，公司可继续运营，其股票和债券也在市场上继续交易。美国司法部下属的专门负责破产事务的"美国托管财产管理会"将指定一个或多个委员会，代表债权人和股东利益，与破产公司制定出一个重组方案。方案必须得到债权人、债券持有人和股东的认可，并得到法院的批准。如果债权人和股东反对重组方案，而法院认为该方案公正合理时，法院可忽略债权人和股东意见而通过该计划。

在破产重组中，获得融资和供应商的信用支持是破产企业走出重组程序，重获新生的关键因素。为了帮助破产企业重组成功，以美国为首的很多国家在破产实务中均设定了"关键供应商"身份，旨在鼓励债权人继续供货以提供信用支持。以美国为例，美国破产法典第 362 条"自动中止条款"（AutomaticStay）规定，一旦债务人进入破产程序，债权人需中止针对债务人的追讨行为，诉讼程序亦需就此停止。一般债权人往往只能在最终达成的重组方案中获知受偿比例。在一般破产案件中，排在劣后位置的无担保债权人（即一般供货商）可能无法获得清偿，或只能获得比例极低的清偿款。而如果无担保债权人成功获得"关键供应商"身份，一方面可以继续与买方进行交易，获得付款，维护双方贸易关系；另一方面，当买方重组失败进入破产清算时，将可以优先获得清偿。

三、本案中出口商 A 公司所处情况的利弊分析

（一）利益分析

本案中，如果出口商 A 公司确实如其中间商 C 集团所言，已获得了"关键供应商"地位，它的利益将会体现在：

第一，A 公司可以在买方破产期间按原结算方式（或双方重新商定的结算方式）继续向买方供货，供货涉及的债权有权优先获得买方的支付清

偿。并且，相对于其他无担保债权人，A 公司将因为是"关键供应商"而优先获得破产前所涉及债权的部分或全部清偿。

第二，A 公司在破产期间继续向买方供货产生的应收账款，如因买方重组失败转而进入清算程序，将被视为破产管理费用，较一般无担保债权获得优先清偿。

（二）弊端分析

"关键供应商"计划在美国企业的破产重组中得到广泛应用，但由于在破产法典中对"关键供应商"的概念没有明文规定，这就使得破产法院对于是否批准"关键供应商"计划，以及如何界定"关键供应商"的身份存在不同实践方式。因此，希望以获得"关键供应商"身份来减少损失的 A 公司可能会面临三种风险：

第一，A 公司的"关键供应商"身份可能不被破产法院认可。买方的破产程序开始后，其律师会挑选个别企业列入"关键供应商"计划，并向破产法院提出动议。只有获得法院审批后，"关键供应商"才具有合法身份。而很多国内债权人对此规范缺乏认识，过于相信破产企业的承诺，其"关键供应商"的身份实际却未经破产法院认可。本案中，当我们询问 A 公司是否能提供法院出具的"关键供应商"身份确认时，A 公司表示目前的信息来源都是出自其中间商。而如果这一信息有误的话，将导致 A 公司后期继续供货既无法按破产前债权得到清偿，又不能改变破产后应收账款的获偿次序。这样即使买方 B 公司后期按承诺全额或部分偿付了破产前的债权，A 公司也将面临被破产法院以"偏颇性清偿"（Preferences）为由追回已偿付款的风险。

第二，买方 B 公司重组失败将导致无担保债权人得不偿失。如果买方 B 公司重组成功，重获新生，作为"关键供应商"的 A 公司自然会比其他无担保债权人面临有利局面，并有效挽回或降低损失。但是根据美国联邦破产法院的历年统计数据，申请第 11 章破产重组的企业最终进入第 7 章清算程序的有 80% 以上。这就意味着超过 80% 的破产重组计划因不成功而导致破产企业被清算。

"关键供应商"在破产期间继续供货产生的应收账款，虽然属于优先债权，但如果清算时待分配资产有限，优先债权也可能无法获偿。因此，如新增应收账款的规模超出破产前债权的规模，"关键供应商"仍可能会面临损失扩大的尴尬局面。

第三，"关键供应商"计划可能会被其他利益方反对推翻。任何一种"关键供应商"计划均不可避免地会影响其他相关方的利益，即使A公司经破产法院确认获得了"关键供应商"身份，如其他利益方反对并提起上诉，"关键供应商"计划可能最终会被法院否决。这不仅会使"关键供应商"已获清偿的破产前债权被追回，破产期间产生的应收账款也无法再获得优先清偿地位。

四、启示和建议

（一）对于出口企业而言，并不是在遭遇买方破产时就一定会"血本无归"，对于申请破产保护的买方，如果能争取到其"关键供应商"资格，将有可能将损失降至最低。

（二）破产重组是一个复杂的过程，而"关键供应商"资质的申请也涉及众多环节。因此，当遭遇买方破产时，出口企业应当在第一时间通知中国信保，寻求专业的减损指导，而不是道听途说，这才是最有利于己的减损方式。

（三）在大量实践中我们发现，很多企业在面对买方破产时往往难以保持理性。本案中，出口商A公司在报损初期宁可相信中间商C集团，也不愿意委托中国信保渠道介入勘查核实，而当买方要求其继续出运200万美元货物时，又表现出了十分大度积极响应的态度，出口商风险防范的意识还有待加强。因此我们建议，遭遇买方破产时，出口企业应当保持冷静的心态，充分分析市场，听取中国信保的专业建议后再进行决策，将已发生的损失降至最低，防止因决策失误导致损失的继续扩大。

信用证结算并非高枕无忧
投保出口信用保险化险为夷

河北分公司 吴 磊

摘要： 信用证以银行信用代替商业信用，是国际贸易活动中常见的结算方式之一，在实务操作中，出口企业容易认为信用证结算方式信用保障较高，不存在收汇风险。但在中国信保理赔追偿案件的处理中，信用证结算方式下也同样具有收汇风险，其中开证行破产风险即为重要损因之一。本文以中国信保成功处理的一宗信用证开证行破产案件为例，刍议信用证的相关风险防范，为出口企业提供参考。

一、案情介绍

出口企业A公司于2018年12月至2019年7月向欧洲某国买方B公司出运12票货物，货值约1800万美元，支付方式为L/C 90天（3票）及L/C 240天（9票），开证行为C银行，该银行成立于1988年，在进口国业内排名第三。

由于进口国通货膨胀、本币贬值等原因，该国商业银行纷纷遭遇"挤兑"，C银行流动性出现严重不足。6月，C银行向该国央行提出了特别监管请求，此后C银行所有支付和交易行为均被中止。该国央行在对C银行审计后发现，C银行存在一系列违法违规操作行为，并计划吊销C银行执照。上述接连出现的不利信息致使当地出现了恐慌性的挤兑潮，C银行因流动性不足，其对外支付被迫停止。

A公司在交单议付后，C银行仅承兑9票出运，并对其余3票出运拒绝承兑，但始终未支付任何款项，后A公司向中国信保通报了可损，报损金额约1800万美元。

二、案件减损及处理过程

A 公司报损后，中国信保一方面利用专业的资信渠道监控和跟踪进口国银行业监管和重组状况，组织风险研究并及时发布一系列风险预警信息，防止中国出口企业的收汇风险扩大；另一方面，中国信保及时联系海外专业追偿渠道介入案件，积极寻求减损方案，力图最大限度地减少 A 公司的损失。期间，中国信保安排 A 公司、买方 B 公司以及中国信保海外追偿渠道举行了数次会谈。经过调查了解，C 银行在被监管期间仍可进行经营存款、还贷等"进钱"类业务，但停止了一切对外支付类业务，除非监管人同意，否则开证行无法释放买方在该银行的抵押资产。

鉴于本案项下货物系定制产品，转卖退运可行性较差，且买方有较强烈的要货和还款意愿，据此中国信保同 A 公司商定将会谈策略重点转到协商偿还方案上来。经过数轮协商，三方最终达成共识：针对开证行未承兑的出运，由买方 B 公司的母公司提供商业担保，出具书面保函后放货给 B 公司；针对开证行已承兑的出运，B 公司支付 10% 货款，余款由 B 公司提供中国信保认可的银行出具的见索即付保函或母公司提供商业保函的条件下延期付款。

经过中国信保持续施压，买方陆续偿还了大部分款项，中国信保对出口企业其余部分损失进行了赔付。

三、案例分析及启示

（一）注重国别风险的监控

沃伦巴菲特曾说过，"只有在退潮的时候，才能看清楚裸泳的人究竟是谁"，经济下滑、通货膨胀、本币贬值等原因造成的国内"挤兑潮"好比退去的潮水。本案项下，受国内宏观经济影响，开证行内部违规操作、审计和监管漏洞等问题暴露出来，成为造成出口风险损失的关键诱因。建议出口企业在贸易实务中对进口国家的政治经济形势等情况予以充分了解关注，及时做好相关风险防范工作。

（二）了解并妥善选择开证行及合作伙伴

除了解进口国的政治经济、外汇管制等方面情况之外，建议出口企业通过相关资信机构对进口商和开证行的信誉、背景、经济实力及履约情况进行调查，尽量选择信誉较好的银行开立信用证。如果对开证行资信和付款能力持有疑问，建议出口企业要求国外买方先行支付一定比例的预付款，余款采取信用证结算等方式，或者按照中国信保的授信要求通过信誉良好的第三方银行进行保兑。

（三）出险后应最大限度进行减损

信用证风险发生后，建议出口企业按照"主动联系银行、积极沟通协商买方、严密跟踪单据寄送、密切关注货物运输"的处理思路，对买方、银行、货代、单据四个方面进行跟踪，通过与买方协商、变更支付方式、选取货物处理方案等方式，尽可能地减少损失。如在上述案例中，出口企业借助中国信保专业的海外追偿渠道，及时了解开证行情况，调查买方经营状况，并制定了较好的债务解决方案，既实现了货物的妥善处理，也达到了较好的减损效果。

（四）投保出口信用保险获得风险保障

建议出口企业积极投保出口信用保险。中国信保作为政策性保险公司，本着"发挥政策性职能，服务开放型经济"的理念，分担出口风险，保障收汇安全，在助力中国出口企业"走出去"和保障企业海外应收账款安全方面发挥着重要作用。货物出口后，因开证行破产、停业、被接管等风险而造成的出口企业海外应收账款损失属于中国信保的保障范围。鉴于信用证结算方式下仍然存在诸多收汇风险，建议出口企业不要因采取信用证结算方式而放松警惕，积极投保出口信用保险，以获得足额全面的风险保障。

"进口代理"项下的买方认定

锦天城南京 姜 涛

摘要： 外贸代理，是指接受其他公司、企业、事业单位或个人之委托，代理公司在授权范围内与外国商人办理进出口业务的活动，是在长期的国际贸易实践中发展起来的形式多样、灵活高效的流通方式。在世界各国对外经济贸易活动中，出口企业或进口企业采用代理方式开展进出口的情形非常普遍。但是在出现争议时，由于代理法律定性的复杂性，争议各方往往对各自的法律地位、适用法域、合同性质与各方责任等内容僵持不下，极大地影响了进出口贸易活动与及时收汇回款。本文分析一宗巴西买方拖欠案，提出代理关系涉及的相关法律问题及风险防范方面的建议，供出口企业参考。

一、案情介绍

国内出口企业 A 公司向巴西买方 B 公司出口一批 LED 灯，货款约 100 万美元，约定买方在提单出具日后 120 天付款。B 收货后拖欠货款，A 遂向中国信保报损。然而当中国信保海外渠道联系买方时，B 却抗辩系代理巴西另一公司 C 进口货物，不负有付款责任。

经中国信保进一步调查，A 公司与作为买方的 B 公司签订了数份形式发票，提单载明的收货人均为 B 公司，通知人均为 C 公司，B 公司声称仅为贸易商，仅代表买方 C 公司办理进口手续。对上述情况，A 表示其在与 B 公司磋商环节，确已知悉 B 公司系 C 公司的代理。与此同时，中国信保海外渠道取得的 C 公司材料显示，C 已经进入破产程序。C 公司的破产重整债权登记表，显示其已将 A 列为 C 的债权人。

二、案件处理过程

因供货企业与收货企业之间签订的合同性质不明,双方当事人对其属于代理关系还是买卖关系发生争议,致使产生支付货款的责任主体纷争。在此类纠纷中,关键在于辨明当事人之间的法律关系,通过对各种法律关系特征的准确把握而对合同性质作出正确界定,进而确定责任主体,有效化解双方当事人之间的纠纷。

（一）本案形式上的买方/收货人均是B,未见B与C之间的代理进口协议,导致A与B之间的关系认定存在争议

综合现有材料,涉案形式发票载明的买方、涉案发票和提单载明的收货人均为B公司,可见本案形式上的买方/收货人是B公司,除非有充分的相反证据,否则可认定B公司系法律意义上的买方。对此,公司B抗辩不予认可,其仅是作为贸易代理商签署相关单证并进口货物。由此导致贸易双方对两者之间的法律关系发生争议。

（二）经详细梳理本案贸易履行过程,C系与A磋商贸易并存在实际采购需求的公司,B并未参与贸易磋商过程,B公司为C公司的"进口代理"公司

结合代理关系特征、C公司表态、类似交易模式及A公司反馈的情况,可知本案确存在B代理C进口货物的事实特征。正常的进出口买卖活动,与代理贸易活动存在差异,这一点可以通过各个贸易环节予以体现。本案中,通过已有的来往邮件可以体现C公司此前系A公司的直接客户,C公司一直在与A公司就本案贸易进行洽谈,存在直接的实际采购需求。C公司进入破产重整程序后已主动将A列为债权人,应收账款债权与本案出险金额相吻合,且A公司已承认在开展本案贸易时知晓B与C之间的委托代理关系,故综合案件情况并结合相关法律进行分析,本案中B公司为C公司的代理公司。

三、启示和建议

外贸代理系常见现象，主要类型为国内代理出口与国外代理进口，此时均不能以简单的书面买卖合同便认定各方主体之间的法律关系。实践中，须把握合同内容所构建的当事人之间的权利义务以及合同的行使和履行方式，结合具体履行合同中发生的实际情况，来判断合同性质。若其中一方提出争议时，将导致正常的贸易活动因一方争议而陷入无休止的法律争执环节。对于出口企业而言，建议：

（一）在代理进口活动中，约定好代理进口企业、被代理企业与卖方的关系

在代理进口活动中，约定好代理进口企业、被代理企业与卖方之间的关系。前述约定内容，均建议以书面形式明确，特别是各方主体之间的关系及交货/付款责任主体。

（二）尽量明确代理适用法律

相较于涉外买卖合同法律关系，涉外代理关系的主体数量、法律认定及处理规则更为复杂。若选择代理方式开展进出口贸易的，建议出口企业尽量争取适用熟悉的中国法律。如此，即便发生争议，也能及时厘清责任。

"触不及"的信用证

广东分公司 刘嘉琼

摘要：在国际贸易中，信用证一直被奉为相对安全的国际结算方式，但鉴于信用证结算方式所涉及主体的多元性以及法律关系的复杂性，对出口企业的法律技术、贸易环节操作的规范性，以及其他相关主体的配合度均有着高于其他结算方式的要求，在国际贸易实践中，因银行风险、政治风险、信用证软条款、相关主体操作不规范等问题导致信用证无法兑付的情况时有发生。本案中，出口企业虽与海外买方约定信用证结算方式，但因"不符点"未获兑付，且出口企业无法通过取回货物进行减损，通过对本案的介绍和经验总结，希望为出口企业开展国际业务提供参考。

一、案情背景

出口企业 A 公司与香港地区买方 B 公司于 2020 年 1 月初签署服装购销合同，约定由 A 公司向 B 公司出口成衣，货值金额共计 10 万美元，结算方式为信用证，交货方式为陆路运输，交货地点为买方指定的香港仓库，由买方收货后签发 CARGO RECEIPT 作为收货凭证。合同订立后，C 银行作为开证行，于 2020 年 1 月开立信用证，信用证开证申请人为买方 B 公司，受益人为出口企业 A 公司，约定最迟出运日为 2020 年 3 月 1 日，信用证失效日期为 2020 年 3 月 10 日，交单文件包括买方签发的 CARGO RECEIPT，且 CARGO RECEIPT 内容应列明产品型号、数量、重量、单价、总货值金额、签收日期、卖方名称、买方名称等信息。

二、出口企业陷困境

A 公司收到信用证后开始排产备货。但受疫情影响，货物于 2020 年 3 月 15 日装车出运，买方于 2020 年 3 月 17 日签发 CARGO RECEIPT。A 公司在收悉 CARGO RECEIPT 后，于 2020 年 4 月向开证行寄出贸易单据材料，后开证行电文提示"不符点"并拒绝兑付。"不符点"包括：(1) 信用证已过期；(2) 迟出运；(3) CARGO RECEIPT 未载明具体产品型号、重量、单价信息，并将相关单据退回给 A 公司。

本案信用证无法兑现，于 A 公司来说，成了一纸"触不及"的信用证。另外，A 公司于 2020 年 4 月收到邮件通知，获悉 B 公司因资不抵债，已进入破产程序。关于本案货物，经 A 公司了解，B 公司在收货后立即转卖至欧洲，目前货物已被新买方提取。

至此，本案信用证无法兑付，买方 B 进入破产程序，货物也已无法追回，出口企业一时陷入了减损无门的困境。

三、剖析法律关系，积极应对风险

中国信保接到 A 公司报损信息后，结合全套单证材料，深入剖析本案所涉及的各层法律关系，与出口企业共同应对风险，维护出口企业的合法权益。

（一）信用证法律关系

因本案采用信用证结算方式，中国信保首先从开证行 C 与信用证受益人 A 之间的信用证法律关系作为切入点，展开分析。

信用证（Letter of Credit, L/C），是由银行（即开证行）应申请人（一般是合同买方）要求，并按其指示向受益人（一般是合同卖方）开立的书面文件，是开证行承诺在符合信用证条款的前提下，凭规定单据向受益人在一定时间内、支付一定金额的书面文件。信用证能获得兑付的基本前提条件，是受益人所提交的单据符合信用证条款的各项要求。

本案中，出口企业 A 的出运时间已晚于信用证要求的最迟出运日，交单时间也晚于信用证有效期，买方所签发的 CARGO RECEIPT 确未完整记载信用证条款中所列明的所有信息，确与信用证相关规定存在明显不符。开证行在收到 A 公司提交的单据后，已及时审单并提出"不符点"，也已及时向 A 公司退回了全套单据，相关处理未违反 UCP600，故在信用证法律关系层面，A 公司难以要求开证行履行付款责任。

（二）买卖合同法律关系

根据现有材料，虽然 A 公司交货时间晚于最迟出运日，但 B 公司已收取货物并进行转卖，同时 B 公司在签发 CARGO RECEIPT 时也全额确认了对 A 公司的应付货款。此外，经中国信保委托渠道调查，B 公司的破产管理人已将 A 公司列入债权人名单中，经过保险双方持续努力，破产管理人也对 A 公司的破产债权金额进行了确认。结合上述调查审理情况，在买卖合同法律关系层面，A 公司可对 B 公司全额确立应收账款债权。

（三）实现保险理赔，弥补企业损失

鉴于出口企业 A 公司向中国信保同时投保了信用证风险及买方商业风险，中国信保经对本案审理后认为相关损失属于保险责任，并对出口企业进行赔付，有效弥补了出口企业的损失。在支付赔款后，中国信保继续跟进 B 公司的破产程序，持续向买方及破产管理人主张合法权益，力求实现最大限度的减损。

四、启示与建议

出口企业在办理采用信用证结算方式的业务时，应加强法律意识，注意防范各项风险，才能避免出现"触不及"的信用证，确保收汇安全。根据本案处理经验，如下几点建议供出口企业参考：

（一）谨慎设置信用证条款，避免"软条款"

信用证中可能会规定某些受益人难以完成的付款前置条款，贸易实践中被称为"软条款"（soft clause）。本案中，信用证中对 CARGO RECEIPT 有非常详细且严格的要求，但 CARGO RECEIPT 由买方制作并签发，出口企业无法确定买方是否会配合完成，如买方未配合，对于出口企业而言即无法完成交单操作，进而无法获得信用证的兑付。因此，建议出口企业在开出正式的信用证前，应先行与买方、开证行沟通信用证条款内容，尽量避免设置对自身不利或无法实现的"软条款"，降低出现"不符点"的可能性。

（二）规范自身操作，避免"不符点"

在收到正式的信用证文件后，出口企业应仔细阅读并分析信用证条款内容，在出运、制单、交单等环节，严格遵循信用证条款约定，避免产生"不符点"，如遇客观困难导致可能发生迟出运等履约问题时，建议出口企业提前与买方、开证行沟通改证事宜，尽量避免因"不符点"而遭到开证行拒绝承兑的情形。

（三）避免采用无法控货的运输方式

在贸易实践中，开证行提示"不符点"并拒绝承兑后，可能会向出口企业退回全套单据材料，如贸易合同约定了卖方可控货的运输方式，则出口企业仍可通过处理货物以减少损失。本案中，出口企业采用的陆路运输方式，无法控制货权，即使开证行退回全套单证给出口企业，仍无法避免买方收到本案货物后转卖给下游客户的情况，客观上降低了出口企业减损的可能性。因此，建议出口企业在采用信用证结算方式时，避免选择陆路运输、空运等无法控货的运输方式，最大限度保障自身权益。

浅析免责事由

——不可抗力

中策律师事务所 袁 杰

摘要： 合同订立后，由于发生了当事人在订立合同时不能预见、不能控制、不能避免的障碍，致使合同不能履行。该种情形下，无论是大陆法系抑或是英美法系，当事人对于不履行义务应予免除责任。在新型冠状病毒疫情暴发后，许多外贸企业遭遇物流中断、企业停产、出口清关等困难，面临无法继续履行合同且被要求承担相应的违约责任的问题。因此，笔者试着结合实务中处理的不可抗力案例，为出口企业合同风险预防提供一些参考与建议。

一、案情简介

2017年5月许，国内出口商与境外买方签订了买卖磷酸泰乐菌素10%预混剂的销售合同，合同约定货物总数量为25MT，总金额为82500美元，合同约定的贸易术语为CIF，发货方式为分两次发货，付款方式为发货后90天承兑交单（D/A），两次发货间隔45日。

之后，国内出口商委托承运人将涉案货物共计12325千克从青岛港装船运往印度皮帕瓦沃港，发票上标注的货物总价为40672.50美元。境外买方确认收到上述货物，且对上述货物总价为40672.50美元的金额没有提出异议。

境外买方认为依据买卖合同第9条发货时间的约定，国内出口商应于第一批货物发出之日（2017年6月26日）起45天之内（2017年8月12日前）发出第二批货物。但是国内出口商一直未履行第二批货物的发货义务，存在违约行为，并且由于国内出口商违约行为导致境外买方对其下游买方的失信行为，境外买方因此遭受了很大的损失，其拒绝支付已出运货物货款。

对于境外买方的抗辩，国内出口商反驳称其未按合同约定发出第二批货物的原因系当地政府环保局对其下达的停产指令使其不得不停止生产。根据买卖合同第 14 条约定，卖方因不可抗力不能履行合同项下义务不构成违约。国内出口商的停产行为是由于政府强制而非其能控制的原因，构成不可抗力，故国内出口商对境外买方不构成违约，不承担违约责任。

后续，国内出口商多次尝试与境外买方沟通，未果，向中国信保通报可能损失。

二、案件剖析

基于上述事实，国内出口商与境外买方签订的涉案销售合同，双方均已经签字盖章，系双方的真实意思表示，前述销售合同的签订不违反法律、行政法规的强制性规定，国内出口商与境外买方之间的买卖合同关系已依法成立。

根据合同的约定，国内出口商应于第一批货物发出之日（2017 年 6 月 26 日）起 45 天之内发出第二批货物（1st lot and 2nd lot-with a gap of 45 days each）。但国内出口商实际上并未出运第二批货物。国内出口商主张其违反合同约定、未发运第二批货物是由于政府停产限产决定这一不可抗力因素导致的。因此，本案应重点审查政府停产限产决定是否属于不可抗力。

国内出口商与境外买方签订的本案合同约定卖方因不可抗力导致的迟延履行或未出运货物不构成违约。由于本案合同对"不可抗力"具体定义未作约定，对本案合同中"不可抗力"的理解应适用相关法律中对"不可抗力"的解释。根据《中华人民共和国民法典》第一百一十七条第二款之规定："本法所称不可抗力，是指不能预见、不能避免并不能克服的客观情况。"

2017 年，中国国家层面出台了众多环保政策，涵盖水处理、大气防治、土壤修复等多领域，国内的环境政策快速地收紧。根据本案的环保政策影响情况说明，应内蒙古自治区呼和浩特市环保局的通知要求，国内出口商自 7 月份起，磷酸泰乐菌素生产车间直接停产，且该产品无法在其他地区采购。即政府部门基于对本地环境保护的要求，临时通知国内出口商停产限产，而该停产限产的要求未给予国内出口商通知下达后一段时间内继续生产的"缓冲期"；对于此类政府指令，国内出口商既无事先了解的可能亦无事先预见的可能。同时，基于国内出口商自身行业属性，以及其接受政府监管的法律地位，国内出口商对于政府部门停产限产的指令不存在避免和克服的可能性。

综合上述分析，国内出口商在生产过程中应政府要求停产限产是不能预见、不能避免并不能克服的客观情况，应构成不可抗力。

依据《中华人民共和国民法典》第一百一十七条第一款之规定："因不可抗力不能履行合同的，根据不可抗力的影响，部分或者全部免除责任，但法律另有规定的除外。当事人迟延履行后发生不可抗力的，不能免除责任。"本案项下政府停产限产要求从 7 月便已实施，即不可抗力因素发生在国内出口商履行合同期间，根据法律规定和国内出口商与境外买方的合同约定，国内出口商可向境外买方主张因不可抗力的存在而不能履行涉案合同项下的出运货物义务。

三、启示与建议

不可抗力制度（force majeure）源于《法国民法典》和《德国民法典》，根据这一制度，如果因为当事人意志以外的事件，造成对履行该合同来说是不可能克服的障碍，自然该允诺的道德义务便消失。英美法系中，亦产生了与不可抗力制度相当的"合同落空"（contractual frustration）制度。因此，即便合同当事人在合同中未明确约定不可抗力条款，也可以直接依照相关准据法中的不可抗力制度主张免责。

上述案例中，由于前些年国内加强了环境保护的力度，政府在某些时段向国内企业发布限产停产决定，进而影响到国内企业向境外买方完成交货，该种事件若可以被认定为不可抗力事件，国内企业对不履行义务就不再负有责任。倘若国内公司之后再遭遇类似不可抗力事件，笔者建议企业工作人员要及时采取如下措施：

（一）通知义务和证明文件

《民法典》第一百一十八条规定："当事人一方因不可抗力不能履行合同的，应当及时通知对方，以减轻可能给对方造成的损失，并应当在合理期限内提供证明"。由此可见，在适用中国法的合同下，当事人一方虽因不可抗力不能履行合同，但仍有义务在合理期限内将不可抗力的相关情况告知对方，并提供相关证明文件；否则，该方可能仍应承担不履行合同的相应责任。

就前述证明文件，在国际贸易实务中，一般认为，受不可抗力影响的一方所在国家或地区的商会或其他相关机构出具的不可抗力事实性证明的证明力度相对较高。不可抗力证明属于贸促会商事证明文件中的事实性认证，也是贸促会最具代表性的事实性认证，由贸促会根据申请人提供的相关佐证文件、材料对与其涉外经贸活动相关的事实的真实性给予证明，其合法性与有效性为世界众多国家的政府、海关、商会和企业所接受，具有广泛的国际认可度。

（二）减损义务

《民法典》第一百一十九条规定："当事人一方违约后，对方应当采取适当措施防止损失的扩大；没有采取适当措施致使损失扩大的，不得就扩大的损失要求赔偿。当事人因防止损失扩大而支出的合理费用，由违约方承担"。鉴此，当事人在履行合同的过程中，如果一方出现了违约行为，另一方当事人不能无动于衷，任凭损失的扩大，而应当积极采取措施，尽量减少损失。即使在受疫情影响下，致使合同无法履行，作为无过错方的国内企业仍须注意其负有减损义务，应采取相应措施减少境外买方的损失。

"小"标识 "大"风险

——违反原产地标识规定致严重经济损失

华泰保险公估 夏 萍

摘要： 某出口企业向沙特阿拉伯出口一批设备件，因货物缺少原产地标识，违反了当地的法律规定，货物被海关扣留不予清关，并被认定为商业欺诈，将面临海关起诉以及超过货值的高额罚款。多国对于货物原产地标签、标识有严格的规定，违反相关规定，将导致退运、罚款甚至销毁货物，给出口企业造成重大损失。

一、缺少原产地标识，货物被海关扣留

国内某出口企业 V 向沙特阿拉伯客户 L 出口一批设备件，货值 9 万美元，贸易术语为 FOB。货物于 2019 年 7 月从深圳蛇口港装船出运，2019 年 8 月抵达目的港沙特阿拉伯 Riyadh 港。8 月 18 日客户 L 收到到货通知，于 8 月 19 日向海关提交清关材料。然而，目的港海关在抽检过程中发现此票货物缺少原产地标签，仅显示有"Technology deriving from USA"。海关于是扣留涉案货物，不予清关。沙特海关当局认定此案为商业欺诈，禁止退运，并将处以高额罚款。

二、原产地标识的相关规定及补救措施

（一）原产地标识的相关规定及后果

随着世界贸易组织相关协议的生效和世界各国知识产权制度的不断完善，世界很多国家都对进口货物的原产地标识做出了规定，包括美国、欧盟、中东和南美等地区的国家。

沙特关于原产地标识的规定为：2009年2月1日起，对于抵达沙特阿拉伯的所有进口货物，进口商品的原产国（Country of Origin/Made in…）必须以标刻或贴纸等无法移除的方式铭记在所有货物上，外包装盒/纸箱也必须印刷注明原产国，并且与原产地证书（CO）的细节也必须一致。如果货物带有双重原产地标识或误导消费者的信息，货物将被转移到沙特海关当局的法律委员会，由其认定是否构成欺诈。

美国、欧盟、南美等一些国家地区也有关于原产地标识的规定，一般要求原产地标识必须显而易见、易于识别，标注原产地标签的方式需合理等。违反其规定，将导致退运、罚款甚至销毁货物。

（二）原产地证书不能代替原产地标识

涉案货物被海关扣留之后，买方向海关提交了所有原产地证明材料以及保证书，试图办理清关手续，但是被拒绝。

原产地证书与原产地标识作用不同，不能代替原产地标识。原产地证书是货物清关时使用的用于证明货物原产地的文件材料，原产地标识则是印刷或者加贴在货物包装上表示货物原产地的标签。虽然两者目的相同，但是作用不同。原产地证书主要用于清关和结税使用，原产地标识则是方便消费者辨明产品原产地，在货物出口时两者缺一不可。

（三）原产地标识问题难以补救或补救成本较高

原产地标识方面发生的问题较难进行事后弥补。比如货物在运抵目的港后如果被海关发现没有原产地标识，那么就无法在当地添加该标识，只能退运回来之后才能添加。如此往返，不仅将给企业带来很多不必要的麻烦，并且会造成经济损失。如果当地禁止退运，那么该批货物可能将被销毁，出口企业可能将无法收回货款，并且还可能面临更高额的罚款。因此，原产地标识方面发生问题，往往难以进行事后补救，即使可以补救，成本也可能会很高。故出口企业应引起足够的重视。

三、风险启示和建议

原产地标识的规定并不是近年发布的新规定，也不是近年才开始实行的。但是由于海关检查的方式是抽检，有些无原产地标识的货物可能由于未被抽检到而得以侥幸过关，因此很多出口企业对此并不重视。近年来，国外海关对货物原产地标识的查验逐渐严格，对没有标识原产地标签的产品实行退回、扣押等多种措施，许多企业遭受巨额损失。从国家商务部网站上发布的案例显示，余姚某企业出口沙特阿拉伯的货物上因为加贴的原产国标识采用了纸胶贴的方式，不符合该国"需通过铭刻或不可清除的印刷方式标明"要求被退运。国内其他企业也发生过因为原产地标识标记未标或标识错误而导致退运或罚款的事件，给贸易双方带来了很多不必要的麻烦。

原产地标识虽小，但影响重大，若不予以重视，"小"标识将引起"大"风险。为此，提醒相关出口企业：

1. 了解进口国原产地标识相关法规，准确掌握原产地标识要求，同时应加强与检验检疫部门联系，及时获取相关原产地标识法规信息。

2. 加强相关产品原产地标识的符合性审查。企业外贸部门在签订订单前应与国外客户充分沟通，明确产品原产地属性，在法规框架内确定产品的原产地。出口时除办理原产地证书外，还要在货物的包装或者唛头上标明"MADE IN CHINA"，以减少被退运的风险。

3. 严格按照规定组织生产。生产过程中，企业应保证产品标签、标识信息准确无误，加施牢固，并加强最终产品原产地等信息的验证检查，确保产品符合出口目的地关于原产地标识的法规要求。

四、其他重点国别和地区对原产地标识的要求

（一）美国

根据美国《消费品安全法案》（CPSIA），所有出口到美国的消费品都需要有2个溯源标签：标注原产地，即"MADE IN CHINA"；标注具体的产地和批号以便和其他产品分开，出现问题后可以溯源追踪。原产地标签必须为英文字样，必须显而易见、易于识别，标注原产地标签的方式需合理，且符合美国海关标准。美国洛杉矶口岸海关尤其严格，对不符合要求的货件经常有扣关现象。一旦因为原产地标签问题被扣关，只有两种处理

方式：退运或销毁。

（二）欧盟

欧洲委员会为了加强现行的消费品监管架构及消费品安全，于 2013 年 2 月 13 日就产品安全及市场监察问题提出一系列立法议案。根据议案，生产商或进口商必须确保在欧盟销售的所有产品，无论是否来自欧盟，均标示产品原产地。若产品因尺寸及/或性质关系不能在其上标示原产地，须在包装或附加文件上标示原产地。在欧盟某个成员国制造的产品，其原产地标签可以标示产品的原产地为欧盟或该成员国。此外，该产品安全法规草案亦规定在欧盟出售的所有产品，必须提供生产商名称及地址。

纺织品方面，欧盟于 2012 年 5 月 8 日实施的（EU）NO.1007/2011 法规规定，纺织产品的标签须正确标注原产国，一件纺织品的纺纱、织造、整理或者缝制几个制造过程中至少有两个环节在欧盟生产，才被视为是原产于欧盟国家的纺织品。如从第三国进口的产品，应强制规定附有原产地标签。

家具方面，2011 年 3 月 3 日生效的欧盟《原产国标签法》要求，进口到欧盟市场的木制品必须获得 FSC "身份证"，即证明生产企业采购的木材产自合法开发的森林。没有"身份证"的木材生产的家具不能出口到欧盟。

（三）南美地区

南美国家对于原产地标识也有强制性要求。此前就有一家出口到智利的外贸企业，由于忘贴原产地标签，被当地海关查到了，被处以 4000 美金的罚金。

再比如阿根廷。阿根廷关于原产地标签的一般性规定：如果该商品本身带有标识，原产地标识也应出现于明显位置；应在该商品的容器、包装物或主要标签上的明显位置标示原产地。但如果主要标签太小不足以标示原产地，则要求另加一标签标示出原产地。标签要与容器上主要标签置于同一侧。

· 250 ·

装港检验还是卸港检验？

安徽分公司　蒋　亮

摘要： 国际贸易中，关于货物品质的检验条款千差万别，但从检验时点上看，基本可以概括为装港检验具有最终效力和卸港检验具有最终效力两种方式。虽然仅是检验时点的差异，但出口企业承担的责任和风险却大有不同，如出口企业未制定较为合适时点的检验条款，则极易在合同执行中与买方发生纠纷，进而遭受钱货两空的局面。本文通过一宗贸易纠纷案例，对如何在合同中设定质量检验的时点进行分析，帮助出口企业控制和规避风险。

一、基本案情

出口企业 A 公司于 2016 年 4 月向西班牙买方 B 公司出运了一批天然蜂蜜，贸易术语为 FOB，买方指定承运人运输。买方提取货物后拖欠款项，A 公司多次催讨无效后，向中国信保报损，并委托中国信保向买方 B 公司进行追讨。

二、调查进展

经中国信保调查，买方 B 公司表示产品存在质量问题，拒绝支付货款，并提供了由 Intertek 实验室出具的检测报告，显示蜂蜜中某指标超标。经与 A 公司核实，A 公司表示其产品不存在任何质量问题，并提供了出运前工厂的检测报告，以及中国商检出具的检测报告，均显示货物指标符合合同约定。同时，A 公司提出合同成交的价格条款为 FOB，在货物交付买方指定运输方并装港时，其已经保证了产品品质符合要求，因此买方没有理由拒绝支付货款。但 B 公司对上述情况并不认同，并提出根据合同约定，产品品质以卸港检验结果为最终结果，因此，应判定产品质量不合格。

经审核，贸易合同中明确规定："The seller authorizes the buyer to open the container at port to take necessary samples requested by the Spanish veterinary authorities, or to certify the contents of the container in the case of non-conformity the contract can be revoked"。上述条款约定卸港检验结果对产品品质具有最终效力，A 公司的装港检验结果虽然为权威性检测结果，但并无最终约束力，应以买方的卸港检验报告为准。针对上述条款，A 公司虽认为买方变相的将出口商的保证产品质量的时间和地点延长到了卸港，是显失公平不合理的，但合同就是合同，由于上述条款确经过贸易双方认可，A 公司陷入了反驳无门的尴尬境地。

但经中国信保进一步调查，发现买方质检报告的样品送检时间竟是在货物到港 2 个月之后，且海外渠道调查后发现买方 B 公司的实际提货日期也是在货物到港 2 个月后，在货物到港至买方提货期间，货物一直滞留在港口，未采取任何合理的仓储处理。根据行业资料显示，买方所提出的超标的某指标对温度的依赖性较高，在高温环境下会加速生成。经中国信保进一步与蜂产品协会沟通后获悉，依据当地平均气温，如蜂蜜滞留港口不采取有效的仓储措施，其相关指标值会显著增加。

根据上述调查结果，中国信保立即向买方 B 公司提出反驳，在各项确凿的证据面前，B 公司终于承认其未及时提货和付款的主要原因是产品市场价格下降，并提出折扣和解方案，后经多轮磋商，贸易双方达成了和解。

三、启示与建议

上述案例中，虽然出口企业取得了相对圆满的处理结果，但案件处理的过程困难重重，归根结底是由于出口企业与买方签订了显失公平的卸港检验条款。因此对于出口企业来说，为最大程度保障权益，建议出口企业在贸易合同中与买方约定"装港检验具有最终效力"的检验条款。

（一）启示

1. 有效对抗买方的卸港检验

货物到港后，出于进口海关要求等因素，买方一般会对货物做卸港检验，但由于检测机构、检测方法的差异，卸港检验结果可能会与装港检验结果存在差异，且部分国家贸易保护主义日趋升温，买方所在国检测机构的检测结果可能会"失真"，如贸易合同中未约定装港检验结果具有最终效力，则出口企业可能面临较为困难的局面。

2. 有效避免卖方责任的扩大

某些情况下货物出现品质问题系由于承运人的不当操作、运输、储存等在运输途中发生的，上述情形对出口企业而言也无法规避。在 FOB 贸易术语下，货物运输途中的毁损、灭失等风险应由买方承担，但如贸易双方约定卸港检验条款，实际上变相的将买方应承担的相关责任转嫁给了出口企业。

3. 有效及时处理存在问题的货物

在货物出运前进行检验，如发现货物存在品质问题，应尽快进行调换、修理等工作，保证出口货物的品质，相较于卸货港质检而言成本较低，同样也能避免退运、弃货等损失。

（二）建议

对出口企业而言，争取到"装港检验具有最终效力"的检验条款可能面临较大困难，如在不得已的情况下需在贸易合同中签订"卸港检验具有最终效力"的条款，笔者提供以下建议：

1. 卸港检验条款应尽量完善

如果签订"卸港检验具有最终效力"的条款，出口企业应尽量对该条款予以完善，具体可以采取：（1）约定由双方都认可的第三方检测机构进行卸港检验；（2）对检验方法进行详细约定，例如如何抽取样品、样品的数量，采取何种检测方法等；（3）对送检时间进行明确规定，约定超过送检时效则检验结果无效等。

2. 设定"质量—价格"的调整条款

签订"卸港检验具有最终效力"的条款后，如出现检验结果不符，买方有权拒绝接收货物或拒绝支付任何货款，但如果在合同中设定"质量—价格"的调整条款，例如"检验结果显示某指标超出××%，则价格下调为××""某含量不足××%，则价格下调为××"等，则可以在一定程度上防止买方因轻微质量瑕疵拒绝接收货物或拒绝支付全部货款的风险。

贸易纠纷篇

无惧纠纷 巧用法律武器维权

贸易险理赔追偿部 孙 悦

摘要：在国际贸易交往中，常常会出现各种纠纷，特别是对于农产品而言，较容易产生质量问题；由于农产品本身附加值低，仓储物流成本高，产品质量检验的耗时较久且费用不菲，给出口企业带来较大负担。出现纠纷时，出口企业往往在应对上主动性不够，积极性不强，整体处于较为弱势的地位。但实践中，也不乏一些成功处理纠纷的案例，这些出口企业合同约定较为明确，合同履约管理到位，在买方提出质量纠纷时，能够积极利用在手权利，拿起法律武器与买方对抗，最终有效减损，值得学习和借鉴。

一、案例背景介绍

国内出口企业 A 公司（以下简称"A 公司"）于 2016 年 7 月至 9 月向英国买方 B（以下简称"买方"）出运 7 票货物（松子），货值 100 万美元，买方收货后拖欠货款。

中国信保接到 A 公司通报可损后，立即委托律师介入调查。经查，买方承认贸易，但提出本案项下货物存在严重质量问题（口感、气味及毒素超标），要求抵扣本案项下全部货款，买方就其主张提供了第三方机构出具的检测报告。但经过律师调查发现，买方早已将本案项下货物全部出售。

面对买方提出的质量纠纷，A 公司积极着手准备抗辩材料，主张：一是根据双方签署的《销售合同》约定，货物质量异议期应为"到港日后 30 天"，而买方提出异议的时间为货物到港三个月后，已明显超过上述质量异议期；二是 A 公司提供了货物出运前经由第三方机构出具的检测报告，证明产品质量合格，并已经买方确认，故 A 公司对买方的扣款主张不予认可；三是 A 公司提出，如货物质量存在问题，则买方不可能已悉数卖出，该出售行为本身即说明货物质量符合约定标准。

二、案件处理过程

（一）买方存在恶意，积极仲裁维权

根据中国信保调查，买方在 A 公司积极抗辩后，采取明显回避态度；另外调查得知，买方总体财务状况较好，有较强的流动性和偿付能力。考虑到本案应收账款债权较大，为尽快推动减损，中国信保及律师建议 A 公司依据合同仲裁条款（中国国际经济贸易仲裁委员会），积极拿起法律武器，维护自身权益，尽快提起仲裁。

（二）仲裁主要争议焦点分析

买方收到送达文件后，遂聘请律师进行抗辩。在仲裁过程中，双方主要围绕以下两个问题展开辩论：

1. 合同适用问题

买方认为，除本案《销售合同》外，A 公司还签署过《原材料明细》（Raw Material Specification，RMS），即买方下订单后，A 公司需到买方指定的第三方网络平台上填写原材料明细相关信息，签署电子签名，在最后提交时有关双方权利义务的一般条款会自动跳出窗口供 A 公司确认。RMS 中关于双方权利义务的一般条款并不包含"质量异议期"，因而买方可在任何时间提出质量异议。

A 公司认为，在签署 RMS 时，A 公司并未与买方就货物买卖达成所谓的"主合同或者框架性合同"的真实意思表示。而根据中国合同法，合同成立的第一要件就是双方应当达成合意，真正约束本案贸易的应当是单独签署的《销售合同》。此外，即使 A 公司曾经签署过买方提供的一般条款，但《销售合同》签署时间迟于一般条款，且就质量争议异议期进行了特殊约定，效力应该优于框架性合同的一般条款。

2. 质量检验报告

关于质量问题，双方都提交了检验报告，但是结论却完全相反。A 公司认为，无论是货物启运前还是在争议发生之后安排的检验，检验结果都显示货物的质量不存在任何问题。况且买方仓库中并无存货，本案货物已实现销售，客观上说明货物质量达到出售标准。另外，买方提交的检验报告中提到的样品并非双方联合采样，A 公司并不认可其与涉案货物有任何关联。

（三）仲裁庭意见

仲裁庭认为，根据买方提供证据，本案项下货物虽以 A 级（优质）出运，但买方销售时有将近 30% 左右的货物以较低等级的 B 级或 C 级出售，据此认定货物质量存在一定问题。A 公司表示，本案货物是农产品，转卖时货物已经过了长达数月的反复运输、存储和筛检，且期间天气较为炎热，出现质量降级也属正常现象。由于双方就此问题争执不下，同时考虑本案产品特性，仲裁庭准确判定责任需要做进一步深入取证质证，本着公正优先，兼顾效率原则，仲裁庭积极促成双方和解。

（四）达成一次性和解方案

考虑本案仲裁已耗时近两年，A 公司已投入大量精力，继续鏖战对双方均不利：对 A 公司而言，如最终获得胜诉裁决，还需在英国法院申请承认及执行，届时如买方财务状况恶化、转移资产、或申请破产，则能否真正实现减损存在较大不确定性；对买方而言，仲裁费用持续增加。在仲裁庭的主持下，买方主动提出 60 万美元一次性支付和解方案，综合案情中国信保建议 A 公司接受和解，并在仲裁庭的督促下，促使买方尽快付款。

三、启示与思考

（一）不惧纠纷，主动出击

本案是一宗较为典型的农产品纠纷案，买方收到货物后，以质量问题为由拖欠全部款项，如出口企业不能当机立断，主动迎击，势必造成巨大损失。本案中，出口企业 A 公司在合同签订和履约过程中，管理到位，严把风控，诸多有利条件最终成为案件解决的突破口。在国际贸易中，A 公司敢于拿起法律武器维护自身权益，通过仲裁施压最终达成和解，挽回损失，值得借鉴和学习。

（二）把握时机，及时减损

实践中，面对胡搅蛮缠的买方，出口企业有时会抱着"争一口气"的想法，与买方"一打到底"，据理力争，拒绝让步，结果白白错失了和解时机，虽然获得了一纸胜诉判决或裁决，买方却早已转移资产或破产停业。本案中，面对继续仲裁的成本及买方经营恶化的风险，A 公司综合考虑案件争议和货物性质，最终秉承务实的态度，积极达成一次性还款方案，不失为一种明智的选择。

（三）通力合作，共渡难关

出口企业投保了出口信用保险后，当买方信用风险发生时，充分利用中国信保的海内外律师资源平台，梳理案件，通力配合，共同寻找案件的突破口。本案中，A 公司对中国信保充分信任，在案件处理的关键节点上，都很好地采纳了海内外律师的专业意见，并积极主动配合各项工作，最终使案件圆满、妥善解决。

浅谈与国际大客户进行出口贸易的风险防范

宁波分公司　许宁颖

摘要：近年来，我国出口企业获得了越来越多与国际大客户的合作机会。然而，与国际大客户开展交易并不意味着可以忽视风险。我们在多年的案件处理中发现，相较大买家强势的贸易地位和严密的自我保护，出口企业大多数缺乏防范意识与措施，一旦出现收汇障碍往往难以应对。本文梳理与大买家交易中常被忽略的四个主要风险点，提出五个方面的风险防范建议，供广大出口企业参考。

一、案情简介

2014年6月，中国信保接到某出口企业A通报可能损失，称其于2014年3月至4月向某大型百货零售商S集团公司出运了约30万美元的货物，但应付款日到期后S集团未如期全额支付货款，拖欠余款约25万美元。

接案后，中国信保随即与买方进行联系，同时搜集单证以了解基本案情。但在案件审核中发现，A出口企业的贸易对象实为S集团的两家子公司R公司及K公司。经过与企业的反复、详细沟通，中国信保发现了其中缘由：A出口企业一直与S集团驻香港办事处的工作人员联系贸易事项，且所有订单均从S集团注册的商务平台进行下载，因此误认为S集团即为合同买方。但A出口企业一直未在意订单列明的买方并非S集团，而是R公司或K公司，也未曾留意贸易总合同中已列明买方为R公司和K公司。

与此同时，买方律师出面回应了货款拖欠事件。其表示A出口企业要承担的"不合格产品"反索赔金额与拖欠货款余额持平，因此两者相抵不存在未了债务。在被要求就扣款进行举证后，买方律师出具了一份A出口企业签署的贸易合同附属协议，其中约定，"由卖方承担买方在条款所列产品不合格情形下产生的各项费用"，条款所列情形多、范围广，使买方对货物"不合格"的举证变得轻而易举。

不仅如此，协议还约定，"买方对于根据附属协议中卖方须承担的货币性责任，可自行在货款中进行扣除。"而A出口企业直到买方依据上述附属协议主张大额扣款时，才发现自己签署的贸易合同中竟有如此的"霸王条款。"

二、案件剖析

本案比较集中地反映了与大买家交易的风险，即当大买家拖欠货款时，其特有的市场地位、团队实力、交易模式等，增加了出口企业全额追回欠款的难度。这类风险点容易被出口企业所忽略：

（一）大买家关联公司众多，参与人角色重叠，交易主体辨析难度增加

大买家的关联公司良莠不齐且各自独立承担付款义务，它们可能以不同角色参与贸易，如代理人、收货人、付款人等，而工作人员的身份也多有重叠。这使得贸易流程"枝节"繁多，增加了出口企业辨别交易主体的难度。如果错认贸易主体，仅凭对大买家"联系人"的信任，以及过往的交易历史来开展相关贸易，而不对实际交易方进行核实、调查，其中的风险不言而喻。

（二）大买家法律团队强大，贸易合同严密周全，自我保护意识极强

大买家多配备专业法律团队，其专业性在贸易合同厘定中即可见一斑。除了对基本贸易内容作出详尽约定，合同对大买家在不同环节、阶段、情形下的权益进行了充分保障。对比大买家的专业严谨，国内出口企业往往碍于语言及法律方面的不足，未对合同进行充分阅读和理解，甚至在出现纠纷后才发现合同中诸多的不利条款。

(三) 大买家行业地位较高，部分出口企业的妥协趋于盲目

大买家的强势与出口企业的适当退让，在当前买方市场情形下难以避免。但部分出口企业对大买家的盲目妥协已成为一种习惯：对自身的权利让渡没有清晰认识，对协议背后的连续性后果与损失更没有预判，直到买家拿着自己签字的协议上门主张权利时，才恍然大悟。

(四) 大买家业务操作规范缜密，各流程档案齐备，应对贸易纠纷举证完整

中国信保在处理涉及贸易纠纷的理赔案件中发现，大买家对其主张多能有效举证，即使涉及时间久远的历史交易，也能提供较为完整的证明文件。而出口企业的业务管理相对粗放，在应对贸易纠纷时往往因缺乏留档文件而陷入举证不力、权利难以主张的局面。

三、启示和建议

大买家虽然销售额大、具有良好的品牌和成熟的销售渠道，但其自身经营仍然受到管理层决策和市场等诸多因素的考验，也会在外部风险扩大时引发自身风险导致拖欠甚至破产。中国信保在理赔追偿实践中发现，一旦发生收汇障碍，大买家的市场地位、团队实力、交易模式都将成为双刃剑。

(一) 辨清交易主体，规范贸易关系

相较中小出口企业，与大买家的交易存在更为复杂的流程和更多的参与方。出口企业应注意厘清各环节中每个相关方扮演的角色，尤其要抓住销售合同关系主线，排除其他干扰因素，找准实际合同买方。继而有针对性地对买方资信进行调查，避免"认人不认公司主体"的情况发生，错以大买家的整体市场地位和资信实力为依据，与其他关联公司建立贸易关系甚至进行赊账交易。

(二) 认清合同地位，厘清各方权利义务

与大买家交易时，出口企业应格外重视贸易合同的地位。在建立贸易

关系之初，须对合同进行仔细审阅，明晰关切自身利益，尤其是确定出口方义务与责任的条款内容，必要时可聘请法律专业人士帮助解读与把关。虽然与大买家之间的贸易地位存在差距，但出口企业仍要在合理的、可商榷的范围内尽量保障自身利益，对显失公平、难以实现的条款约定，应事先予以明确拒绝。切不可为了一时的业务需求，种下后患无穷的苦果。

（三）遵守合同约定，及时处理违约事件

"契约自由"是国际贸易中的一项基本原则，合同生效后即产生约束力。即使合同条款对某一方不利，该主体也必须遵守约定，如有违反，另一方即可依据约定追究违约方的责任。因此，一旦签署了合同或任何协议，出口企业就应依据约定履行义务。如果履约中出现了违约行为或预期违约，应及时与买方协商处理，并应特别保留"违约事件已完整解决"的书面凭证，规避"口说无凭"或留下敞口导致后期"被翻旧账"的风险。

（四）加强业务管理，规范关键环节操作

除了在贸易初期关注买方身份和合同约定外，出口企业应注重贸易的过程管理：跟踪货物流向和提取情况，定期与买方就应收账款进行核对，留心买方风险异动等。此外，建议出口企业加强档案管理，保留关键节点除常规单证外的书面材料，尤其对特殊事件的处理或给予买方的权利让渡，须保留完整书面证据。例如，常见的给予大买方让利以维护贸易关系的，可依次记录"让利"的时间、金额和性质，以备未来与大买家"理论"的不时之需。

（五）提升辅助技能，增强综合能力

除了提高市场营销和业务拓展能力外，出口企业应注重业务人员辅助技能的提升。包括对基本法律知识的掌握和对语言的应用能力，以更好地适应与大买家交易的要求。尽量避免因法律常识的缺乏和语言能力的不足造成对贸易关系的判断错误、合同条款的理解不足、双方沟通的不充分等问题，最终影响企业的实际利益。

三招帮助出口企业处理和防范"质量争议"

河北分公司 孙 曼

摘要： 当前，国际经济形势持续低迷，国际市场需求疲弱，收汇风险明显增加，"质量争议"这个千古纠纷难题却从未缺席。本文旨在通过一则具有广泛借鉴意义的质量纠纷案例，提醒广大出口企业在关注新型风险的同时不忘关注"质量争议"，提高自我保护的能力。

一、基本案情

2018年11月11日，河北省一家外贸企业A公司向美国买方B公司出运一票货物（铸铁园艺用品），发票金额28.3万美元，约定支付方式为OA60天。买方提货后提出货物存在"质量问题"不予支付货款，并提供第三方检测报告。A公司遂就该票出运向中国信保报损。中国信保接到报损后，第一时间委托海外律师追讨。就买方主张，出口企业抗辩称：（1）货物出运前买方曾派国内办事处人员进厂验货；（2）买方提供的第三方检测报告是其自有实验室进行的，出口企业对检测标准不认可。但出口企业未能提供产品出厂前的有效检测报告，也无法就其抗辩内容提供必要的证据。经查询，双方签署的贸易合同并未约定具体的检测机构和标准。

二、风险防范启示

中国信保发现，在贸易实务中很多出口企业未对如何防范"质量争议"予以足够的重视，认为这只是买方寻求延期付款或者寻求折扣的一个借口，给买方一点"优惠"，自己吃点亏，这个问题也就解决了，并不会带来严重的损失。但从中国信保处理的案件来看，这个问题是阻碍确认双方债权债务关系的高频词汇，严重影响出口企业权益。本文在此提出三点建议，以期帮助企业最大程度防范质量纠纷：

（一）注意完善合同条款

为防范质量争议以及出现质量争议后解决问题时有据可依，建议贸易合同中要约定"质量异议期""货物品级和具体检测标准"等条款。生鲜类产品尤其需要约定"质量异议期"条款。如果条件允许，最好在出运前出具一份权威的第三方检测报告，以防货物在运输、装卸和买方储存过程中出现问题；对于非生鲜产品来讲，"质量异议期"作用没有生鲜类产品那样有力度，这时候"货物品级和具体检测标准"条款就显得尤为重要，这两条约定可以有效防止买方以高于合同原订的产品标准来要求和检测产品，同时也是出口企业为自己产品质量进行抗辩的有力武器。

（二）注意留存书面证据

书面证据是保障出口企业权益的利器，也是我国出口企业一直以来比较薄弱、容易忽视的一点。本文再次郑重提示出口企业，书面证据是解决一切未在合同中明确约定的问题的依据。因此，请广大出口企业在发生包括但不限于以下重大变化或贸易节点环节时注意保留买方书面认可的证据：

1. 合同条款发生变更，比如买方认可的发货时间延期；
2. 买方确认样品；
3. 货物出运；
4. 催收货款；
5. 买方验货后认可质量并同意出运；
6. 买方还款承诺。

对于一些特殊行业做不到出厂前检测的情况，建议在货物出运前要获得买方对产品质量的书面认可。

（三）据理力争并灵活协商解决问题

上述两点都是防范出口企业不存在贸易合同履行瑕疵，而买方以"质量异议"为借口拖延付款、拒绝付款的情况。如果发生出口企业确实存在一定"质量问题"的情况，则建议出口企业不要盲目采取强硬态度或者发起法律程序，而是应以和缓的态度争取买方谅解，先将无争议部分的债权进行确认和追讨；同时从专业角度和合同条款出发就有争议的产品进行问题分析和说明，以明确产品问题的严重程度，防止买方"狮子大开口"，并与买方就争议债权达成最大限度的减损和解协议。在此过程中，中国信保也会全程为广大出口企业提供全面、专业的处理建议。

说不清的债务关系

——探讨确认债务主体的重要性

河北分公司 孙 曼

摘要： 受中华文化习俗和商业习惯影响，中国企业在出口贸易中经常会出现只认"人"而忽略贸易主体的情况，特别是随着贸易双方交易的深入，双方感情和信任也随之升温，出口企业经常会因此而忽视合同债务主体，只以联系人为债务人，结果导致风险发生后，出口企业无法与合同买方确立债权债务关系。尤其是当国外买家有华人背景参与的情况下，这种现象更为突出，严重影响了出口企业的海外应收账款权益。本文通过一则债权债务关系不清的交易案例，向广大出口企业提示认清合同贸易主体、明确债权债务关系的重要性。

一、基本案情

河北省某家老牌外贸企业 A 公司，跟美国一家具有华人背景的 B 公司从 2008 年开始合作，双方历史交易情况良好。2014 年 12 月，买方再次订购一批货物，应收汇日后并未如常付款。A 公司遂向中国信保报损。报损后，经中国信保海外渠道追讨发现，在拖欠风险发生后，买方 B 公司曾向 A 公司的母公司 M 公司汇过一笔款项，B 公司称此笔款项就是偿还 A 公司货款，系 A 公司指示其付至 M 公司。但 A 公司坚称此笔汇款是偿还 B 公司与 M 公司旧账。双方就此笔款项产生争议，但均无法提供证据证明自身主张。同时，案件项下三笔出运中的一票货物，订单买方不是限额买方 B 公司，而是 B 公司法人的胞弟开的公司 D 公司。拖欠风险发生后，中国信保向限额买方追讨债务，买方 B 公司明确否认这票货物的交易，而出口企业 A 提出货物发给 D 公司也是 B 公司指示，以往历史交易中也有这种情况，将货物发给 D 公司，但由 B 公司进行付款。不过，出口企业 A 公司无法提供相应证据证明交易主体就是 B 公司。

二、案件分析和启示

上述案件因债权债务关系不明确，且出口企业无法提供有效证明材料，导致中国信保无法进行正常定损核赔。此外，由于缺乏相关证据，出口企业也很难通过法律途径确认债权。综合来看，这是一起非常典型的混淆贸易主体的案例。A 公司的母公司、B 公司法人胞弟的公司 D 公司，这两个本与此案贸易无关的企业，因为交易习惯的不规范成为债权债务关系确认的拦路虎。

通过上述案例分析，我们从这则案例中可以得到以下几点启示：

（一）明确合同交易主体

债权债务关系的确定基于贸易合同的签订，贸易合同项下的买方才是有付款义务的主体。一旦贸易主体发生变化，则一定要重新签署合同或者签署合同补充协议，以保证债权的顺利执行。

（二）树立合同相对性的认识

合同相对性是指合同项下的权利义务只能赋予当事人，合同只能对合同当事人产生约束力，而非合同当事人不能申请强制执行合同。合同仅于缔约人之间发生效力，对合同外的第三人不发生效力；合同缔约人不得在合同中约定涉及第三人利益的相关事项，任何一方缔约人不与第三人发生权利义务关系，否则合同无效。

（三）及时对账、逐笔清算

出口贸易实务中，经常会发生买方指示下游买方或与其有债务关系的第三方公司直接付款给出口企业，以及买方直接付款给出口企业工厂的情况。贸易会随着第三方的加入变得纷杂烦乱，这种情况下，要及时将逐笔收汇款项和应收账款余额——与买方进行书面，至少是邮件的确认，防止买方赖账。同时，这对出口企业自身应收账款管理也是极大的帮助。

（四）留存相关书面证据

无论是向中国信保索赔，还是倚仗法律途径主张债权，书面证据都是必不可少的证明债权债务关系的文件。从本案例中可以看出，贸易双方对自身权益主张均无法提交相应书面证据。这也是贸易实务中经常发生的现象。由于没有书面证据，买卖双方经常陷入"公说公有理，婆说婆有理"的尴尬局面。从中国信保处理的案件来看，多数陷入僵局的理赔案件均是由于缺乏书面依据，无法采信当事人的主张。因此，建议出口企业即便是口头沟通的事宜，最好也在电话沟通一致后追一封邮件，就电话商讨的事宜做书面确认。

（五）谨防杀熟

从中国信保处理过的案件来看，对于熟人介绍或者因为交易成为"朋友"的国外买方，由于对出口企业的经营情况、交易模式及风俗习惯都更为了解，所以存在不同程度的"杀熟"风险。且出口企业会因为莫名的"亲切感"而放松警惕，给买方更为宽松的贸易条件。本案例也正是提示出口企业，对有"熟人"背景的买方应继续保持谨慎，给予适当关注，以免发生不必要的风险。

（六）区别"人"和"法人"

在国际贸易实务中，很多企业与买方的合作都始于一张名片、一次交易会上的商谈或者只是一个电话，那所谓的买方联系人到底是否真的是合同买方公司员工，或者其是否有能力代表其公司进行下单，都需要引起出口企业的重视。中国信保在勘查中曾发现多起案件中出口企业一直联系的"买方"并不是"合同买方"公司的员工，而是一个已经离职或者根本毫无关系的个人行为，这种欺诈行为会给出口企业带来非常大的损失。所以，建议广大出口企业不要单纯联系买方的一个人，应通过公开信息、工商注册信息或者资信报告与买方确认联系人的身份和职位，防范欺诈风险的发生。

中国信保协助企业化解质量问题纠纷

天津分公司　郭雅雯

摘要：国际贸易中，买方主张质量问题拖欠货款情况非常普遍。因地域问题，相比国内业务，买卖双方对质量问题的沟通化解难度升级。本文主要介绍的是在买方主张纠纷且证据充分的情况下，中国信保、出口商、律师如何有效合作，将出口商损失化解到最小的情形。希望通过该案例的介绍，为同类案件的处理、解决提供参考，为出口企业在签订合同、出口产品时提供相关风险建议。

一、买方主张质量纠纷，要求大额折扣

2018年8月间，中国出口企业A公司向印度买方B公司出口无缝钢管，出运共计2票货物，合计金额35万美元。合同约定30%预付款，剩余OA80天付款。买方支付了预付款11万美元后A公司出口，因买方拖欠货款，A公司向中国信保报损并委托中国信保律师介入追讨。

律师联系买方B公司追讨欠款，B公司主张产品在厚度方面不符合合同约定，并出具第三方（Lloyds）检验证明。针对该问题，买方反复提出解决意见。先是向律师提出5折和解，后又不同意和解，要求退货、出口商A公司退回预付款并且补偿其仓储、运输、下游反索赔等各种损失。律师赴买方处多次协商解决，买方再次主张只能5折和解。

针对上述情况，中国信保与出口商A公司密切交流，A公司反馈买方实际采购的产品就是价格较低的低档次产品，买方为了顺利销售给下游买方，要求A公司配合在合同、发票等单据上显示产品为更高档次商品。因买卖双方有合作历史，且买方支付了部分预付款，A公司配合买方出具了

相应的与产品规格不符的单据。后期因买方资金紧张拖欠货款。故 A 公司认为买方故意陷害，5 折和解属于狮子大开口，不同意该和解方案。

二、案件胶着，中国信保介入把控方向

中国信保在与出口企业的反复会议交流中发现了一个细节，即买方在微信中多次承诺还款，虽也提出上述质量问题，但要求的折扣非常小。中国信保认为买方面对不同的催债主体态度不一样，主要原因是买方自知理亏，在面对出口商时态度比较柔软。面对催讨的律师，为了躲避债务，态度就比较坚决。

为有效解决该问题，中国信保询问出口企业意愿，是否愿意赴买方处与买方面谈解决问题，中国信保律师会在场协助处理。如果能够明确和解方案，建议当场在律师的见证下签订，可以有效避免买方反水，确立债权。同时，中国信保通过反复多次向 A 公司解释，A 公司了解并认可中国信保赔付的前提是对买方享有有效债权。案件委托中国信保后，出口企业需要有效配合中国信保勘查追讨，保障债权的有效性和可追回性。

三、有效和解，出口商获得风险保障

出口商 A 公司、中国信保律师与买方见面后，事情出乎意料的顺畅起来。买方面对 A 公司，虽然还在强调质量问题和它的损失，但最终同意按照 8.7 折和解，24 万美元的债权，买方同意付款 21 万美元。但是买方表示资金紧张，要求一年内还清。出口商咨询中国信保意见，按照中国信保律师出具的和解协议，与买方签订了正式的和解书。

四、风险启示和建议

本案作为一宗典型的纠纷类案件，可以给我们带来如下几点提示和建议：

1. 合同、发票等贸易单据是确认债权的有效单据，请依据实际情况提供给买方。

理赔中经常发现出口企业不关注合同的信息，例如产品规格、型号、出运日期、风险异议期、纠纷解决途径等。这些事项都是在出口业务中确立有效债权，后期有效追讨的关键。

贸易实务中会遇到出口企业配合买方出具两套发票的情况，以达到买方低值报关进口少缴税的目的。该种操作非常不明智，因为在后期追债中，买方往往会拿出低值发票来主张欠款金额低。

有的出口企业应买方要求出具产品是符合某种标准的说明，实际上已经私下与买方确认产品不符合上述标准，并按照不符合的价格销售。出口商这样操作往往是为了配合买方。买方按照高品质价格将货物销售给下游，或者符合进口国海关要求，从而获利；但风险承担方更多的是出口商。出口商这种操作行为更不可取，不但要提防买方的反水，更甚者出口的产品就是违反买方所在地的法律法规要求，这样的出口保险公司无法弥补损失，更甚者出口商还要承担当地法律的相关制裁。

2. 针对纠纷案件，中国信保的处理原则是"谁主张，谁举证"，即如果买方仅提出贸易纠纷主张，但未提供任何书面证据，则中国信保认为买方的主张不足以采信。建议出口企业从与买方签署合同开始，除了关注买方自身的风险外，还要关注业务本身合法性、合理性、债权有效性。只有认真签好每一个合同，认真做好每一份单据，认真履行合同义务，才能有效获得债权，确保在买方违约风险发生后有效获得保险赔偿。

出口商如何在贸易纠纷中"理直气壮"

浙江分公司　杨圣洁

摘要：贸易纠纷在国际贸易中在所难免，更是普遍存在于纺织类行业中。贸易纠纷的表现形式也多种多样，实务中因产品质量问题引起的纠纷时有发生。很多纺织类行业对于产品并没有一个统一的国际质量标准，有些仅按双方贸易习惯来约定产品质量标准，这就给出口商带来了风险，在发生质量纠纷时往往无法理直气壮得向买方进行主张。本文主要通过一则经编行业的质量纠纷案例，提供一些在贸易过程中防范此类风险的建议以及处理类似案件的思路。

一、案情简介

出口企业 A 公司是一家生产灯箱布的出口企业，与国外买方 B 公司有多年交易历史，且出口的都是同类产品。历史贸易一直较为正常，但在 2019 年底的时候因买方拖欠货款，出口企业 A 公司向中国信保通报可损，报损金额近 40 万美元。

中国信保受理案件后立即委托海外律师向买方进行追讨。买方确认欠款事实，但提出货物存在着质量问题，主要是布料吸墨性差，并提供了与出口企业 A 公司的聊天记录及相关照片作为佐证。

二、案件处理

根据买方 B 公司的反馈，中国信保与出口企业 A 公司进行了相关信息的核实，出口企业称其出口的产品都是按要求生产，不会出现吸墨性差的情况，而且此前买方一直采购同类产品，都没有提出过问题。但出口企业 A 公司无佐证材料，经审核出口企业 A 公司的贸易合同及交易历史，双方也根本没有约定过产品的具体质量标准。

然而买方不断提供证据，又向中国信保海外渠道展示了喷墨后有问题的灯箱布样品。随后中国信保实地走访了出口企业 A 公司的工厂，整个生产过程全都是机械化操作，而且是环环相扣，但凡一个环节出现问题，产品就只能重新回收再造，而且其中存在有一个生产环节专门对吸墨性进行测试。通过实地勘查和出口企业 A 公司进一步的专业解析后，发现有一个细节是之前忽略的。出口企业 A 公司出口的是半成品布，但是买方 B 公司提出的质量问题都是关于灯箱布上的喷墨问题，提供的证据材料也均是已喷绘后的样品。由于喷墨机器型号、墨水性能或操作工艺的不同会产生不同的喷绘效果，买方单单的将原因归咎于出口企业 A 公司的产品质量问题是不合理的。

结合调查情况，中国信保认为买方虽然就质量问题进行了举证，但不属于有效举证，无法证明是出口企业 A 公司的产品存在质量问题。而出口企业 A 公司因为是全自动化生产，在生产环节均有数据及检测记录，且与买方多次交易的产品质量指标均保持一致。

三、案件启示

上述案例中，出口企业 A 公司出运的是半成品，对于买方后续使用过程中出现的问题理应不承担责任，但是出口企业 A 公司并未事先与买方明确责任，让买方有机可乘，以质量问题为由不付款。

纺织类行业的产品很多都没有统一的质量标准，案例中提到的灯箱布吸墨性就是其一，检测都无据可依。即使出口商在生产过程中无质量异常，但如果买方不认可，仍会产生纠纷。

所以从维护自身权益出发，为了在发生质量纠纷时能有理有据，建议出口企业在贸易中做好以下三步骤：

（一）事前：规范贸易合同的约定

在贸易合同中增加质量异议期、质量的认证方式（比如与买方约定以质检报告、邮件确认等形式确认)、明确责任承担及纠纷解决的方式（仲裁或诉讼）等。

（二）事中：生产及质检环节注意保留证据

特别注意买方是否在生产过程中有变更或增加特殊需求，尽量通过书面沟通并留存记录；也要注意质检报告中是否有担保出运或"at the factory risk"等字样。

（三）事后：从容应对

如果发生质量纠纷，出口商不应毫无原则的妥协，应向买方据理力争，保护自己的合法利益。若出现严重质量争议，可以大胆地通过法律途径处理争端。

一宗"贸易纠纷"案件带来的启示

新疆分公司 戴名庆

摘要： 国际贸易中贸易纠纷问题时常发生，很多时候已成为影响出口企业能否顺利实现收汇的重要因素。一些国外买方在付款意愿下降的情况下，提出出口企业货物质量、数量等方面存在问题，以出口企业存在履约瑕疵为由拒绝支付货款的案例屡见不鲜。本文从勘察、定损核赔角度，针对国外买方先后两次提出出口企业存在履约瑕疵，试图拒绝履行付款义务的情况进行介绍和分析，希望对出口企业加强贸易纠纷方面的风险防范起到一定的借鉴作用。

一、基本介绍

新疆地区出口企业 A 公司与韩国买方 B 公司签署销售合同，随后 A 公司向 B 公司出口全部货物（货物为服装），A 公司就该笔出口业务向中国信保投保，后因买方拖欠货款，A 公司向中国信保报损。

接到 A 公司报损后，中国信保随即委托渠道介入，B 公司就拖欠 A 公司货款一事先后进行了两次抗辩：第一次，B 公司声称 A 公司延迟交货且货物质量存在问题，并提供了涉案货物照片以及 B 公司自身制作的货物检验报告，以证明涉案货物尺寸大小等细节与约定不符，同时向 A 公司提出反索赔主张，在中国信保就其提出的异议进行询问之时，B 公司又进行了第二次抗辩，声称从未与 A 公司签订过销售合同，在合同上盖章时就明确向 A 公司表达此次贸易其只是代理人，因 A 公司延迟交货，最终买方错过销售旺季造成较大损失，故本案项下欠款应抵扣其损失。

二、案件处理过程

对 B 公司提出的异议，中国信保与 A 公司进行了深入的沟通并逐一取证。根据在手材料，经综合分析，中国信保认为：

（一）A 公司与 B 公司之间存在合法有效的买卖合同关系

首先，销售合同中明确记载了买卖双方信息、货物名称、价格、数量等基本要素，且买卖双方均有签章；其次，买卖合同中并未体现 B 公司是代理人，反而 B 公司提供的抗辩材料里显示其希望中间商 C 作为进口代理人，代表其与 A 公司签订合同，该材料也从侧面印证 A 公司自身就是该笔进出口贸易中真实的买方，而并非所谓的代理人。

（二）B 公司关于货物质量问题的异议不成立

首先，B 公司并未提供有效证据，仅提供其自身制作的检测报告，无销售合同中约定的双方认可的鉴定机构出具的检测报告不足以证明货物存在质量问题；其次，销售合同中约定了买方对货物进行质量检查的时限，而 B 买方收到货物后并未在规定期限内向 A 公司提出货物质量问题，虽 B 公司告知渠道已经及时通知 A 公司，但并未提供有效书面证据。

（三）A 公司并未有延迟交货的履约瑕疵

本案中，A 公司和 B 公司先后签订过 2 份销售合同，第二份合同对第一份合同中出运日期、单价和数量等合同关键要素做了修改，并续用了第一份合同的合同号，重新确定了双方之间的权利和义务。经核查，A 公司严格按照第二份合同约定的时间履行了发货义务，B 公司主张 A 公司晚于第一份合同约定的时间发货的抗辩显然也不成立。

根据 A 公司提供的报关单、提单等贸易单证，涉案货物已交付承运人发往境外，中国信保货物流调查结果也显示货物真实出运，故 A 公司并未有延迟交货的履约瑕疵。

鉴于以上分析，B 公司对其提出的异议自始至终均未能提供有说服力的证据，拒付拖欠 A 公司销售合同项下款项的理由不合理，中国信保认为其拖欠意图明显，存在信用问题，最终对 A 公司的损失予以赔付。

三、启示与建议

（一）完善合同对于质量争议解决的约定

国际贸易中，赊销是一种常见的支付方式，特别是竞争比较激烈的买方市场产品，经常会遇到国外买方向好几家出口企业同时询价，被询价的出口企业再同时向我公司申请同一个买方信用限额的情况。赊销意味着国内供应商需先履行交付货物义务，而买方却没有立即付款的义务，相当于给国外买方做了变相融资，待其将货物变卖、回笼资金后再支付合同款项。但如果国外买方因各种因素比如新冠肺炎疫情导致出现下游销售不畅、资金链紧张或者纯粹想赖账，部分买家往往就会在货物质量上做文章，以货物存在质量问题为由恶意拖欠或折扣货款。

因此销售合同中对质量争议问题（包括质量异议期、货物检验期、检测报告出具机构、争议解决办法、违约赔偿责任等条款）进行约定就相当重要，以销售合同条款的方式约束国外买方享受的权利，保护出口企业自身的权益，明确双方责任和义务，避免国外买方无理耍赖时无法合理抗辩。该案例中 A 公司签订的买卖合同比较规范，为后期中国信保界定 B 公司恶意拖欠的事实、判定保险责任提供了有效依据。

（二）在贸易过程中尽可能保留书面沟通记录

该案中，正因为 A 公司保存好了与 B 公司贸易往来过程中所有的书面记录材料，才得以在后来索赔时得到顺利的赔付。但在实际处理赔案过程中，不少出口企业却忽视了对书面材料的保存，导致后期与国外买方出现纠纷时，有理也变成无处诉求，在此提醒广大出口企业在国际贸易中尽可能保留书面沟通记录，以确保主张自身权益时有合理依据。

贸易欺诈篇

擦亮慧眼 谨防贸易欺诈

贸易险理赔追偿部 张瑾钰

摘要：非洲是信用风险相对较高地区，近年来，受法律体系不健全、买方信用状况差等因素影响，非洲贸易欺诈类案件频发，给国内出口商造成了巨大损失。本文结合某国内出口企业通过中间人与非洲买方进行贸易，却遭遇贸易欺诈的实例，详细介绍了风险发生后中国信保及时介入、开展调查、逐步揭开欺诈面具的整个过程，并从核实买方身份、警惕地区风险、谨慎订立合同三个方面对国内出口商进行风险提示。

一、警报突响，出口企业遭遇危机

国内出口企业 A 公司通过中间人 B 先生与肯尼亚买方 C 公司签订价值 82.05 万美元的贸易合同，约定提单运抵国为乌干达，通知人为 C 公司，收货人为 C 公司在乌干达的子公司。应付款日到期后，买方一直未付款，A 公司发电子邮件催讨也未收到任何回复。A 公司察觉情况不妙，立即向中国信保报损。

二、及时介入，逐步揭开欺诈面具

（一）真假难辨的买方

收到报损后，中国信保第一时间指示海外追偿渠道联系买方 C 公司。出乎意料的是，C 公司否认贸易事实，否认与 A 公司签署过贸易合同，否认收到过本案货物，称贸易合同上的签章、往来通信中的邮箱地址均不属于 C 公司，且 C 公司在乌干达并没有子公司。经调查核实，A 公司提供的贸易合同签章确与 C 公司签章不同，A 公司提供的往来通信中买方使用的电子邮箱地址并非 C 公司官方电子邮箱，且 C 公司确实未在乌干达设立子公司。

（二）不知所踪的中间人

为查明贸易合同订立的真实情况，中国信保随即要求渠道与中间人 B 先生取得联系。遗憾的是，B 先生的电话一直未能接通，邮件也未有任何回复，就好似人间蒸发了一样。

（三）无处找寻的货物

根据同步启动的货物流调查结果，中国信保发现货物已在乌干达港口被提走，提货人与提单显示一致。随后，渠道又尝试联系"C 公司乌干达子公司"，但该公司并未经官方注册登记，实地拜访也未能找到该公司，收货人电话也始终无人应答。

（四）欲哭无泪的出口商

根据 A 公司提供的说明，调查又有了新的发现：首先，A 公司经 B 先生介绍结识"C 公司"后，并未对"C 公司"的真实身份进行核实，贸易全程均通过 B 先生提供的一个 GMAIL 邮箱与"C 公司"进行联络。后经海外渠道确认，C 公司的官方电子邮箱为以其公司名称为后缀的邮箱，并非 GMAIL 邮箱。其次，A 公司在"C 公司"要求将提单收货人填写为其在乌干达的子公司时未引起警觉，也未对所谓的乌干达子公司进行身份核实。现货物已被提走，A 公司既无法证明与 C 公司订立过合同，也无法向收货人主张欠款，穿针引线的中间人又消失得无影无踪，真可谓"人财"两失，欲哭无泪。

三、追本溯源，提前防范贸易风险

从本案可以看出，开拓海外市场，机遇与挑战并存，出口企业在把握机遇、践行"走出去"倡议的同时，更应该谨慎行事，将风险意识贯穿贸易始终。

（一）核实买方身份、谨防贸易欺诈

在国际贸易中，核实买方的真实身份、确保贸易合同的真实、合法及有效性是交易成功的前提之一，尤其是在通过中间人结识贸易伙伴时，出口企业更应该审慎核实买方的真实身份。可以通过查询公司官网、拨打公司电话等方式来核查联系人身份，针对高风险地区甚至可以派人对买方公司进行实地拜访，多方面确认贸易伙伴的真实身份。在签署贸易合同时，也应通过查询买方公司授权签字人、比对买方公章等方式，确保买方签字及公章的真实、合法和有效性，最大限度地保障自身的合法权益。

（二）警惕地区风险、关注贸易细节

近几年来，非洲地区尤其是肯尼亚、乌干达、多哥等地欺诈类案件频发，出口企业在与这些国家的买方进行交易时更应该加强风险意识，从交易源头把控风险，审慎处理每一个贸易环节。在遇到买方联系人邮箱为公共域邮箱、买方公司在一个国家但提单收货人却在另一个国家等异常现象时要及时引起警觉，核实贸易细节。

（三）谨慎订立合同、降低风险系数

鉴于非洲买方整体信用水平不佳，买方提货后逃匿的情况时有发生，实践中成功找到欺诈方的难度较大。建议出口企业尽可能在与非洲买方订立合同条款时，选取更为安全的支付方式，如 D/P、L/C 等，这有助于出口企业在发生风险的第一时间掌握提单、控制货权，防止钱货两空。

国际贸易中如何防范第三方欺诈

河北分公司 孙 曼

摘要： 国际贸易是跨越时间和空间的贸易，这就给贸易双方对彼此资质和背景的了解带来了较内贸更多的困难，给某些利用出口贸易特点进行诈骗的不法分子以可乘之机。本文通过对一则实际工作中遇到的真实案例进行剖析，为出口企业提供一些现实可行的防范第三方"诈骗"的措施。

一、基本案情

国内某出口企业 A 公司的业务人员，在展会上结识了肯尼亚人 K。双方相谈甚欢，表达了合作意向。展会结束后，A 公司的业务人员与 K 继续联络，并通过 K 与其"所在"公司 B 公司签订了贸易合同。随后 A 公司依据贸易合同备货、出货，并将单据寄送给 K，但付款期到时，B 公司却迟迟未付款，而 A 公司也无法再联系到 K。

A 公司随即向中国信保索赔。中国信保介入后，B 公司称其公司并无名为 K 的工作人员，也未向 A 公司订购过货物，且该贸易合同项下货物也不在 B 公司经营范围内。同时，经调查发现，合同、提单等单据上显示的 B 公司的地址和电话等信息也与实际不一致。从调查结果来看，A 公司无法确立对 B 公司的债权，因而无法获得中国信保的赔付。

二、案件启示

电子商务的发展给贸易方式带来便利的同时，也带来诸如此类的诈骗问题。这类诈骗问题在贸易实际中非常常见又难以避免，给出口企业防范风险、扩展业务带来巨大困扰。

（一）诈骗案件特点总结

经过大量案件的分析比较，发现此类案件存在一些共同特点：

1. 此类诈骗案件所涉行业通常为门槛较低且货物易转手分销的纺织、日用品等行业；

2. 此类诈骗案件项下合同买方，也就是骗子冒用的公司通常为国际知名公司或大型公司，公司规模较大、结构复杂，出口企业较难核实联系人身份；

3. 此类诈骗案件交易过程通常存在中间人，导致出口企业无法与合同买方获得直接联系，从而无法核实合同签署的真实性；

4. 此类诈骗案件项下业务通常来自网络、社交平台、各大国际展会、代理商或通过电子邮件主动询单；

5. 此类诈骗案件的交易过程中"买方"也就是骗子并不关注产品细节，仅强调出货日期；

6. 此类诈骗案件多数时候为首次交易且单票出运金额较高；

7. 此类案件通常收货人非合同买方，且收货地址常为乌干达或肯尼亚，但实际上合同买方在该地区并无分支机构。

（二）防范建议

1. 核实联系人身份

核实联系人身份，说起来容易，做起来难。但如果出口企业因为难以核实联系人身份而彻底放弃这一风险排查方法就会导致更多此类风险的发生。那么如何核实联系人身份呢？本文提供以下几条建议：

（1）联系人使用的邮箱地址是否与官方网站所留邮箱地址后缀一致；

（2）从公开信息中获得合同买方公司对外联系方式，并通过此联系方式与该公司获得直接联系，从而确认之前沟通的联系人是否为合同买方公司职员，为何职位；

（3）通过中国信保资信产品进行信息查询，获得买方更多联系方式。

2. 核实公司信息

一般情况下，出口企业所获得的国外公司信息都是联系人提供的，而未经其他途径核实，这就给诈骗者行骗提供了很大便利。为防范这一风险，出口企业应从公开信息或者中信保的资信报告等途径获取国外买方信息，与联系人提供的进行比对。同时，尽可能要求联系人提供国外买方公司的注册信息和授权书等正式文件，用以核实。

3. 完善合同内容

在合同的抬头部分，很多出口企业为方便快捷，仅注明买方的名称。实践中这一做法漏洞颇多。国外买方名称很多时候因为一个字母或缩写的差别可能就是两家不同企业。为防止骗子利用你的大意和疏忽，避免将"娃蛤哈"当成"娃哈哈"的问题产生，建议出口企业在合同抬头处尽可能多的列明买方信息，包括但不限于买方地址、电话、传真、注册登记号和税号，其中注册登记号和税号是唯一信息，可据此直接判定买方主体。

另外，部分国家和地区，比如日本、韩国和俄罗斯，存在同时使用英文和汉字或英文和俄语的情况，这种情况下出口企业一般的习惯是在合同抬头处仅显示买方的英文名称，而买方落款章多数是汉字或俄文的，这样一来极易出现买方落款章与抬头名称无法核对是否为同一家公司的情况。为避免这种情况的发生，建议出口企业在缮制合同时，在抬头处同时显示买方英文名称和汉字名称或英文名称和俄文名称。

4. 规范合同签章

贸易实务中，国外签署合同一般是使用签名，而受英文名字及书写习惯的影响，很多时候无法识别买方的签字，核实该签名的效力更是无从谈起。在此，建议出口企业在签署合同时，要求买方先将签字人名字打印在落款处，并在名字后加注"as manager"的字样后，再手签。这样一方面可以确认签字人的名字，同时也可以一定程度上标示出其身份。这样的一个签名，才是法律意义上较为完整的一个签名。如果国外买方能够在签名的同时加盖企业印章，那势必将更有力于合同效力的确认。出口企业在这种情况下，应尽快要求国外买方出示其所盖印章的有效性，比如印章曾在商务部门注册过的文件、公司其他文件上所盖的印章等。

5. 尽量避免货物发送第三方

在此类诈骗案件中，为方便提货，骗子通常要求出口企业将提单收货人写为非合同买方的第三方公司；有的骗子为迷惑出口企业，会在货物出运后才以各种理由要求更换提单收货人。这种情况下，一旦合同买方否认交易，出口企业和中国信保均无法通过货物流，也就是无法通过合同买方已提货这条线来核实贸易真实性。在此建议出口企业，尽量避免货物发送第三方。如果无法避免货物发送第三方的情况，提示出口企业务必要留存买方指示货物发送第三方的相关证明文件。同时，尽可能要求合同买方从公司账户付出一定金额的预付款，以验证合同买方对交易是否知悉和认可。

仔细核对贸易细节　谨防黑客诈骗

广东分公司　李亚飞

摘要：国际贸易中邮件诈骗层出不穷。外贸企业在提高信息技术防御手段之外，亦需提防不法分子逐步升级的诈骗手法。本文介绍近期发生的一起邮箱欺诈案件，希望提醒出口企业在交易过程中保持警惕，仔细核查往来文件，并引导买方树立良好的风险意识，避免落入骗局。

一、案情介绍

出口企业 A 未按时收到货款，询问买方 B 后被告知已向形式发票所示银行账户全额付款。双方通过对比出口企业收到的形式发票与买方发送的形式发票后发现两者高度相似，但银行账户信息完全不同。两份形式发票均有双方签字盖章确认，双方也都提供了原邮件，佐证其并未更改文件且均发自各自常用邮箱。

出口企业 A 主张：双方近期交易频繁，买方理应清楚知道其常用银行账户，因而在此次交易中未尽到核查单据的义务。经调查，买方 B 称曾收到指示变更付款账户的邮件，该邮件发自邮箱 tiptool1@，与出口企业 A 的常用邮箱地址 tiptool@ 高度相似，仅在结尾处多了一位数字。而在此邮件之前买方亦收到由出口企业 A 常用邮箱 tiptool@ 发送给此近似邮箱 tiptool1@ 的邮件（买方在该邮件中为抄送人），邮件中称由于某些原因出口企业将变更账户，并列出了新的账户信息（即买方收到的形式发票上的账户），因此，买方对之后收到的带有此错误银行账户的形式发票没有起疑。对于上述抗辩，买方提供了这两封原邮件作为证据。出口企业 A 否认曾发送前一封邮件，且对该近似邮箱毫不知情。

二、启示和建议

本案为典型的黑客欺诈案件。第三方先盗用出口企业邮箱，发送与付款账户变更有关的信息至近似邮箱、抄送买方作为试探。发现买方警惕性不高，再利用近似邮箱发送变更付款信息的指示给买方，做进一步试探。最后，截取出口企业发给买家的邮件，修改附件形式发票的账户信息，买家并未发觉异常正常回签，再截取买方回签确认的邮件，将账户信息更改为原账户，出口企业也未发现异常。

此案第三方作案手法复杂，为避免类似欺诈，可从以下几个方面进行风险防范：

（一）引导买方建立良好的风险意识，双方均应熟悉对方常用邮箱与银行账户。如遇变更应电话或当面直接沟通确认。

（二）引导买方建立良好的交易习惯，叮嘱买方如果付款应及时通知出口企业核对付款信息。本案买方早于应收款日付款但并未及时通知出口企业核查。本案如果买方及时、主动提供付款单据给出口企业，当出口企业发现银行账户信息有误时，买方就有机会通知银行拦截此笔汇款。

（三）双方应仔细核查通过邮箱收到的文件，保持警惕。本案中买方签回的形式发票为扫描文件，第三方篡改后账户信息处与文件其他地方的灰度有肉眼可见的区别。如果出口企业仔细核查此文件，应该很容易注意到此异常，进而与买方核对，能够有机会避免此案的发生。

（四）电子文件关键信息处可留有水印等暗示或记号，以防篡改。本案出口企业发送给买家的形式发票为电子表格生成的PDF文件，非常容易修改且极难识别。在关键信息处留有记号或水印能增加第三方修改的难度且易于识别改动痕迹，可以减少此类案件发生的概率。

国际贸易货款支付需警惕"网络黑手"

宁波分公司　许宁颖

摘要： 近年来，日益复杂的国际环境使得出口商在国际贸易中面临越来越突出的买方信用风险。与此同时，一些新型外贸风险也在滋生，黑客入侵骗取出口项下货款导致出口商无端受损，就是其中较为突出的一种。目前，全国已有不少出口商遭遇了黑客入侵，其中江浙沪地区受害企业最多。本文通过对一宗典型黑客案件进行梳理和分析，帮助广大出口商构筑防范黑客入侵的"防火墙"。

一、案例简介

德国买方B公司是出口商S公司的长期合作客户，买方B付款表现一直良好。年初，S公司将B公司列为重点合作客户，力图未来几年与B公司建立更加紧密的合作关系。然而好景不长，8月份，该买方项下发生了25万美元的应付款拖欠。S公司经向买方核实，得知买方已经按照S公司的要求，将货款支付到一个指定账户，还提供了相应的付款凭证以及出口商通知其变更收款账户的电子邮件。经过进一步核查，买方付款凭证属实，买方确实已支付货款；而要求变更收款账户的指令邮件却并非出口商S公司发出，是一个与出口商业务员邮箱地址极为相似、只有个别英文字母差异的邮箱发出的，出口商遭到了黑客入侵。

出口商陷入两难境地，既无法向买方主张要求其再支付一次货款，又无法追查黑客行踪索要货款。更加遗憾的是，买卖双方因此次争执导致合作不愉快，失去了再次合作的机会。

二、案例剖析

外贸领域是近些年来黑客频发入侵的新领域,大多数外贸企业对其不知、无畏、不防,最后只能无辜受损。

(一)黑客入侵是新型诈骗手段,部分外贸从业人员往往缺乏警惕

对新事物的陌生感往往使得我们在面对新的诈骗手段时手足无措。外贸公司尤其是具体的外贸业务人员,并没有防范黑客骗取货款的敏感性。黑客潜入的早期阶段,黑客往往会"乔装"成出口商的合作伙伴,提出自己的电脑或文档系统出现故障瘫痪无法使用,请出口商将最近一些合同项下的全套贸易单据信息再提供一遍。这个套取贸易信息的手法在黑客行骗中非常典型,外贸人员要将其当成预警信号,对其真伪进行仔细甄别。现实案例中,多数情形都是业务人员毫无防备,将业务资料信息和盘托出。

(二)行骗人员多为跨国职业化犯罪团伙,分工明确,操作娴熟

黑客多以希腊、尼日利亚、意大利、香港等管制宽松地区为据点作案,被其选为下手对象的贸易公司则遍布全球,其使用的转移犯罪所得资金的账户也多开设在银行业管理混乱的国家和地区,开户简易、转账隐秘。这些黑客下手针对性强,通过计算机技术快速定位近期有拟付待付货款的贸易双方,选为猎物。行骗步骤也是按部就班:第一步,先套取具体贸易信息;第二步,再分别"化身"买卖双方(面对买方说自己是卖方、面对卖方说自己是买方,隔离付款人和收款人信息互动),稳住收款人的同时、误导付款人将款项支付到其指定账户;第三步,将已进入其账户的资金转移蒸发。

(三)企业一旦上当受骗维权减损困难重重,往往钱货两空

外贸黑客为骗取货款往往需要实施一系列的分解动作以步步逼近达到其圈钱走人的目的,但多数受害的外贸人员是在货款久未到账的情形下才

生疑警惕。这个时候再寻根究底追索款项，施害黑客早已得手收网，骗取的款项早已辗转过账多次无从查询，骗子已经再次造假重塑身份。外贸黑客采取的是典型的打一枪换一个地方的策略，而且下手收手迅速。从目前为数不多的能够成功追回货款的案例来看，都是买方一付出款项就警觉被骗立即报案，也就是要在速度上跑得过黑客。

三、启示和建议

为保护出口企业自身权益，防止遭受黑客入侵的风险，在此针对黑客风险给出几点风险提示：

（一）规范业务人员邮箱使用习惯，采用高安全度邮箱服务系统

目前，部分外贸从业人员使用电子邮箱比较随意。部分业务人员喜欢用个人注册的公共免费邮箱如 QQ 邮箱、163 邮箱，而不使用公司统一邮箱系统。建议外贸公司明确要求员工使用公司统一邮箱。对购买邮箱服务投入足够预算，不能一味追求廉价，而将自己暴露在受黑客攻击的高风险之中。同时，也要带动合作伙伴（海外买方）规范安全地使用业务邮箱。

（二）签订合同时即书面明确收款账户，且约定不可变更声明

外贸黑客加害的关键环节是付款人受黑客乔扮的"卖方"指示，将货款汇入黑客控制账户而不能追回。指定、锁定收款路径及账户是一道有效的防火墙。出口商在合同、商业发票等贸易单据中均可对收款账户信息进行明示要求。

（三）确有必要变更收款账户时，利用传真、电话、视频等方式进行交叉确认

付款收款是国际贸易中最要紧的事，若确有必要变更，可要求双方通过多种沟通方式交互确认，确保信息准确无误。

（四）升级贸易合同，就买方付款义务进行详细的保护性约定

为防范买方将自己防范黑客不力的负面结果转嫁给出口商，以自己已经"付款"为由拒绝支付货款，出口商在贸易合同或合作过程中可要求约定，诸如"买方支付货款，直至卖方收悉相应款项，方为买方履行了合同项下的付款义务"。如此可以在遭遇黑客诈骗后，继续要求买方履行付款，尽可能维护自身正当权益。

从托收信息识别买方欺诈风险

安徽分公司　杨姗姗

摘要： 实际业务中，出口商通常采用托收方式进行贸易。本文以一宗托收出口业务为例，从托收信息识别买方欺诈风险入手，为出口企业在出口业务中识别买方欺诈风险提供建议。

一、案情简介

出口商 A 同德国买方 B 签订 30 多万美元的出口合同并向中国信保投保。2020 年 7 月，出口商 A 通过 D/P 托收方式出运货物。出口商通过国内银行 H 办理托收业务后，买方 B 立即开始催促出口商 A 提供银行寄送单据的快递单号。出口商 A 出于安全角度考虑未提供。

与此同时，国内托收行在委托快递公司寄单时，快递公司两次派件均未成功。出口商 A 有所怀疑，恰逢此时货物临近到港又无法联系到买方，遂向中国信保通报可损。

二、案件处理过程

（一）多次更改引警觉

中国信保接到案件后立即委托渠道介入联系买方，并同步核实托收行信息。同时，出口商通过托收行委托的快递公司获悉，在第三次投递时，买方提供的收件人以其不在银行为由，要求自行上门取件。考虑到收件人自行取件可能存在身份无法核实的情况，中国信保建议出口商指示快递公司拒绝收件人自行取件的要求，同时继续联系买方反馈相关单据托收情况。

经过多方努力，买方终于再次出现，称之前提供代收行信息有误，要求出口商更换代收行。结合第一次派送单据时托收信息出现的问题，中国信保遂提示出口商注意其中风险。出口商委托国内托收行核实后，意外获得托收行反馈告知，买方第二次提供的代收行并没有办理托收业务的资质。

此时出口商与中国信保沟通后，对买方数次要求更改代收行信息的行为产生怀疑。出口商A在中国信保建议下，通知托收行不再继续按照买方提供信息办理托收业务。

（二）要求现付遭拒绝

由于货物已经到达港口，出口商催促买方立即通过T/T方式付款后方可安排寄单放货。但买方仍坚持之前两次托收失败系快递公司投递不准确以及国内托收行反馈信息有误造成，提供了第三家银行信息并要求出口商A寄单。中国信保委托渠道对买方提供的第三次寄单信息再次核查后从该银行获知，银行工作人员里并无买方提供的收件人员，买方提供的银行信息也不准确。

（三）及时转卖尽减损

中国信保委托渠道在调查同时，对买方安排了登门拜访，但未见到买方负责人。之后，买方主动联系渠道并告知渠道，会派律师沟通案件项下货物相关事宜，但买方一直未再与渠道联系。至此，中国信保要求出口商A控制好货物，不要向买方放货，同时积极对滞港货物寻求其他处理方案以减少损失。出口商A后在中国信保建议下，寻找到新的买方，将货物进行转卖，有效避免了放货给买方造成钱货两空的局面。中国信保后对出口商A转卖中产生的相关货值损失及合理的滞港费用进行了赔付。

三、启示与建议

（一）注意核实买方资信

在出口商选择客户尤其是做大额交易时，一定要充分考察买方资信。

建议可以通过投保出口信用保险，进行资信调查，对买方风险进行初步筛查，能在一定程度上控制相关的风险。

（二）谨慎选择代收行

本案中，出口商 A 原本认为 D/P 托收是较为稳妥的收汇方式。但买方前后 3 次提供的代收银行信息均有误甚至提供不具备托收资质的银行信息。渠道分析认为买方存在欺诈可能性，可能试图在单据托收环节，利用派送单据的漏洞，绕开代收行，骗走单据和货物。所幸出口商 A 在中国信保的指导下，通过核实托收行信息，发现潜在买方欺诈风险，避免了更大损失。因此，在实际业务项下出口商在办理托收业务时，也应对代收行地址、信息进行必要的核实。同时，在寄单地址中避免提供个人联系电话。出口商在将单据交国内托收行托收后，也要积极向银行咨询，尽量选择那些历史悠久、熟知国际惯例，同时信誉卓著的银行作为代收行，避免银行操作失误、信誉欠佳造成的风险。

防范第三方冒用买方名义进行交易

广东分公司　陈斯路

摘要：国际贸易中，买方否认交易对出口企业确立贸易债权构成一定难度。近年来，买方否认交易的案件日益增多，案件情况也日益复杂，其中不乏限额买方确实未与出口企业进行贸易的情况，其中常见的两种类型为：第一类，第三方冒用买方名义欺诈，实际交易与买方完全无关，因而出口企业始终无法对买方确立贸易债权。第二类，买方员工在未经授权的情况下代理买方交易，如表见代理等，虽然买方否认交易，但出口企业仍有可能从法律层面上确立对买方的应收账款债权。

一、限额买方否认交易，中国信保及时开展海外勘查

出口企业 C 于 2020 年 2 月 26 日向中国信保通报风险，反馈海外买方 D（以下简称"买方"）收货后拖欠 14 万美元的货款未付，随后提出索赔申请，并委托中国信保介入调查追讨。

据出口企业 C 所提供的贸易单证显示，销售合同买卖双方签章齐全，销售合同指示出口企业 C 将货物发往 E 公司，出运前出口企业曾收到一笔限额买方支付的 1000 美元款项，本案相关往来邮件均是由一名为 R 的人员代表买方与出口企业 C 沟通贸易相关事宜。

经中国信保委托海外追偿渠道及时介入调查追讨，买方提供了一份书面函件，否认其应承担本案债务，并声称货物为 E 公司以买方名义订购。经进一步调查，买方反馈：(1) 本案销售合同上的签章确系 D 公司签章，但应系与 R 有亲属关系的 D 公司员工 Y 在未得到内部授权的情况下擅自使用；(2) 支付给出口企业的 1000 美元，确实由限额买方公司付出，但是是

Y擅自划出的。

二、员工擅用签章属买方责任，出口企业应收账款债权确立

分析货物买卖关系是否成立时，通常考察合同流、发票流、货物流、资金流等是否"四流合一"，以及是否有对账单等债权债务确认文件。国际货物贸易中缺乏内贸中的税控发票，且形式上多通过电子邮件、传真等方式交换合同、发票。故此，历史交易背景、资金收付情况、买方书面认债、往来邮箱等证据，往往是双方攻防的关键事实。

本案中，买方书面声明否认交易，声称货物由R通过E公司以买方名义订购。针对合同流、资金流问题，买方进一步向海外勘查渠道解释说明：（1）签章系自身所用，但应系与R有亲属关系的买方员工Y在未得到内部授权的情况下冒用；（2）支付给出口企业的1000美元是冲抵对E公司的欠款，亦为Y擅自划出。

综上，中国信保结合调查情况和律师意见后认为，经比对买方向渠道出具书面函件上的签章，发现与销售合同上的签章高度一致，此外，买方也认可本案销售合同上签章的真实性。就买方所称的员工擅自使用签章及划款事宜，买方始终未能提供任何证据来证明其主张。中国信保最终认定本案项下出口企业有理由相信员工Y的行为可代表买方，所以可对买方确立应收账款债权。

三、启示和建议

出口企业务必要审慎防范第三方冒用限额买方名义交易的风险，中国信保建议出口企业进一步加强如下措施：

（一）事先就贸易对方沟通人员的身份进行核实。对于签订贸易合同和重要协议的人员，出口企业应当对其身份和授权加以核实确认，并要求对方提供由限额买方出具的官方授权文件，避免限额买方事后以员工擅用签章、无权代表为由否认债务及责任。

（二）通过买方公司官方邮箱沟通、确认贸易相关事宜。为避免第三方冒用限额买方名义进行欺诈，出口企业应当要求对方使用限额买方公司

官方电子邮箱沟通贸易事宜，特别是确认销售合同、支付条件、收货人、收款账号等关键信息，如需以电子邮件方式确认，应当要求对方使用限额买方公司官方电子邮箱。

（三）要求买方支付一定比例的预付款，核对付款账号是否是买方账号。针对新合作的买方，建议出口企业谨慎使用赊销交易，先采用全额预付款或一定比例预付款的支付条件进行一段时间的交易，核对付款账号的户名、开户行信息与限额买方情况是否一致。同时，前期交易金额建议不要太低，方可有效降低第三方欺诈的风险。

神秘"中间人" 风险巧防范

山东分公司 李 青

摘要：随着国际贸易的发展，中间人撮合交易的方式越来越普遍，贸易双方借助中间人寻求交易伙伴，可以节省不少时间和精力。在借助中间人交易便利的同时，出口企业应注意防范中间人撮合订单贸易中的风险。

一、案情简介及审理

（一）基本案情

出口企业 D 通过中间人 Mr. B 与买方 C 建立贸易联系，达成合作意向后签订贸易合同，合同约定付款方式为 10% 预付，尾款见提单复印件付款。收到预付款后企业出运，货物到港后，中间人称买方资金紧张，无力付款提货，要求出口企业 D 先放单，买方提货后再支付货款。鉴于货物为特殊定制产品，转卖和退运困难，出口企业 D 就货物处理多次与买方沟通，表示可以给予买方部分折扣，买方先付款再提货，或买方再支付部分货款后放单，买方提货后再支付尾款。中间人称买方态度强硬，目前只接受先提货再付款。出口企业 D 遂向中国信保通报买方风险信息。

（二）海外勘查情况

收到出口企业 D 委托材料后，中国信保委托渠道开展海外勘查工作，追偿渠道联系到了买方 C，但买方 C 称从未下过该订单，并不知悉该贸易。渠道联系中间人 Mr. B，其称买方是口头给其下订单，后续不再配合渠道工作，处于失联状态。

（三）单证审理情况

中国信保核查贸易单证发现合同买方签字盖章处空白，并未有买方的签字盖章。预付款的收汇水单显示付款主体并非为买方C。往来邮件均为出口企业与Mr. B沟通的函电。

经与出口企业D沟通，出口企业D称中间人主动询盘，表示其可撮合与买方C的贸易，为表示合作诚意，可将合同付款方式改为出口企业控单，同时支付10%的预付款。出口企业D收到预付款后，并未注意付款人信息，对于合同买方未回签事宜也未做过多纠结，感觉预付款都付了，买方还是很有诚意的，所有的贸易节奏都被中间人带着走。直到货物到港，买方强硬的态度让出口企业D无法再与买方沟通，故向中国信保通报了可能损失，希望中国信保可以协助与买方沟通货物处理方案，并未料到渠道联系到买方后，买方会否认交易。出口企业D在获悉买方否认交易的信息后，再次联系中间人，中间人也不再理会。出口企业D并未与买方建立过直接联系，整个贸易从联系建立到贸易达成，到后续发货，均是与中间人做沟通，从未想到过中间人会存有贸易欺诈的意图。

二、建议和启示

随着国际贸易的发展，中间人撮合交易的方式越来越普遍，贸易双方借助中间人寻求交易伙伴，可以节省不少时间和精力。在借助中间人交易便利的同时，出口商需思考一个不容忽视的问题，中间人撮合的订单，订单是否真正来源于最终买方？会不会存在中间人贸易欺诈的情况？为防范化解上述风险，建议在中间人撮合贸易中采取如下措施：

（一）核查中间人身份

对于中间人能否有资质撮合订单进行核查。中间人主动询盘通常会提及买方主体名称，建议出口企业调取买方资信报告，获取买方联系方式，向买方发起核验中间人资质的申请，确认中间人身份。

（二）重视合同签署，合同需要买方签字盖章回传

书面合同中明确规定了买卖双方的权利和义务，是合同履行的重要依据。建议出口企业尽可能与最终买方取得直接联系，获取买方签字盖章的合同，或向中间人索要其获得合同的原始路径证明，核查原始邮件是否由最终买方发出。

（三）审慎核查款项的资金来源

上述案例中收到的预付款并非来源于买方，这其实是一个风险信号点。中间人主动询盘且合同并未有买方签字盖章，此时收到的预付款也不是买方支付的，已经显露出了贸易欺诈的蛛丝马迹，而我们的出口企业此时只考虑到收取了预付款就是买方诚意的表达，风险意识放松。建议出口企业在中间人贸易中，保持"单据流、货物流、资金流"三流一致的意识，从源头控制业务风险，做好风险防范。

防不胜防的花式骗局

福建分公司　连雨菲

摘要：2021 年以来，中国信保收到多宗贸易欺诈案件，既有第三方欺诈，也有买方欺诈，如同新冠病毒毒株，也存在"变异升级"的趋势。但是应对之法却"万变不离其宗"，需要出口企业在事前谨慎识别、防范。中国信保在此盘点多种骗术，供出口企业借鉴参考。

一、常规骗术

案例 1：A 公司于 2019 年在德国展会上与某瑞士买方结识并交换名片，当年 12 月向其出口一批鞋，约定支付方式 OA45 天。因买方拖欠货款，信保海外律师介入。然而，无论是名义上的瑞士买方还是邮箱背后的联系人均杳无音讯。更诡异的是，资信报告显示，该买方公司早在 2019 年 6 月就已变更了公司名称、地址及负责人，且当前主营业务是房地产。此外，该买方在希腊没有任何分支或办事处，却指示 A 公司货发希腊 Piraeus 港，甚至一直以来与 A 公司联系的邮箱都注册在希腊而非瑞士。几乎同时间，泉州的一家出口企业也在该买方项下报损，案情基本一致。

预防这类骗局，中国信保建议出口企业在与买方初识阶段即调取信保资信报告。当然，光调取资信报告远远不够，还要"物尽其用"，仔细比对。

案例 2：出口企业 D 公司考虑到与某德国买方首次交易，要求买方联系人出具名片及授权书，并向中国信保调取了该买方的资信报告。在核实买方提供信息中的注册号、公司地址与资信报告一致后，D 公司按买方要求出运货物至希腊 Piraeus 港并寄单。然而，D 公司却忽略了一个重要信息：买方联系人名片及授权书显示，该联系人为买方公司董事，且为该公司对外贸易的唯一授权人，而该联系人却并未出现在资信报告的股东及高管名单之中。信保海外律师介入后发现，第三方诈骗团伙冒用该德国公司的名义下单，尽管其提供的身份证明材料看起来很齐全，但注册号及公司地址等信息任何人都可以通过网络进行查询。而公司股东、高管如果与联系人描述不符，出口企业应该提高警惕，再向联系人了解更多细节，在更多维度就资信报告与联系人提供信息进行比对。

二、升级版骗术

与以上案件不同，有时出口企业在贸易过程中展现了一定的风险防范意识，但由于防骗经验不足，未坚持立场，故仍未幸免于骗局。

案例 3：C 公司与某塞浦路斯买方于 2019 年秋季广交会结识，因系首次交易，C 公司出于风险防范考虑要求买方支付预付款，但被买方以公司运作方式限制为由拒绝，最终双方确认支付方式为见提单副本付款；之后，C 公司要求买方先行支付样品运费，但买方表示与货款一起结算。因珍惜新订单，C 公司不再坚持，遂进行备货。出运前，买方临时告知修改目的港，从塞浦路斯 Limmasol 港改至希腊 Piraeus 港，并欣然接受改单费，故 C 公司于 2020 年 5 月出运一批拉杆箱。货物到港后，买方以资金周转困难，下游客户病重，需寻找新客户为由，要求企业先放单。为避免产生高额滞港费用，在买方出具付款保证函承诺提货后 7 天内付款后，C 公司放单。然而，买方提货后却迟迟未履行付款承诺，信保介入后也始终逃避追讨。

C 公司在出运前两次要求买方支付部分款项，意在辨别买方付款帐户，并缩小风险敞口，但在买方屡屡拒绝，甚至在订舱后临时修改目的港时，少了坚持和警惕。另外，买方要求先放单的说辞也颇为可疑，一面表示资金周转困难，需要时间找寻新的下游买方，一面却承诺提货后一周内即付款。事后信保核查买方资信报告发现，该买方主营业务为不动产、咨询服务，与拉杆箱毫无联系。另经查，信保系统内该买方项下存在其他报损案件，案情基本一致，OA 支付方式下买方均在收货后拖欠货款，D/P 支付方式下买方均以下游买方取消订单为由要求先放单，且其中1宗案件中，出口企业要求买方以公司名义先支付100美元，但买方以银行通知汇款账户错误为借口始终未支付。

三、进阶版骗术

案例4：E公司于2020年7月向某英国买方出运1票货物，支付条件为D/P 60天，然而货到港后，买方却迟迟未付款提货。信保海外律师介入后，买方全额认债，并表示愿意支付25%货款先提货。律师调查发现，该案联系人Joey Spadaro虽不在买方公司股东及高管之列，但与买方公司有着密切关系。律师反馈此人在信保还涉及多宗案件，可谓劣迹斑斑。故律师要求买方公司负责人或Joey Spadaro就剩余75%货款签署个人连带责任担保。此时，买方公司负责人及Joey Spadaro开始逃避律师追讨。为积极减损，E公司积极转卖货物，新买方适时出现，欲购买本案项下货物，而经律师查证，新买方公司亦被Joey Spadaro控制。至此，骗局渐渐清晰，Joey Spadaro常使用其控制的1家公司向供应商下订单，货到港后先要求较低比例货款提货，若出口企业不答应，则利用其控制的其他公司冒充新买方作为后手，以更低的价格获取滞港货物。

四、防骗指南总结

1. 对首次交易的买方，提前核查身份信息

建议通过核查买方官网、资信报告，认真比对电话号码、邮箱、主营业务、买方公司股东及高管，以确保贸易真实性。

2. 对首次交易的买方，严格执行预付款

提高预付款比例，既是应对贸易欺诈的最佳手段，又是疫情期间减少资金占用的最直接途径。建议新买方交易至少设置30%~50%预付款，并要求买方以公司账户支付预付款，识别买方真实性。

3. 警惕货发第三方或第三国，导致难以向买方确权

尤其是货发希腊（Piraeus港口）、塞浦路斯或非洲（如加纳、加蓬）等欺诈分子常用的收货国别或港口。

4. 积极处理货物，以免错过减损时机

DP 支付方式下，欺诈方常常利用出口企业担心产生高额滞港费的心理，在货物滞港后一面表示提货意愿强烈以延误货物处理良机，一面趁机要求出口企业先放单或予以折扣，但往往出尔反尔，不了了之。因此建议出口企业切勿盲目信任买方，务必积极寻找新买方，并将货物转移至货代仓库以减少滞港费用。

一宗第三方欺诈案件的风险提示

宁波分公司　张　帆

摘要： 在国际贸易中，由于买卖双方远隔重洋，辨别买方主体存在一定难度，尤其是近年来，国际经济形势严峻复杂，国际贸易模式越发多样，部分不良买方趁机"设局"，出口企业辨别买方主体、主张合法权益的难度越来越大。本文选取了一宗第三方冒用限额买方名义欺诈的案件，简要对风险疑点、勘查手段，以及中国信保协助出口企业减损的措施进行分析，对出口企业作出风险提示。

一、事发突然，非首次交易买方拒绝收货

2019 年，出口企业 A 公司与罗马尼亚买方 M 公司的 Mr. V 自广交会认识，随后 Mr. V 向 A 公司下单了 6000 美元的货物，并要求 A 公司将货物发至希腊的第三方，最终 6000 美元的货款由第三方代为支付。A 公司遂认为 M 公司信用较好，对于第三方付款、货发希腊以及 Mr. V 的员工身份从未怀疑。

2020 年年初，Mr. V 登门拜访，在洽谈业务中得知 A 公司有一批无贴牌的服装存货，于是 Mr. V 向 A 公司下单了 13 万美元的货物，当场支付现金 1000 欧元作为定金，双方约定余款见提单复印件支付。出运前，Mr. V 再次通过邮件告知 A 公司，要求将货发送至希腊，并指定了收货人为第三方公司。货到港后买方却迟迟未付款赎单，眼看滞港滞箱费与日俱增，A 公司向中国信保报案。

二、疑点重重，中国信保协助企业积极减损

（一）迅速介入，真相扑朔迷离

中国信保渠道介入调查后，通过 A 公司提供的邮箱与 Mr. V 取得联系，Mr. V 承认贸易，承诺在 A 公司放货后将提货，还出具了付款承诺函。然而，渠道发现该认债文件真实性存疑：一是罗马尼亚地区签章形状多为圆章，而非文件上的方章；二是签章上地址形式不符合法律要求，经核实也不是买方 M 公司地址。

为核实联系人 Mr. V 身份，渠道要求其出具营业执照，没想到 Mr. V 提供的营业执照错漏百出：一是该营业执照上存在好几处拼写错误；二是营业执照上的负责人与注册信息中的负责人不一致；三是渠道联系了工商部门后确认，Mr. V 提供的营业执照是将其他公司的营业执照修改后的"盗版"。

而此时，渠道竟然接到了提单上收货人的电话，而该来电者告知渠道，自己是买方公司的秘书。但是根据前期 Mr. V 的反馈，提单收货人是其下游买方。看来所谓的下游买方也是 Mr. V 团伙成员之一。在通过几次电话后，渠道发现，Mr. V 及其团伙从不说罗马尼亚语言。至此，种种迹象都指向 Mr. V 的诈骗行径。

（二）双管齐下，揭开"买方"身份

为了与真实买方 M 公司取得联系，中国信保向海外渠道提供了买方 M 公司位于西班牙总部的资信报告，多番尝试后，渠道终于与买方总部的法律部门取得了联系，得到对方确认：买方 M 公司在罗马尼亚的分支无自行下单的权限，其不可能向 A 公司订购货物；联系人 Mr. V 使用的邮箱不属于 M 公司，买方 M 公司也没有自己的邮箱；A 公司提供的所有文件中的公司抬头、商标以及公章都不是 M 公司的。

显然，Mr. V 精心策划了一场好戏：冒用买方 M 公司的员工，先下小额订单、并通过第三方付款以骗取 A 公司的信任，随后下单无贴牌的大额货物，再次要求将收货地更改为第三方，等货到港后再谎称财务困难，要

求更改结算方式为 OA，还伪造了"认债函"，企图利用高额的滞港成本来迫使 A 公司放货。

（三）协助转卖，企业减损成功

因货物滞留港口，A 公司评估后认为退运成本高于残值，希望中国信保的海外渠道协助处理货物。渠道要求 A 公司提供了货物照片、明细清单等信息，经过多方打听和沟通，终于联系到罗马尼亚当地的一家服装公司，愿意以折扣价收购滞港货物。最终在渠道的接洽和见证下，A 公司成功实现减损。

三、启示和建议

（一）增强风险识别能力

案中 Mr. V 的行为看似完美，实则破绽百出：一是通过第三方付款以及现金下单，买方 M 是欧洲一家大公司，付款路径却不是公司账户，后续 Mr. V 还带着现金下单，十分可疑；二是伪造联系方式、网站、公章以及注册文件，如果 A 公司在贸易前要求 Mr. V 出具营业执照并仔细查看、或将买方母公司网站与 Mr. V 提供的网站进行对比、或与买方母公司事先核实贸易真实性，也许都能识破骗术；三是货物发至第三国，中国信保介入后发现，通过公开信息可以获知买方在该地区并无分支，Mr. V 要求将货物发至第三国本身值得警惕。

中国信保建议，广大出口企业应提高风控意识、增强识别能力。在贸易过程中，注意买方的付款路径，要求对方使用公司账户支付定金；向买方联系人索要营业执照、授权文件，观察是否有明显的拼写错误或伪造痕迹；仔细阅读中国信保的资信报告并向买方核实联系人身份；防范货发第三方，如买方要求更改目的港、或将收货人更改为第三方公司；建议与买方协商提高预付款比重。一旦出现上述疑点，即使该买方前期付款情况较好，也不可掉以轻心。

（二）采取多元减损手段

本案中货物出运后，A 公司积极跟踪物流情况，货到港后，买方以各种理由搪塞付款、要求更改结算方式,虽目的港费用与日俱增,但 A 公司仍牢牢控制货权,先委托中国信保渠道介入勘查,在核实贸易真实情况后,再尝试退运、转卖等手段积极处理货物。

  中国信保建议,广大出口企业应密切关注物流及提货情况,出运不代表万事大吉。一旦出现拒收状况,应及时与买方沟通,了解拒收原因,督促买方付款提货;如买方在不支付任何款项的情况下要求放货,出口企业应提高警惕心理,尽量要求买方先支付部分货款;同时,也应考虑其他措施积极减损,必要时借助中国信保等专业机构进行协助。

第三方欺诈风险新特点及防范建议

厦门分公司　陈　惟

摘要： 随着国际贸易形势日渐复杂，第三方冒用买方名义进行欺诈的案件层出不穷，且欺诈手段逐步升级，令出口企业防不胜防。第三方欺诈风险一旦发生，出口企业无法向被冒用买方确立债权。与此同时，实际债务人往往失踪、逃匿，从而使出口企业蒙受较大损失，面临财货两空的困境，难以事后补救。因此，事前采取相应的防范措施，是避免欺诈风险发生的关键。本文结合一宗第三方欺诈案例，对第三方欺诈风险的新特点进行梳理，并就欺诈风险防范提出相关的建议。

一、喜出望外，大单从天而降

灯具生产企业A公司从某聊天软件中结识一自称为英国买方B公司员工的个人。对方称B公司主要从事太阳能等产品的经营，目前和联合国儿童基金会在乌干达有合作项目，需要出口企业一年供应50~100万只灯泡。面对从天而降的大订单，A公司起初将信将疑，为了打消A公司的疑虑，对方首先向A公司提供了公司网站地址、联系邮箱等信息。A公司登陆对方提供的网站后，网站界面与常规公司的官方网站无异，联系邮箱后缀也与B公司名称十分相似。A公司根据B公司资信报告信息，向对方询问B公司的注册地址、负责人、股东等信息，对方对答如流且信息基本吻合。为了向A公司证实其所谓乌干达项目的真实性，对方又向A公司提供了所谓与联合国儿童基金会的合作协议。经过上述种种确认，A公司最终打消顾虑，开始与对方商谈合作。

更令A公司喜出望外的是，对方不但订货数量大，更在报价时给出了高于市场行情价的高价，前提是 A 公司必须以 OA45 天的支付方式进行交易，货物发往乌干达，并把单据寄往所谓 B 公司在乌干达分公司的地址。A 公司出于谨慎考虑，向对方要求采用 D/P 支付方式，但对方当即表示如 A 公司不接受这一条件，订单便交给其他供应商。A 公司面对对方的高价诱惑，最终同意对方条件，向对方出运首批货物，并将单据寄往对方提供的乌干达地址。

然而，对方在收取货物后便人间蒸发，所谓公司网站也已无法登陆。A 公司在应付款日后也未收到对方支付的任何货款。情急之下，A 公司向中国信保提交可能损失。

二、信保介入，揭开骗局帷幕

中国信保接到 A 公司提交的可损后，立即委托当地律师介入调查。律师与 B 公司联系后，B 公司否认交易，表示其公司是一家金融公司，并不从事货物贸易。与 A 公司联系的邮箱并非其公司邮箱，所谓的公司网站亦为虚假网站。

律师进一步联系目的港货代，经调查发现本案货物被一家与 B 公司名称十分相似的乌干达公司提取，该公司成立于本案货物出运之后，并无实际经营地址，较大可能为对方为提取货物而注册的空壳公司。

此外，经律师与联合国儿童基金会核实，B 公司并未与其在乌干达有合作项目，所谓合作协议是一份虚假合同。

三、第三方欺诈案件新特点

上述案例是一宗第三方冒用买方名义与出口企业签订合同最终骗取出口企业货物的欺诈案件。但与以往第三方欺诈案件相比，本案的欺诈手段呈现出更多新的特点。

（一）联系方式更具迷惑性

此前第三方欺诈案件中，欺诈人员一般采用某些公共邮箱与出口企业联系，较容易分辨出联系邮箱与被冒用买方的公司邮箱不一致。与之不同的是,本案欺诈人员采用的邮箱后缀与被冒用买方的公司名称十分相似,邮箱形式甚至比被冒用买方的真实邮箱更正式。除此之外,本案欺诈人员还虚构公司网站,网站域名也与被冒用买方名称相似,且网页内容翔实,设计美观,从形式上看与真正的公司网站无异。欺诈人员在联系方式上的精心伪装,使出口企业在交易过程中更容易轻信其身份,仅仅通过简单比对联系邮箱这一措施,难以防范风险发生。

(二)主体名称真假难辨

相比最初欺诈案件仅为个人纯粹冒用买方公司交易,并未实际注册公司的情况,本案欺诈人员在第三国注册与买方名称完全相同的公司收货。由于公司名称基本一致,直接通过合同、收货人名称,或通过付款账户名称核实对方身份的方式,在此类欺诈手段下也难以分辨收货公司与被冒用买方是否为同一主体。即便出口企业留意到单据显示的地址与买方地址不一致,欺诈人员仍会以该公司为买方在某地的分公司等理由进行解释,出口企业在面对订单诱惑下也倾向于相信欺诈人员的说辞,从而陷入欺诈人员挖下的陷阱。

(三)呈现出智能化、组织化、规模化的倾向

国际贸易欺诈活动的欺诈人员对国际贸易、航运、金融和保险知识具备一定了解,通过互联网、黑客等科技手段打造完整的欺诈链条,进一步加深了对出口企业的迷惑性和欺骗性。以往的欺诈案件中,因欺诈人员并非买方公司员工,对买方了解有限,在交易前期沟通过程中,出口企业通过询问买方公司的详细信息,可能使对方露出破绽,从而发现交易存在的疑点,及时避免风险发生。

然而,本案欺诈人员熟知买方的地址、联系方式、内部人员以及财务状况等信息,能够准确应对出口企业所提出关于买方的各类问题,导致出口企业在前期沟通中难以觉察欺诈人员身份存在的疑点,外加对方不断以高价作为诱饵,从而使出口企业疏于防范,更易落入陷阱。

四、第三方欺诈风险防范建议

鉴于不断升级的欺诈骗术,中国信保建议广大出口企业应从以下几方

面入手，防范第三方欺诈风险。

（一）关注业务来源及典型的国别风险

对于网络或社交平台线上认识的买方或展会中个人介绍的业务，出口企业需要谨慎交易。同时，对于货物出口目的地为非洲、希腊等地区和国家的业务也需要引起关注。

（二）核实交易对象的身份仍是关键

出口企业在交易之前应对交易对象进行充分的资信调查，将交易对象的注册信息、联系方式、人员信息等与资信报告进行比对。值得注意的是，在欺诈人员联系方式迷惑性逐步升级的情况下，出口企业在比对资信报告信息时，不应仅仅关注其中的某一项信息，而需将对方提供的各项信息与资信报告进行全面比对，一旦出现与资信报告不一致或自相矛盾之处，需谨慎交易，必要时可通过资信报告联系方式直接与买方取得联系，核实对方身份及业务真实性。

（三）首次交易尽可能减少交易金额，并采取更保守的支付方式

对于首次交易的买方，建议出口企业避免一次性出运金额较大的货物，并收取一定比例预付款。此外，尽可能采用D/P或信用证等支付方式，在采取上述支付方式的同时，尽量选取可控制货权的单据，如指示提单，避免使用记名提单、海运单、空运单、陆运单等无法控制货权的运输单据。使出口企业即便在风险发生的情况下，也能够通过货物处理减少损失。

（四）警惕货物目的国与买方所在国不一致的情况

如买方不属于在全球各地开设有众多子公司的集团公司，也不属于业务范围遍及多个国家的中间商，对于出货前对方要求将货物发往第三国，尤其是买方在经济比较发达的国家，而收货人在经济相对比较落后的国家的情况，需要提高警惕。此外，如对方提出将提单寄至与买方地址不一致的第三方地址时，建议出口企业坚持提单必须寄至经资信调查核实的买方注册或经营地址，避免提单落入身份不明的第三方手中。

关于乌干达买方欺诈风险的提示

江苏分公司　朱欣欣

摘要：近年来，乌干达地区的案件频发，在中国信保介入调查后发现，大多数案件均涉嫌第三方利用限额买方名义欺诈的情况，给出口企业造成重大损失。本文选取了两起典型案例，旨在给出口企业在风险防范上提供一些思路和手段，尽可能地避免欺诈风险的发生，减少损失。

一、案情介绍

案例一：出口商与乌干达买方签署贸易合同并按合同约定出运，买方应付款日后拖欠货款，出口商遂委托中国信保介入追讨。经过海外渠道调查，本案调查结果如下：限额买方表示合同上签字盖章均系伪造，与出口商沟通的买方联系人A并非其公司员工。渠道后与A取得联系，A个人认债，但对其身份问题未予说明。物流调查方面，渠道反馈货物滞港未被提取。

通过审核贸易单证，中国信保发现：（1）合同买方签字无法辨别；（2）提单收货人为限额买方；（3）A所用邮箱的前缀为限额买方公司名缩写，后缀为gmail邮箱，与资信报告中的买方官方邮箱不一致。结合渠道初步的调查结果来看，此案疑似第三人利用限额买方名义骗货的惯用伎俩，但令人困惑的是A将限额买方作为记名提单收货人，其无法提货，A最终并未取得货物，明显违背逻辑。为深入了解贸易过程，中国信保理赔人员与出口商经办人沟通后，得到如下重要信息：（1）出货前A曾要求出口商更改提单收货人信息，但出口商并未同意；（2）货物出运后，出口商自寄提单，收件人地址系 A 提供，但从该地址来看，并非买方公司地址。

根据出口商提供的信息，结合渠道的调查过程和货物目前滞港事实，中国信保判断此案的贸易过程为：A 冒用买方名义下单，原本计划指示出口商更改提货人直接提货，但由于出口商未予同意，只能要求其寄送提单，但取得正本提单后，又未能提取货物，最终导致货物滞港。在后续的调查中，渠道多次尝试与 A 联系，希望能够披露贸易过程，但 A 始终逃避追讨，未予回应。

案例二：出口商与肯尼亚买方签署贸易合同并按合同约定出运货物，买方应付款日后拖欠货款，出口商遂委托中国信保介入追讨。经过海外渠道调查，本案调查结果如下：限额买方否认贸易，称不认识与出口商沟通的联系人 B。物流调查方面，渠道反馈货物被清关公司提取。

通过审核贸易单证，中国信保发现：（1）合同买方签字人为 B；（2）提单收货人部分，公司名为限额买方，但地址非限额买方资信报告中地址，而是乌干达的某地址；（3）B 所用邮箱的后缀为第三方公司 C 官方邮箱，并非买方公司邮箱。经核实，出口商反馈，其与买方是首次贸易，且系 B 通过中国制造网的广告信息主动联系出口商，与 B 联系均通过个人邮箱，其余贸易信息均不了解。

经渠道进一步调查，得到如下关键结果：（1）限额买方所涉略领域为汽车零部件，但本案出运的货物是医学物品，经营范围完全不同；（2）提单收货方地址为乌干达，但限额买方在乌干达并不存在分公司；而该地址属于另一公司 D，该公司经营范围与本案出运货物对口；（3）与出口商对接的联系人 B 所用的邮箱域名所属第三方公司 C，从事的是医疗行业，与本案出运的货物一致。因此，可判断本案第三方公司利用限额买方名义骗货的嫌疑较大。

二、案件处理过程

从近期发生的乌干达地区的案件并结合以往中国信保处理的类似案件来看。诈骗方还是有一些惯用伎俩，让我们有迹可循的：

1. 非洲骗子往往冒充资信较好的中型企业进行诈骗，骗取产品主要是化工原料、医疗用品、汽车配件、机电产品等，通常要求将货物发往乌干达、肯尼亚、多哥等国。

2. 骗子公司要么直接使用第三方公司邮箱，要么使用 GMAIL、YAHOO 等免费邮箱，且会将限额买方公司名作为邮箱前缀以迷惑出口商。

3. 骗子公司通常主动上门，通过网站联系出口商询价，甚至直接告知其公司可申请到中国信保的信用额度。

4. 为最方便地骗取货物，往往会要求出口商将提单收货人更改为第三方公司，并称该公司系其清关公司或者分公司等。

遇到诈骗案件，出口商通常觉得非常委屈，表示自己根本无法辨别。作为保险公司，我们理解出口企业因巨额货款不能收回且无法赔付的焦虑心情，但细细想来，出口商真的无法辨别吗？在贸易中真的没有任何问题吗？从上述两个案例来看，出口商至少存在如下注意义务的履行瑕疵：

1. 出口商为中国信保综合险保单出口企业，事先已获得买方资信报告，有条件对买方的经营范围、官方网站、官方邮箱进行详尽地了解，而上述两起案件中，买方均未使用限额买方官方邮箱，出运的货物也均与买方经营范围完全不同，出口商缺乏基本的风险意识。

2. 联系人要求货发第三方的时候，出口商对于第三方与限额买方的关系完全不知情，也未尝试去了解，仅听信联系人一面之词，便将提单收货人随意更改，或寄送正本提单。

3. 对于首次交易的买方，支付方式均为放账，没有约定任何的预付款，故在货物出运前，也无法通过付款信息辨别买方身份，风险较大。

三、启示和建议

面对如此汹涌而来的诈骗风险，作为出口商该如何防范风险？中国信保有如下建议：

（一）充分利用中国信保提供的资信调查服务

在对买方资信状况不了解时，可事先向中国信保申请买方资信调查。在获取买方资信报告后，应仔细对照资信报告与买方所述是否一致，如有疑点应向买方核实清楚，并获得其书面解释，切勿急于与买方签署贸易合同。

（二）务必确认买方联系人身份

若对方联系人明确表明其是中间商或者代理，必须要求其提供相关书面授权。若出口商不是从最终买方处直接获得合同文本的，需向中间商或代理索要其获得合同的原始途径证明，原始邮件必须通过买方官方邮箱发出。

（三）特别关注收货人信息

欺诈案件的最终目的是为了骗取货物，所以往往会要求出口商将货物发送给所谓的指定收货人。因此对出口商而言，如何有效控制货物物权是非常重要的环节。

针对此问题中国信保有如下建议：（1）除非存在合理理由，出口商应保持提单上的出运信息与限额（合同）买方的信息一致，即收货人信息为已经核实过的买方信息；（2）当买方提出货发第三方时，需要求买方提供收货公司的完整信息，如有必要，可以请中国信保协助对收货公司进行调查，看是否与买方所述一致；（3）更改收货人、付款路径等关键贸易信息时，一定要求买方用公司官方邮箱发送邮件；（4）在诈骗过程中，诈骗人往往会指定货代，方便其提取货物。因此，出口商在实际贸易中应要求使用自己选定的货代，在出现风险时，能有效帮助出口商控制货权，防止货物被骗取。

（四）通过约定付款路径，有效甄别买方真伪

在首次贸易中，很多出口商都已经能够做到在支付方式中约定一定的预付款来降低风险，但还远远不够，在付款路径上，必须明确要求对方以限额（合同）买方自己的银行账户来进行外汇支付。

"真"水单也有可能是假买方

厦门分公司 林睿娴

摘要：随着国际贸易的不断发展，第三方欺诈层出不穷，诈骗手段不断翻新。假邮件、萝卜章、假合同等防不胜防，"真"水单的背后也有可能是假买方。本文选取了一宗典型的第三方欺诈案例，从买方资信调查、合同洽谈签订到出运货物跟踪等几个方面，分析国内出口方如何有效规避第三方欺诈风险。

一、基本案情

疫情冲击下，国内出口企业S为寻求转机，积极拓展口罩出口业务，于外贸平台网站结识某阿联酋买方David。David自称系买方C的负责人，代表该公司与出口商S联系，并通过Gmail邮箱向出口商S发送合同。双方通过邮件的方式订立合同后，出口商S于2020年8月向其陆续出运2票货物（口罩），其中一票货物货发迪拜，另一票货发马来西亚，合同约定支付方式为见空运单3个小时内付款。第一票货物入仓后，David主动提出先付款，并提供了付款水单。佢蹊跷的是，在David确认收货之后出口商却仍迟迟未收汇。经过S公司多次催收，David仅表示系因为银行付款流程问题，希望出口商S耐心等待收汇。

屡次追讨无果后，S公司于2020年11月向中国信保报损，并委托中国信保向C公司追讨欠款。

二、调查情况

（一）买方股东否认交易，案件初显端倪

中国信保海外律师介入后，David先是口头承认债务金额，表示将尽

快出具还款计划,后又以其刚收购买方公司为由拒绝承担历史债务,并回避追讨。David 的异常反应引起了律师的警惕,遂根据资信报告记载的地址及贸易单证记载的地址进行上门调查,发现两处地址均已人去楼空,无企业经营。于是律师继续根据资信报告联系买方股东,股东否认交易,表示公司已停止经营,David 并非该公司员工,发送合同的邮箱也并非公司邮箱。虽然水单显示的公司账户信息正确,内容、格式足以"以假乱真",但买方 C 的账户实际却从未向出口商 S 支付过货款。

(二) 货物流调查抽丝剥茧,仍无法锁定实际提货人

为核实实际提货人,中国信保委托专业调查团队,对两笔空运单进行详细的货物流调查。

在针对目的地国为阿联酋的空运单的调查中发现,货物签收人为 T。T 表示其受买方 C 的委托办理换单手续,将换单后文件提交给清关代理公司,清关代理公司则表示该司仅安排清关,货物由收货人自行安排提取,当初指示该司对货物进行清关的是一名叫 Sam 的人。目前无法与 Sam 取得联系。在针对目的地国为马来西亚的空运单的调查中发现,该空运单由航空公司直接联系收货人放货,目前仅能调查到货物已经到港,由于无法联系上当地航空公司和通知方,无法确认实际收货人。

此外,在调查中,T 曾表示该司帮助买方 C 安排过多次换单,并提供买方 C 的多个联系方式,经核对与资信报告记载的买方联系方式完全不符。

(三) 出口商货、款两空,欲哭无泪

综合律师调查情况,买方股东否认本案项下交易,否认与出口商 S 进行联系的人员为该公司员工,联系使用的邮箱也非该公司邮箱,付款水单也系假水单。此外,出口商 S 在签订合同时并未对买方实际经营情况进行核实,也并未在 David 要求将空运单提货人填写为其在马来西亚的子公司时引起警觉,现货物已被提走,实际提货人行踪不明。出口商 S 既无法证明与 C 公司订立过合同,也无法向收货人主张欠款,联系人 David 又消失得无影无踪,货款两空。

三、启示和建议

当前,受疫情影响,国内出口企业和国外进口商当面洽谈业务已经变得十分困难,只能通过电话、邮件等方式联络,给第三方欺诈创造了条件。结合本案的实际情况和调查结果,以下几点建议供出口企业参考:

(一)严把首次交易的风险

作好尽职调查、了解交易对象是预防贸易欺诈的重要手段。在上述案例中,如果出口商 S 能及时通过资信报告调取买方信息,在察觉经营状态异常或地址不符时多给股东打一个电话,核实联系人身份,便能避免此次损失。出口企业在面对贸易急单、新单,更应加强警惕,尽可能多渠道、全方位地核查买方背景,确认买方联系人真实身份,确保贸易合同真实、合法、有效。

(二)警惕贸易过程的迷雾弹

细节决定成败,注重细节才能辨析真假。本案项下出口商 S 在接到新订单后,认为合同附有签章且内容完备(条款长达 6 页)、出运前买方提供付款水单,便放松警惕,导致货物被提货后仍未发现诈骗迹象。在国际贸易中,出口企业不仅应在合同签订、货物生产、装船出运、交单托收等各个环节把好风险控制关,在货物出运后,更要积极跟踪货物流转情况,及时催收货款,增强风险意识,做好风险防范。

(三)重视掌握货权

在国际贸易中,出口商应将有效控制货权作为防范风险的重要手段。如采取预付款方式,切记一定要核实款项到账后再放货。一般来说,国外买方的银行汇款水单往往会被出口企业当作买方已付款的一种凭证,殊不知,一些看似再平常不过的事情却往往埋伏着危险。上述案例中出口商虽然采用 D/P 付款方式,但出口商在看到买方汇款水单后,未核实款项是否到账就发货,事后发现上当已为时晚矣。此外,有效掌握货权,建议优先

"真"水单也有可能是假买方

使用具有物权凭证的贸易单据。如果采用空运单、海运单、快递单等非物权凭证单据，出口商在发运货物后即失去对物权的控制。采用具有物权凭证的贸易单据，如果出口商中途察觉变故，有利于及时控制货物，避免货款两空。

别让黑客"偷"了你的应收货款

第三营业部　吕元乔

摘要： 科技作为第一生产力，极大地方便了现代国际贸易的开展，出口企业不用走出国门，就可以通过电子邮件、聊天软件等手段随时随地的与世界各地的买方洽谈商务合作。然而，科技的发展带来的不仅仅有便利，也滋生了很多新型犯罪。其中，黑客盗用信息实施诈骗已经成为一种国际公认的风险类型，尤其是黑客采用技术的多元化，使出口企业更加防不胜防。如何把握该类型案件的特点并及时作出应对，结合近期一宗邮件代发黑客案件，笔者做了一些思考。

一、案情介绍

国内某出口企业 B，在洪都拉斯有着长期稳定的合作买方 H。2019 年，买方 H 向出口企业 B 订购一批总金额 20 余万美元的产品，约定支付方式为 OA60 天，货物顺利到港并被提取。应付款日后，出口企业 B 多次收到带有买方邮箱地址的要求延期付款的代发邮件，因正逢国外圣诞节假期及中国春节，出于对买方的信任，出口企业 B 并没有对买方邮件发件人信息中带有的"代发"字样产生怀疑，也没有及时就买方拖延付款的反常行为与买方 H 进行电话联系。直到长期未收到货款后，出口企业 B 才与买方 H 电话联系。这时买方 H 声称在之前收到了由出口企业 B 邮箱发送的变更银行账户的邮件，并已经根据邮件中的账户支付了共计 15 余万美元的货款，同时也一并否认了其曾向出口企业 B 发出过延期付款的邮件。对于 B 的付款请求，买方 H 予以拒绝。出口企业 B 沟通无果后，向中国信保报案。

二、案件处理过程

中国信保介入勘查后，买方 H 承认贸易并提供了由 B 邮箱地址发送的账户变更邮件，以及由 B 企业法人签字并加盖公章的要求变更账号的扫描文件。但 B 坚称其邮箱从未发送过该邮件，对于买方提供的证据，B 提出了黑客可能通过邮件代发技术伪造了上述邮件的观点，因邮箱为免费邮箱且未实名注册，B 虽经多种途径努力，但始终未获得邮箱运营商的服务器发件原始数据。

最终，出口企业因无法对其邮箱发出账户变更邮件的情况提出有力抗辩证明，损失惨重。

三、案件建议

针对黑客盗用出口企业身份造成损失的情况，建议采取以下措施：

（一）及时跟踪回款情况

根据约定支付账期及时跟踪买方回款情况，尽量缩短双方沟通的空档期，并在出现反常情况后立即通过电话等直接沟通的方式进行联系。

（二）多种方式确认贸易关键信息

涉及收货方变更、收款账号变更、支付账期变更等关键信息的，提前与买方约定需通过电话等方式进行二次确认，并在变动后需要双方签订补充协议，避免仅靠邮箱沟通就变更关键信息的情况。

（三）提升通讯方式安全性

出口企业尽量使用自身的企业邮箱，或使用能够实名认证的付费公共邮箱，提升邮箱服务功能，减少邮箱安全服务盲点，在必要时能够及时调取邮箱服务器原始数据信息；建议设置强度较高的邮箱密码，并定期更改邮箱密码，如条件允许，针对重要邮箱尽量设置手机短信、电子口令等多重登录认证；建议分类管理邮箱，将展会、广告、网站等公开场合公布的联系邮箱与实际贸易联系邮箱区分管理，杜绝混用，降低泄露贸易信息的风险。

（四）尽快介入留存证据

买方以黑客盗用身份信息为由拒付或拖欠货款时，应立即要求买方举证，包括但不限于要求买方提供黑客发送的.eml格式邮件记录或其他通信手段的原始数据记录，以及向第三方付款的银行记录等证明文件，以第一时间判断买方主张的真实性，进而判断双方责任占据主动。

提前识别新买方风险的几点建议

浙江分公司　毛　玮

摘要： 结识新买方，接收新订单，是出口企业拓展新业务的必经之路。但在无合作历史、对新买方真实实力不了解的情况下，有哪些方法有助于提前鉴别新买方信用风险，降低出口收汇风险呢？本文将通过一则真实案例为出口企业提前识别新买方风险提供几点建议。

一、案情介绍

2019年5月，中国某出口企业A公司通过广交会结识了一家荷兰买方B公司，并在当月签订了合同，合同金额为5万美元，约定支付方式为提货后7天内付款。A公司按期出运了该合同项下货物。货物到港后，B公司支付5000美元后清关提货。应付款日后，A公司向B公司催款，B公司回复正在外出差，后续会支付余款。但是之后无法再联系上B公司，A公司遂向中国信保报案并委托追讨。

中国信保立即委托海外律师调查，律师反馈称该买方已被鹿特丹法庭宣布破产。通过破产管理人确认，本案债权US 45000.00已成功登记债权。但据管理人告知，B公司总资产仅为EUR 11297.69，目前登记债权金额共计EUR 257293.94。货物流调查显示，该货物在清关后被再次运往希腊，后续无法查询到更多信息。

二、案情分析

经核查该买方项下资信报告及中国信保系统记录，资信报告显示该买方于 2019 年 3 月 26 日成立，只有一名雇员即股东本人，该股东为希腊籍，其余信息不详。中国信保在当年 4、5 月份时，共收到全国 20 余家出口企业询单，申请该买方项下限额，中国信保提示该买方经营风险较高应谨慎交易，分公司项下该买方的限额申请均未获批。中国信保后续收到该买方项下共 11 件报损案件，累计报损金额达 48 万多美元。

本案项下，虽然买方国别是荷兰，看似风险等级较低，但细究该买方信息就发现有"坑"：

1. 成立时间非常短，说明该公司无历史信用基础可借鉴；
2. 买方股东为希腊籍，注册了一家荷兰公司，有"披羊皮"之疑；
3. 买方资产非常有限，在出现如本案买方被宣告破产的情况下，将面临极少资产可供分配的困境。

三、案件建议

在国际贸易中，出口企业为了抢抓新订单，可能会尽力促成与新买方的合作，为帮助大家有效降低收汇风险，特提出以下三点建议：

（一）捕捉高风险信息，识别风险信号

在分析新买方信用风险时，建议配合资信报告，结合买方公司成立时间长短、股东个人信息、公司资产，还有买方公司网站注册地等信息综合分析买方实力。

（二）重视中国信保批复限额的作用

中国信保批复买方的信用限额为在该买方项下可承担保险责任的最大金额，一般与该买方的付款能力相匹配。如果出现同本案中拒绝批复或降低批复条件一致的情况，出口企业应谨慎后续贸易及出口，提前做好风险控制，比如提升预付款占比、少量多次出运、约定可控单或风险较小的支付方式等。

（三）出险后及时报损，积极减损

如果出现了买方风险，及时向中国信保报损并委托追讨。根据以往追

讨经验，中国信保介入时间越早，则追回欠款的可能性越大，核实案情的效率也相对较高，这也有利于加快案件理赔进展。如果出现了买方拒收风险，出口企业应按照保单约定积极处理货物，尽量减少损失。比如本案该买方项下，在向中国信保报损案件中，有近半数企业通过积极控单，成功转卖新买方，降低了损失。

美国华人买方冒用第三方名义进行欺诈的案件启示

江西分公司　江海睿

摘要：在企业参与国际贸易的过程中，各类风险历来暗礁丛生。近年来，受单边主义、保护主义抬头的影响，加上疫情导致的世界经济形势下行，跨国贸易变得更为波诡云谲。本文通过介绍近年来美国发生的几起华人买方冒用第三方名义进行贸易诈骗的典型案例，希望为中国出口企业在贸易实践中提供风险警示。

一、案情介绍

2019 年，国内出口商 G 公司经朋友介绍，与美国华人 P 通过邮件取得联系。华人 P 自称为美国纽约州的 R 公司员工，表示 R 公司有大金额的男式衬衫采购计划。由于 P 确认的采购单价略高于市场均价，G 公司很快根据 P 的要求制作合同（贸易术语 FOB SHANGHAI，合同金额约 30 万美元），并发送给买方确认。由于看到 P 回传的合同中载有 R 公司名称字样的印章，G 公司迅速投入生产。完成备货后，G 公司根据 P 的指示向指定船公司提供收货人信息并交付出运。

货物出运后，G 公司未能如期收到货款，遂尝试催款，亦无法与华人 P 取得联系，后向中国信保索赔。在此期间，中国信保还陆续收到其他多家出口商就美国进口商提交的索赔申请，上述出口企业均与买方的美国华人代表签订合同，且前期案情大同小异。

二、案件处理过程

收到报案后，中国信保立即委托专业的海外渠道展开追偿。经勘查，中国信保海外渠道与美国纽约州的 R 公司法定代表人取得联系，R 公司否认曾与 G 公司有过贸易往来，表示该公司无此员工 P，亦未曾授权委托 P 代理其在中国境外的采购业务，并出具了经公证的正式声明。

核查后，中国信保发现，涉案的海运提单为记名提单，其记名收货人的联系方式为美国加利福尼亚州洛杉矶华人区的电话号码，提单的目的港为加利福尼亚洛杉矶，且合同中买方印章、提单的记名收货人名称均与 R 公司的注册名称存在细微区别（前者多了英文标点"."）。

中国信保随即向涉案船公司搜集信息。船公司反馈，货物抵达洛杉矶港口后，其根据提单记载的联系方式与收货人取得联系并向后者发送了到货通知书（ARRIVAL NOTICE），后续由收货人凭借到货通知书自行来港口提取货物。经调阅相关记录，实际提货人并非 R 公司，且上述到货通知书中的收货人名称与提单记名收货人名称一致（即比 R 公司注册名称多了英文标点"."），而收货地址为美国加州一地址，与 R 公司注册地址或经营地址完全不一致。

根据到货通知书中的收货人名称及地址，中国信保查询到注册在美国加利福尼亚州的另一公司主体，该主体注册于 2016 年。经确认，该主体与 R 公司无关联关系。

由于上述此类案件均涉及第三方冒用限额买方名义进行诈骗，而中国信保承担保险责任的前提是出口商可向合同买方主张真实、合法、有效且无争议的应收账款债权。因此，上述案件下，企业只能独担损失。

三、启示和建议

（一）通过回顾此类第三方欺诈案件，可梳理出如下共性：

1. 贸易双方首次合作，所谓"买方代表"均为美国华人，由于文化背景相通，双方沟通顺畅。

2. 双方通过邮件或电话确认贸易细节，无其他形式的沟通接触，出口商对不法分子的真实身份不得而知。

3. 涉案货物均为纺织服装成品、日用品等易储存、使用期限长的产品，以便不法分子骗取货物后进行转卖。

4. 合同往往不约定定金，但成交单价一般高于市场均价，以诱骗出口商签单。部分"买方代表"甚至会主动提出请出口企业投保中国信保，借仿冒公司的较好资信状况打消出口企业顾虑。

5. 由于美国为联邦制国家，各州公司注册要求不尽相同，不法分子通过在美国不同的州分别注册与仿冒公司名称相近的企业主体来下单收货。

6. 货物通常发往加州洛杉矶等华人较为聚集的地区。

（二）为规避上述情况使中国企业白白吃下"哑巴亏"，中国信保向出口企业提出以下建议：

1. 在与美国买方首次洽谈交易前，建议请交易对手出具身份证、驾照等有效身份证明文件，同时请交易对手出示该公司出具的授权书，明确其权力范围。

2. 面对首次下单且单价高于市场均价的美国买方，尤其是沟通过程中十分"爽快"的陌生买方，务必提高警惕。逐利是企业的本性，在产品高度同质化的行业，馅饼背后往往暗藏陷阱。

3. 如在交易过程中难以掌握对手身份，可向中国信保调取进口商的资信报告并进行投保。企业可通过资信报告中详尽的联系方式与进口商直接联系，核实交易真实性；通过资信报告中的人员架构及行业类别等信息，判断与自身贸易细节是否吻合，进而获得中国信保的有效风险保障。

理赔追偿信息反哺　出口企业风控受益
——一宗希腊系列买方欺诈案的启示

河北分公司　吴　磊

摘要：在国际贸易实务中，通过资信调查了解买方基本信息，让出口企业能够及时、详细并客观地掌握目标买方资信状况的重要性毋庸置疑。与此同时，中国信保在处理理赔追偿案件的实践中发现，海外渠道反馈的调查信息在跟踪交易风险、对交易风险点进行梳理与归纳、监控和识别不良买方等方面同样发挥着重要作用。本文以一起典型案例，说明海外渠道信息反馈的重要性，同时梳理和总结相关交易中的风险点，以供大家学习参考。

一、案情回顾

2013年底，河北省一家纺织品出口企业A公司通过广交会结识了希腊买方B公司。双方协商签订一笔金额为4.8万美元出口机钩床单的贸易合同。由于是首次交易，A公司采取了风险相对较低的即期付款交单（D/P）的支付方式。在货物尚未到港时，B公司告知A公司其当前资金紧张，要求将支付方式变更为承兑交单（D/A），并要求提货后50天付款。这等于变相要求A公司先将货权放给B公司，同时延长账期。

A公司认为交易金额不大，同时感觉到B公司态度诚恳，欲保持长期合作关系而为B公司提供便利。A公司将该情况向中国信保进行了通报。

恰在此时，中国信保得到海外渠道反馈，海外渠道在办理涉及希腊买方案件时，发现有11起案件的涉案买方贸易名称相似，经营地点也相近，甚至为同一地点。深入调查后发现，这些希腊企业彼此之间存在业务往来，系同一吉卜赛家族对外设立的多家公司。

这11家买方集中向中国出口企业进行采购。中国信保已陆续接到8个省份出口企业针对上述买方的报损，总计涉案金额超过120万美元。将信息整合后，中国信保发现相关案件案情相似，即案件项下交易原有支付方式均为D/P，后买方要求将支付方式更改为D/A或OA，在提取货物后拖欠货款。

同时海外渠道反馈称，这些买方在提货后相互转移资产。面对追讨，这些公司态度恶劣，回复追讨的口径也完全一致，即拒绝和解，且明确表示不怕对其提起诉讼。

基于上述追讨和调查结果，海外渠道判断上述案件项下债务人很可能互相勾结，蓄意诈骗，案件所涉吉卜赛家族为贸易诈骗团伙，不排除该团伙在诈骗行为屡屡得手的情况下继续行骗的可能。

二、案件减损及处理

获悉上述情况后，中国信保向相关出口企业发布了《买方风险提示单》的预警信息，将海外渠道反馈情况进行通报，同时公布了这一系列名称相似买方的名单。

本案项下希腊B公司的贸易名称和经营地址同《买方风险提示单》中公布的信息相似，本案基本案情也同《风险提示单》中所述情况相同。由此中国信保认定本案项下买方B公司同《买方风险提示单》中所述涉嫌集团欺诈的吉卜赛家族存在密切关联关系，并将B公司的欺诈嫌疑及时告知A公司。A公司也及时否定了原有的放货给B公司的处理方案。由于该出运产品为机钩床单，属于专门为B公司定制的产品，产品上带有B公司名称的商标，且该产品属于高档家居装饰品，并非日用必需消费品，颜色、花纹、风格等具有很强的人群针对性，尺寸规格也较为特殊（2米*3米），A公司多方联系以转卖相关货物，最终法国C公司以2.7万美元的价格购买此笔货物。

在转卖完成后，中国信保就案件项下A公司转卖货物的差价损失及二次转卖过程中产生的费用损失进行了赔付。由于中国信保海外渠道及时的信息反馈，避免了案件项下货物款项的全损。

在中国信保相关信息的整合下，存在关联关系的涉案欺诈买方名单不断扩充，最终扩展为 18 个买方。同时多家中国出口企业及时收到了中国信保发送的《买方风险提示单》，原计划的出运被紧急叫停，最终避免损失超过 100 万美元，有效防止了集团欺诈导致的损失进一步扩大。

三、案例分析及启示

本案属于一起通过中国信保海外渠道的重要信息反馈、帮助出口企业及时止损、最终减损效果较为成功的典型案例。在保险双方的积极努力，以及海外渠道、中国信保、出口企业三方信息的共享和联动下，本有可能扩大的损失得以遏制，中国信保风险管控的专业优势得以体现。综合本案整个处理过程，以下的启示可供出口企业参考。

（一）综合利用中国信保海外渠道反馈，多方了解买方信息

常言道："知己知彼，百战不殆。"在出口企业同国外买方交易前，资信调查必不可少。与此同时，信保海外渠道的信息反馈，同样在贸易风险监控、结算方式确定，以及纠纷处理决策中起到非常重要的参考作用。这起案件中，海外渠道在对集中出险买方追偿过程中发现了某些案件的关联性和共性，对相关买方深入调查，并将信息向中国信保反馈。中国信保将得到的信息加以分析和整合，在案件处理过程中帮助出口企业及时控制了风险。

出口企业在同国外买方进行交易时，也应该从资信调查、协会或平台信息、海外渠道反馈信息等多方面尽可能多地对买方的相关情况进行了解和掌握，做到交易时心中有数，在出现相关风险时能够通过信息的整合分析做出合理的判断和决策。

（二）重视理赔追偿反哺功能，多种手段实现风险监控

中国信保在理赔追偿过程中，直面出险业务，对于出险的行业、国别和相关买方等情况有一定程度的了解。对中国信保反馈的信息，尤其是在理赔追偿案例反馈中梳理的国际贸易风险点，出口企业应当引起足够重视，对交易中的风险常抓不懈，以多种手段实现风险控制。

（三）风险信息共享，同中国信保形成良性互动机制

出口企业在国际贸易实务中，遇到买方可能出现信用问题的风险信号时，应及时向中国信保通报，以便信保能够通过国内外信息渠道了解和发现这些风险信号存在的共性特征，进而重点关注和监控风险。本案之所以能够实现较好的减损效果，"及时"两个字发挥了重要作用。因此出口企业有必要同信保建立风险信息传递、反馈、归纳、整合的常态，形成良好的信息互动机制，共同监控风险，保障应收账款收汇安全。

（四）审慎选择支付方式，通过支付方式妥善控制风险

本案中，在贸易协商阶段，贸易双方选择了 D/P 即期的支付方式，风险程度相对较低。货物到港前，买方 B 公司要求变更为 D/A 提货后 50 天付款，风险等级骤然提升。在这种情况下，出口企业尤其要引起重视，变更风险较高的支付方式应当谨慎。试想 A 公司贸然将支付方式变更为 D/A，势必会造成将来"财货两空"的局面。因此出口企业应当牢固树立起"通过支付方式控制风险"的理念。

（五）定制产品出运时，尤其注意拒收风险的防范

本案 A 公司在寻求货物转卖过程中，由于货物为定制，货物风格具有较强的人群针对性，货物规格也较为特殊，这在一定程度上增加了货物转卖的难度。因此，出口企业在向买方出运定制的代工产品时，应当特别注重拒收风险的防范，减少和避免因货物规格特殊而无法实现转卖或退运销售导致货物难以处理的局面出现。

其他类型篇

谨慎签署单据　从容应对风险

贸易险理赔追偿部　徐铭婕

摘要： 出口贸易纷繁复杂，单证票据种类繁多，但由于贸易双方在语言背景、法律制度、贸易习惯等方面的差异，可能会对单据的含义或作用方面的理解存在偏差，进而引发贸易纠纷，因此在开展出口贸易时，出口企业要"慧眼识珠"，小心识别单证性质，谨防单证陷阱。本文通过介绍一宗贸易纠纷案件，对出口贸易中的贷方票据（Credit Note）进行介绍，提示相关风险并提出风险防范建议，供出口企业参考。

一、案情概况

出口企业 A 公司与欧洲买方 B 公司签署货物销售合同后按约出口货物，买方 B 公司未按时还款，出口企业 A 公司遂向中国信保报损。

经海外调查，买方 B 公司主张，出口企业 A 公司曾签发贷方票据（Credit Note）减免其全部债务。针对 B 公司上述主张，A 公司抗辩表示，其确实曾向 B 公司开具贷方票据（Credit Note），但表示其开具单据的原因系受 B 公司要求开具的财务单据，B 公司曾表示在收到该单据后才能安排付款，而并非减免债务。买卖双方对上述票据理解产生歧义，从而对债权债务关系的判定产生重大影响。

二、何为贷方票据（Credit Note）

根据贸易双方不同的主张，中国信保立即展开调查与研究。
Credit Note 系国际贸易中一种常见的文件，中文译名为"贷方票据"。

根据《布鲁姆伯利法律词典》，其含义为"a note showing that money is owed to a customer"；根据《剑桥商务英语词典》，其含义为"a document that a seller gives to a buyer who returns a product, pays too much for something, etc., which the buyer may use at a later time to pay for something else"。根据上述定义，并结合国际贸易惯例，认为 Credit Note 系卖方/债权人免除对方债务的一种票证，实践中，卖方开具 Credit Note 一般是因为发票价格过高或买方退货（例如：货物有瑕疵）等原因，对买方债务的减免。

本案中，贸易双方并未在票据上明确注明其用途，在对票据性质认定时应优先按其通常含义予以解释。结合本案中贸易双方的沟通往来情况及相关证明材料，由于出口企业 A 公司并未保留 B 公司要求其开具贷方票据（Credit Note）时的书面往来函电，且 A 公司也并未就本案中贷方票据（Credit Note）的性质及用途等与 B 公司进行书面确认，根据贷方票据（Credit Note）的通常理解，并结合买方所在国专业律师的意见，出口企业 A 公司签发贷方票据（Credit Note）的行为，应理解为 A 公司已向买方 B 做出了货款折扣或放弃部分债权的书面承诺，出口企业 A 公司难以依据现有材料向买方 B 公司确立 Credit Note 项下应收账款债权。

三、相关风险建议

由于 A 公司的疏忽，一张小小单据成了主张债权的"拦路虎"，使得 A 公司有苦说不出。结合上述案例，建议出口企业在签署贸易单据前，准确理解单据性质，与买方明确单据含义，并留存好书面证明材料，尽量避免因文化、语言、法律环境等差异造成的对单据性质的理解偏差，增强风险意识，从容应对挑战。

（一）单据性质要查清

国际贸易中，涉及资金、贸易、货运、保险等多个环节及多种类别的单证及票据种类繁多、内容复杂，面对这些单据，建议出口企业保持耐心，认真查清单证性质，仔细辨明单据内容，加强与买方及相关方的沟通，明辨对方真实用意，避免因"草率"的签署相关单证进而影响自身权益的情况。同时建议出口企业结合贸易实践，不断加强学习与积累，总结相关理论知识和实践经验，持续提高风险防范能力。

（二）签署文件要辨清

出口企业有时会陷入买方精心设计的陷阱，签署的书面文件可能并不能体现出口企业的原意，或并不能全面、准确的体现出口企业签署文件的意图。针对上述情况，书面证据尤为重要，尤其是贸易双方发生纠纷时，如能保留往来函电等书面证明材料，则会大大提升责任判定的效率及效力。建议出口企业在签署书面材料时，相关内容要全面地体现出原意，同时文字表述要清晰、准确，避免词不达意或理解歧义，若出于种种原因，相关内容未能纳入书面文件中，则要保留好与买方的相关沟通、往来的书面证明材料。

（三）"朋友"心思要弄清

"有朋自远方来，不亦乐乎"是中国人长久以来的处事方式，出口企业往往也会以"朋友之道"对待国外买方。但商场如战场，建议出口企业能够理性、谨慎地处理商业关系及贸易往来，不要轻易地答应买方提出的要求，不要盲目地相信买方的说辞，理清自己的思路，作出理性的判断，守住自身利益，在"与人方便"时，避免落入买方编织的风险圈套。

（四）信保作用要记清

中国信保作为专业的出口信用保险机构，拥有专业的团队、丰富的知识储备以及大量的案件处理经验，旨在通过自身能力为出口企业纾困解难，切实为出口企业提供针对性、合理化的参考建议，帮助出口企业在面对风险与挑战时走出困境。面对错综复杂的外贸环境时，建议出口企业加强与中国信保的沟通与交流，风险发生后及时向中国信保通报可能损失，中国信保将通过专业的经验、优质的服务、高效的处理，保障出口企业权益，助力出口企业"走出去"。

小心买方合同陷阱！

厦门分公司　林睿娴

摘要： 近年来，随着国际贸易的发展，贸易纠纷逐渐增多。对于小微企业而言，因出口规模小，对合同条款把控能力不足，容易让不良买家利用合同漏洞恶意拖欠货款、甚至拒绝付款。本文为大家剖析一则典型案例，希望能给广大出口企业以启示和借鉴。

一、基本案情

某出口企业 A 是一家典型的外贸型小微企业，该企业于 2019 年 10 月和 11 月向美国买方出运了两笔货物（服装），第一笔支付方式为收到 FCR 后 5 天内付款，第二笔支付方式为 D/P 即期。出口企业按照合同约定如期出运货物，买方收货验货后却迟迟不支付尾款。A 公司屡次催讨无果，遂于 2019 年 12 月向中国信保提起索赔。

二、案件处理

（一）含棉量之争

中国信保在接案后快速行动，立即立案并指导 A 公司整理相关贸易单证，同时委托海外渠道介入勘查。渠道介入后，买方以历史出运货物存在质量问题为由拖欠货款（含棉量不足 10oz），并拒收第二批货物。A 公司抗辩说货物生产均根据买方确认的样衣进行生产，并提供大货与样衣的对比数据，数据显示一致。但买方随即提供部分货物的第三方检验报告、订单作为证明材料,检验报告显示产品含棉量为 8.75~8.85oz,低于订单要求 10oz。

(二) 复盘贸易过程,纠纷情况逐渐明朗

在 A 公司一筹莫展、无力辩白之际,中国信保对 A 公司与该买方项下的全部贸易单证和沟通记录进行全面梳理,最终发现在贸易过程中买方利用"障眼法"对产品质量标准进行偷梁换柱。

其一,从 2018 年起买方发送的询盘单中,不论型号、款式,任何产品约定的含棉量指标均一致(含棉量为 10oz),此合同为买方的合同模板,不符合生产实际。

其二,买方正式下单时发送的样品图片标注的含棉量为"Fill:100% Poy 8 oz",低于订单中记载的含棉量,A 公司系按照该样品图片制作产前样,所有产前样均得到买方确认。

其三,根据买方提供的第三方检验报告,产品含棉量为"8.75~8.85oz",虽然低于询盘单记载的含棉量标准,但高于样品图片约定的含棉量标准。

综上,买方利用大量的询盘单让 A 公司放松对订单条款的审核,同时又对样品进行了确认,让 A 公司一步一步落入陷阱。

(三) 及时支付赔款,帮助企业走出困境

在厘清贸易纠纷后,为尽快帮助 A 公司走出困境,中国信保迅速启动定损核赔,于 2020 年 2 月进行了赔付,在出口企业深陷贸易纠纷泥潭、买方恶意拖欠货款之时,中国信保通过及时支付赔款帮助企业渡过难关。

三、风险防范建议

小微企业在签订贸易合同时,常常受制于买方的格式条款,为抢抓订单,多数企业会尽可能满足买方提出的各种合理或不合理要求,对合同的厘定和执行未给予足够重视,往往导致意想不到的风险发生。在外贸形势日趋复杂的情况下,为避免出口企业踏入不良买方的合同陷阱,结合该案例,中国信保特提出以下风险防范建议:

（一）注意完善合同条款

对出口企业而言，合同既是对买方应该履行义务的一种明确规定，同时也是对自己必须履行的义务的一种界定。在签订合同时，合同条款须尽可能完备，应明确成交商品的品质规格、货物数量（交货数量、计量单位、度量衡制度法）、包装要求、货物价格、装运条件、支付方式、检验条款等。此外，出口企业应认真审核合同条款，尽量避免因合同的模糊和漏洞给对方可乘之机。

（二）注意留存书面证据

贸易过程中风险无处不在，而书面证据是解决一切未在合同中明确约定的问题的重要依据。因此，在发生重大变化或贸易关键节点时，出口企业应特别注意书面留痕，保留买方书面认可的证据，有利于后续在面临贸易纠纷时主张合法权利，维护自身利益。本案A公司详尽、妥善地保存了交易双方的贸易材料，包括贸易合同、往来函电等，为后续抗辩提供了客观的书面证据，最终成为案件解决的突破口。此外，在一些贸易中，如买方在出货前安排检验，出口企业应保留好检验证明或验货图片，甚至在双方协商同意的情况下，可约定出货前检验通过后，买方不能再以质量问题为由拒付货款。

（三）不惧纠纷，积极抗辩

面对纠纷问题，出口企业应沉着应对，依据贸易合同条款积极抗辩，并提供相应书面证据支持。如果发生出口企业确实存在一定"质量问题"的情况，则建议出口企业灵活协商，先将无争议部分的债权进行确认和追讨；同时尽可能明确产品问题的严重程度，防止买方"狮子大开口"的同时，与买方就争议债权达成最大限度的减损与和解协议。

信用证不保险　浅谈"不符点"风险防范

上海分公司　金　戈

摘要：信用证结算是国际贸易中的主要结算方式之一。其原理是银行根据进口方的请求，开具给出口方的一种保证承担支付货款责任的书面凭证。中国信保近几年受理的理赔案例中，信用证支付方式下的贸易损失屡见不鲜，其中尤以远期信用证项下的风险最为突出。信用证到底保不保险？"不符点"风险又该如何防范？本文将通过一起典型案例，对信用证实务中的风险进行分析和探讨，希望能够帮助出口企业厘清思路。

一、案情介绍

国内出口企业 A 向阿联酋买方 B 出口一批化学品，价值约 30 万美元。根据当地银行 C 为买方开具的信用证，贸易双方约定付款方式为 L/C 90 天，约定运输方式为空运。

当货物运抵目的地后，开证行以信用证"不符点"为由拒绝承兑。因出口企业在以往贸易中发生过开证行提出信用证"不符点"情况后，经协商买方全部接受信用证"不符点"，且开证行也正常付款的情况，所以此事并未引起 A 的警觉。

待付款日临近之时，A 试图通过议付行督促开证行 C 承兑付款，未果。其后 A 又多次直接向买方 B 催款，但对方皆以各种理由搪塞、拖延，直至最后失去联系。无奈之下，A 遂向中国信保报损索赔。

中国信保海外渠道介入调查后发现，货物早已在到港后被 B 提走，但通过电话、邮件和实地拜访等方式皆无法联系上 B，买方隐匿和躲避追讨的意图十分明显。

二、案件分析

本案出口企业 A 到底陷入了买方设计的何种"套路"？信用证实务操作中又存在哪些风险点？让我们从头开始，依次还原本案贸易的始末。

首先，受当地政策及商业环境所限，买方 B 在未缴纳足额保证金的情况下仍从开证行 C 处获得授信，并开具了 L/C90 天的远期信用证。

其后货物到港。因采用空运运输方式，买方无须从开证行处取得单证，直接自行提走货物。

与此同时，根据跟单信用证统一惯例（UCP600）的规定：开证行应在收到提示单据后的五个工作日内完成审核并决定是否承兑单证（第十四条）；一经承兑，则开证行必须按照信用证约定的期限进行付款（第七条）。基于以上原则，在买方事先并未缴纳保证金的情况下，为保护自身利益，开证行即以信用证不符点为由拒绝承兑。

此刻开证行是否兑付完全取决于买方是否向其付款，银行信用重新回归买方信用，信用证实质上已失去原本应有的保证作用。

最后，由于买方无力偿付并隐匿，且开证行自始未承兑信用证、不具有付款义务，出口企业最终陷入财货两空的困境。

三、启示和建议

（一）认清风险本质

出口贸易实务中，银行对买方开具信用证并不意味着应收账款已被放入保险箱。开证行所在国别、开证行资质、运输方式以及买方本身的信用等，这些因素都有可能对信用证交易项下的风险造成影响。出口企业应根据交易过程中的具体情况准确判断相应的银行风险及买方风险。

（二）关于信用证"不符点"的风险防范

恶意的买方往往利用信用证"严格一致"的原则，蓄意在其中增添一些受益人无法独立满足付款条件的条款，即为信用证中的"软条款"。此外，信用证上存在字误，如受益人名称、地址、承运人、有效期限，乃至于大小写错漏等，也都有可能成为开证行拒付的理由。出口企业事先应充分审核信用证条款，同买方做好细节沟通，避免陷入"不符点"圈套。

（三）投保建议

对于某些欠发达国家（包括但不限于孟加拉国、印度、阿联酋、巴西、阿根廷、阿尔及利亚等）银行开立的信用证，出口企业需关注当地法律政策及商业习惯。如判断信用证风险可能会转化为买方风险，建议尽早向中国信保申请 OA 项下限额并在申报投保时加保买方风险。

疫情之下企业如何应对信用证下的"失信"风险

厦门分公司　陈　惟

摘要： 在新冠肺炎疫情全球蔓延的特殊情形下，信用证项下的收汇也面临诸多不确定因素和风险。本文结合一宗新冠肺炎疫情期间开证行拖欠案例，梳理在疫情等不可抗力因素影响下，信用证支付方式可能面临的风险，并提出风险防范建议。

一、疫情肆虐，信用证骤然"失信"

出口企业 A 公司向尼日利亚买方 B 公司出运一批客车，金额共计 245.44 万美元。因交易金额较大，A 公司为确保收汇安全，决定选择风险较低的信用证支付方式。贸易双方最终确定合同支付方式为 L/C180 天，A 公司在信用证有效期内交单后，开证行也按约定进行承兑。A 公司本以为可高枕无忧，怎料信用证到期后，正值新冠肺炎疫情蔓延全球，世界各国因疫情防控措施贸易量急剧萎缩，且尼日利亚外汇的主要来源为石油出口，疫情期间当地石油价格暴跌，以上因素导致尼日利亚银行外汇短缺，无法按期兑付信用证项下款项。A 公司虽通过通知行积极向开证行催款，但仍然收效甚微。本以为信用程度较高的信用证支付方式骤然遭遇"失信风险"。

二、信用证可能面临的"失信风险"

从上述案例可以看出，信用证虽然是国际贸易中风险较小、收汇更有保障的支付方式，但并非完全不存在收汇风险。

在面对疫情等不可抗力因素外加银行违规操作时，仍可能出现下列

"失信风险"。

（一）交单交不了

开证行在信用证项下付款的重要前提之一是出口企业在信用证有效期内履行交单义务。然而，受疫情等不可抗力因素影响，一些国家或地区的物流公司可能暂停服务，国内通知行无法及时将单据寄送至国外开证行，致使出口企业无法向开证行交单或出现交单迟延，开证行以此为由拒绝兑付货款。

（二）银行不付钱

根据 UCP600 的规定，开证行对因不可抗力导致的营业中断的后果概不负责，银行恢复营业时，对在营业中断期间已逾期的信用证不再进行兑付或议付。因此，如开证行受疫情等不可抗力影响无法营业，可能以不可抗力造成停工停业为由不再对信用证进行兑付或议付。

（三）货物控不住

除疫情等不可抗力因素以外，银行违规操作更是导致信用证"失信风险"不可小觑的因素。根据信用证操作流程，开证行提出不符点的情况下，应退回单据或在受益人的指示下处理单据，未经受益人指示，不可擅自将货运单据放给买方。因此在一般情况下，出口企业能够较好地享有对货物的控制权。但一些资质较差的开证行可能与买方串通进行违规操作，在提出不符点且未经出口企业指示的情况下擅自将货运单据放给买方，影响信用证业务项下出口企业对货权的控制。

三、启示及建议

面对信用证"失信风险"，中国信保建议广大出口企业重点从以下五方面进行防范。

（一）选择优质开证行进行交易

出口企业在进行信用证交易时应对开证行进行充分的资信调查，全面了解开证行信用记录及财务状况，选择资质较好的开证行从事信用证业务。对于开证行风险较高的典型国家或地区（如孟加拉国），应谨慎进行信用证交易。

（二）选择合适贸易术语，有效控制货权

建议出口企业在从事信用证交易时，尽可能采取 CFR、CIF 等卖方指定货代的贸易术语，以便在信用证业务项下通过自身指定的货代加强对货权的控制。

（三）指定国内交单行，及时与开证行沟通

针对国外物流服务暂停导致出口企业无法交单或交单迟延的情况，一是在信用证开立时尽可能指定国内银行作为信用证交单行。在此情况下，企业只需按照信用证约定将单据交至国内指定银行即完成交单义务。二是协同通知行以电传形式保证单证信息及时互通，同时与开证行进行沟通，争取延长信用证交单期和有效期。

（四）及时与买方沟通

在信用证项下货款无法得到开证行兑付时，出口企业应保持与买方之间的密切沟通。一方面，借助买方的力量与开证行进行沟通，争取开证行支付货款。另一方面，与买方达成确认债务并变更合同支付方式的书面协议，在收取一定比例预付款的前提下，将信用证支付方式变更为托收或赊销。

（五）合理运用出口信用保险工具

出口企业可合理运用出口信用保险，保障开证行信用问题导致的收汇风险。除此之外，符合条件的出口企业还可选择在信用证业务项下加保买方风险，在信用证业务项下同时申请买方限额。即便在开证行无法支付货款的情况下，只要出口企业在贸易合同项下可向买方确立债权，同样可以获得买方风险保障。

滞箱费和滞港费对货物贸易的影响

华泰公估 夏 萍

摘要：在复杂纷繁的国际贸易中，出于各种各样的原因，买家可能未能及时提货，由此产生滞箱费和滞港费。滞箱费和滞港费应由提货方承担，一般由买家支付。但是如果货物滞留时间长，导致费用金额很高，可能会影响到贸易合同的顺利履行。本案例是一宗典型的因滞箱费和滞港费而影响货物贸易合同履行的例子，希望为广大出口企业提供借鉴和参考。

一、疫情原因买家未及时提货，产生高额滞箱费/滞港费

国内出口企业 Y 向肯尼亚买方 C 出口一批逆变器，价值共计 23 万美元。2020 年 1 月涉案货物从深圳蛇口港出运，2020 年 2 月运抵目的港肯尼亚 MOMBASA。但 C 公司直到 2020 年 5 月初仍未支付货款。Y 公司遂于 2020 年 5 月 12 日向中国信保报损。

经过调查得知，Y 公司通过订舱代理安排某海运公司运输该批货物，装载于一个集装箱。该海运公司签发提单，发货人为 Y 公司，收货人为 C 公司，通知方为 K 公司，目的港为肯尼亚 MOMBASA。2020 年 1 月 31 日装载涉案货物的集装箱从蛇口出运，2020 年 2 月 17 日运抵目的港肯尼亚 MOMBASA，但是直到 2020 年 5 月 20 日才运送到最终目的地肯尼亚 NAI-ROBI。

经与收货人沟通了解到，由于新冠肺炎疫情原因，目的港代理未及时通知收货人提货，导致涉案货物在 MOMBASA 港产生了高额的滞箱费/滞港费。收货人不愿意支付滞箱费/滞港费，因此拒绝提货，并拒绝支付

货款。

二、滞箱费/滞港费产生的原因及对贸易的影响

（一）什么是滞箱费/滞港费

滞箱费：一般情况下，以集装箱方式运输货物，船公司会提供集装箱给货方免费使用。为了加速集装箱的流通，避免积压，免费使用集装箱有一定的期限。超过该期限，船公司将收取一定的费用，即"滞箱费"。船公司对免箱期的规定不尽相同。普通集装箱在装港的免箱期一般为7天左右，目的港的免箱期一般为10天左右。冷冻箱、框架箱等特种箱的免箱期会短一些，一般为6天左右。货主自有箱（SOC箱）则不会产生滞箱费。

滞港费：也叫堆存费，由目的港港区收取。一般货物到港都有一定的免费堆放时间，通常为7天。到港货物在港区堆放时间超出港区所规定的堆放时间，港区将收取一定的费用，即为"滞港费"。不同的港区免堆期不同，有的还能依申请延长免堆期。

（二）滞箱费/滞港费产生的原因及支付方

如果没有特别的原因，货物运抵目的港后，收货人通常有充足的时间在免箱期/免堆期内及时提取货物。滞箱费/滞港费的产生一般是由一些特别的原因引起的。通常可能的原因有：

1. 单证流转不及时，买方没有及时取得货物单证；
2. 由于货代或买方自己的疏忽，未在免箱期/免堆期内及时提货；
3. 货物标识等违反海关的规定，被海关滞留；
4. 因罢工或其他情况导致港口货物积压，无法提货；
5. 因市场行情下跌或其他原因，买方拒绝提货。

滞箱费和滞港费的承担，一般不因贸易术语的不同而有区别。不论贸易术语是FOB还是CIF或CFR，在装运港产生的滞箱费/滞港费一般都由卖方支付，而在卸货港产生的滞箱费/滞港费一般都由买方支付。

如果无人提货，涉案货物持续在堆场滞留，滞箱费/滞港费将持续产

生,甚至可能超出货物价值。当滞箱费/滞港费超出货值,或者货主明确表示弃货的情况下,港口/承运人可能会根据当地的法律对货物进行拍卖以冲抵滞箱费/滞港费。如果拍卖所得不足以冲抵滞箱费/滞港费,港口方和承运人还可能会进一步向发货人或收货人请求追偿。

(三)滞箱费/滞港费对贸易的影响

理论上目的港的滞箱费/滞港费应由买方支付,卖方不会因此受到损失。但是如果货物滞留的时间较长,滞箱费/滞港费金额较高时,将导致买方增加巨额成本。为避免损失,买方可能会寻找各种理由终止履行合同,比如主张货物品质不合格等。因此,在发生高额滞箱费/滞港费时,往往会引起贸易合同的履行受阻。

三、风险启示和建议

从以上分析可知,虽然及时提取货物是买方的义务,滞箱费/滞港费也应由买方承担,但是卖方仍可能因此而遭受损失。为避免和减少损失,中国信保提出以下几点建议供出口企业参考。

(一)关注货运信息,及时通知买方,并关注买方是否及时提货

不论贸易术语是CIR/CFR还是FOB,出口企业都应关注货物运输的信息,包括装船日期、船期等信息,及时将货物出运时间和预计抵达目的港的时间通知给买方,并跟踪买方提货情况,以免因货代/船代/港口或买方自身的疏忽而未能及时提取货物。

(二)申请延长免箱期/免堆期

如出现不可控制的原因导致无法及时提取货物,比如遭遇港口罢工、军事暴乱等情况,可向船公司/港区提出申请延长免箱期/免堆期。例如在本案中,收货人声称是由于疫情的影响,代理没有及时通知他们去提货导致货物被长时间堆放在港口。全球疫情是一个非常特殊的情况,可以尝试向船公司/港区申请延期,从而降低损失。

(三) 及时处理货物，避免损失扩大

发生买方因不愿承担高额的滞箱费/滞港费而拒绝提货的情况时，如果买卖双方很难在短期内达成协议，考虑到滞箱费/滞港费会持续产生的特点，建议出口企业积极介入，及时处理货物。如缺乏相关经验，建议尽早向中国信保报损，请专业的理赔人员介入协助处理，以避免损失扩大。

危石险礁江中起

——防疫物资预付款采购的风险暗流

四川分公司 罗谦益

摘要：新冠肺炎疫情爆发后，受疫情防控需要及企业停工停产叠加影响，全球防疫物资需求急剧增长，供需市场不平衡显著加剧，产品价格瞬息万变。国内进口商在向海外供应商采购防疫物资时，往往需要全额支付预付款供应商才会发货。特殊时期我国进口商面临的预付款损失风险显著放大。本文通过对国内某防疫物资进口商预付款业务出险案件进行分析，对国内其他进口商在开展预付款业务时的风险防范提供启示与参考。

一、暗流涌动，进口商采购多风险

2020年初，随着新冠肺炎疫情的突然爆发，医用口罩、额温枪等防疫物资一时间成为了市场上最为紧缺的产品。2020年2月，国内某进口贸易企业A为配合当地疫情防控需要，积极响应防疫物资进口倡议，与巴基斯坦供应商C取得联系，提出向其采购医用口罩200万个、额温枪1万支。

当时，正值防疫物资处于强大的卖方市场中，巴基斯坦供应商C自然拥有了谈判的话语权。虽然A公司多番争取，供应商C依旧坚持需要收到全额预付款才会发货。无奈之下，A公司还是在2月全额预付了全部合同款项，金额共计88万美元。

就这样，尽管知道全额预付所面临的款项退还、足额发货等情况的不确定性，也明白巴基斯坦当地信用及法律环境存在的风险，A公司还是悬着一颗心步入了预付款采购的暗流中。

二、危石嶙峋，预付款交易触暗礁

由于对货物的需求紧急，加之所暴露的风险较大，A公司在支付预付款后便开始催促供应商C尽快发货。但在疫情不断蔓延的大背景下，这笔交易从一开始就面临着各种各样的难题：巴基斯坦疫情管控措施导致短时间完成生产备货困难重重、大批量采购对保证产品质量提出较高挑战、封港封国政策对及时进行物流运输造成阻碍，大小危石遍布在这笔交易的洪流中，或明或暗。

果然，3月，当A公司收到供应商C发出的货物后，一时间傻眼了：原定采购的200万个口罩数量明显短缺；口罩品牌千差万别、质量参差不齐；合同约定的1万支额温枪竟然一支也没有收到。A公司一直担心的事情最终还是未能幸免：交易触礁了。在多次与供应商C协商退款未果后，A公司及时向中国信保通报可能损失。

三、岸阔潮平，中国信保赔偿损失

收到A公司报损后，为维护国内企业权益，中国信保迅速开展调查和催讨工作。

疫情发生后，由于出境限制、居家办公等防控措施限制，A公司一直难以和供应商C取得有效联系。但借助遍布全球的合作调查机构，中国信保委托巴基斯坦当地合作律所，采取了电话、邮件、实际走访等方式，最终与供应商C取得了联系。

在与供应商C的现场会谈中，供应商C一方面承认未向A公司交付合同约定的1万支额温枪，另一方面对A公司提出的数量短缺却没有明确确认，只是表示具体差额需要核定后才能知道。同时，供应商C也以资金困难以及金额需要核实为由，不配合退还预付款。与此同时，由于未收到全部购买的货物，而支付的预付款也迟迟未能退回，A公司的销售及财务状况愈发紧张。

为了使A公司的损失尽快得到补偿，保障国内企业的合法权益，中国信保结合海外律所的调查情况，对出口企业的损失进行了及时理赔处理，终使得 A 公司历经湍流险滩，驶入岸阔潮平。

四、启示与思考

上述案件，虽然是在疫情特殊背景下的特殊贸易，但国内进口商的预付款交易风险仍然屡见于国际贸易中。加上"黑天鹅"事件越来越频繁地发生在我们所处的世界，本宗预付款案件的处理依旧值得我们总结借鉴。

（一）重点关注供应商资质

疫情以来，实体经济遭受冲击，对各国企业的经营销售、财务状况均带来考验。因此，在国内进口商采取预付款方式开展贸易时，一定要关注海外供应商的资质及信用状况。如果进口商对海外供应商资质存在疑虑，可借助中国信保的资信调查服务进行查询。

（二）严格约定发货退款条件

在合同中明确约定供应商发货的时间、退还预付款的条件及期限，是国内进口商维护自身权益、保障预付款安全的重要一环。实际操作中，由于预付款业务中的供应商往往较为强势，或者采购物资时间紧迫，进口商往往在合同签订环节忽视了对上述条款进行严格的约定，以致对后续要求供应商发货退款造成困难。因此，建议进口商在合同商定环节务必注意明确发货及退款的时限及条件。

履行使命　勇于担当　积极支持医疗防疫物资进口

侯复新

摘要： 2019年末至2020年初，新冠病毒在我国武汉悄然出现并蔓延。中国信保作为政策性金融机构，在这场全面抗击新冠肺炎疫情的伟大斗争中积极履行职能、承担风险，为我国医疗企业全球采购防疫物资提供保险保障。

一、案情介绍

2020年2月初，我国新冠肺炎疫情防控正在最危险、最艰难的阶段，中国信保运用遍布全球的资信网络及企业信息库，春节期间加班加点梳理摸排全球主要医疗产品供应商及联系方式，并将相关信息及时分享给有需要的企业。此时国内医疗防疫物资紧缺，急需专业防护口罩、防护服等产品，某大型制药集团积极寻找货源，准备从土耳其采购一批专业防护口罩及防护服。中国信保获悉前述情况后连夜开展工作，用最短时间为被保险人办理保单签发、供应商资信调查、信用限额审批等一系列工作，支持企业在一周之内锁定货源，完成合同签订及货款预付，并要求供应商空运发出了合同项下的货物。

二、风险处置经过

由于疫情来势凶猛，物资紧缺，时间就是生命。在这一阶段我国向海外采购防疫物资的企业几乎都争分夺秒签订合同并全额预付货款，在这个过程中部分企业对合同条款细节、货物明细情况等疏于掌握，而这也给国外的一些不法企业提供了可乘之机。

被保险人收到货物后发现，供应商提供的防护口罩不仅与双方前期沟通确认的具体型号不一致，而且所有货物均已过使用有效期，部分产品包装甚至已经发黄、霉变，无法使用。被保险人立即向国外供应商进行申诉，要求对方重新发运合格产品或退款退货，但对方却无视我国企业的合理要求，一直狡辩和推脱责任。

中国信保获悉情况后，一方面，第一时间介入向该国外供应商施压，要求对方更换合格货物或退款，但对方仍然耍赖，拒不配合。另一方面，由于防疫物资极度紧缺，在已没有其他采购途径的情况下，被保险人收到的部分货物经权威机构检测，在确认质量合格，仍可达到标称防护指标的前提下，按照相关要求调配至除医疗机构外的其他抗疫一线部门使用。

疫情危难关头，中国信保始终坚定地同被保险人站在一起，在国内外法律渠道、调查追偿渠道的协助下，经过不懈努力，最终克服了本案贸易关于合同条款瑕疵、法律适用、损失核定等多方面的难题，顺利完成定损核赔，为被保险人弥补了损失。

三、启示及建议

（一）企业要注意加强合同管理

贸易合同是现代企业商务交往过程中的核心和基础性文件，从流程来看，贸易合同的签订往往只是企业交易行为的开始，后续还有合同的履行、维护、货款确认、售后保障等一系列工作，这些工作能够得以顺利开展的基础都依托于贸易合同内容本身。可以说，贸易合同确定了交易的目的并规范了交易主体间的各项权利义务关系、为一系列企业行为提供了约束或保障。

在贸易实务中，有的企业能够通过建立完备的合同管理体系来加强对贸易行为的全流程控制，较好地规避风险，保障自身权益。而有的企业则因为合同的签订及管理较为粗放，或因为一些特殊原因忽视了贸易合同的重要性。假如签订了内容有明显漏洞或权利义务约定显失公平的贸易合同，无疑可能使遇险企业处于十分不利的地位。我们建议，企业在任何情况下，在签订贸易合同之前都应审慎全面地订立或研读合同条款，尽可能公平、完善地约定合同主体间权利义务，为各方顺利执行合同提供坚实的基础。

（二）遭遇贸易风险时要及时抗辩并妥善留存书面证据

在国际贸易过程中，当遭遇买方信用风险时，出口企业应保持沉着冷静，仔细分析情况并采取合适的应对措施，例如，当进口企业遭遇卖方恶意违反贸易合同约定提供不合格货物，或出口企业遭遇买方恶意提出纠纷或拖欠货款时，企业应第一时间审视贸易合同的相关约定并组织材料，有理有据地提出书面抗辩，同时妥善留存抗辩过程中的各类证据材料。

（三）积极运用中国信保相关产品保障自身合法权益

如果说一个外贸企业在国际贸易的汪洋大海中看起来像是一叶孤舟，那么为成千上万家外贸企业提供服务的中国信保就是一艘巍巍巨轮。开展国际贸易的企业应该充分了解中国信保的相关产品并结合自身业务实际积极运用，这样，企业在开拓国际市场的过程中将不再孤军奋战，而是可以借助中国信保的专业力量更好地把握机遇，应对各种潜在的风险挑战，最终赢得更加广阔的市场和商机。

小微企业面对买方破产案件的启示

深圳分公司 刘 淼

摘要： 本文以一宗香港大型服装公司破产，给中国出口企业带来损失的典型案例，详细分析面对香港传统零售行业风险高发，中国信保向出口企业及时通报风险、指导债权登记、帮助企业弥补经济损失的具体过程，为出口企业后续应对买方破产风险以及如何有效处理风险等方面提供经验和启示。

一、案件背景

在很长一段时间里，香港作为亚洲服装集散地及购物中心，是世界上主要的成衣出口地之一。目前，随着制造业外流及国内经济的快速发展，具有先天地缘优势的深圳，通过香港了解国际服装市场动态，承接了大量的服装生产业务，再出口到香港地区，日渐成为国内服装产业最发达的城市之一。

近年来，在电商的不断冲击下，不少品牌发展基本停滞甚至退出香港市场。雪上加霜的是，2020年在新冠肺炎疫情的持续影响下，香港地区的大量公司扛不住压力，走上了破产、清算的道路，其中首当其冲的就是服装制造业。

二、案件详情及处理过程

深圳出口企业 A 公司向中国信保投保了小微企业信用保险。中国信保与 A 公司沟通后发现，A 公司在 2008 年即与一家香港的大型时装公司建立业务往来，年度贸易规模约为95万美元，主要贸易产品为服装，货物在深圳生产，经香港发往英国。

过去香港买方一直付款及时，然而2020年A公司与香港买方签订赊销合同，买方提货后一直未支付货款。经了解，买方濒临倒闭。A公司立即向中国信保报案，并提供索赔单证材料。

接到A公司报案后，中国信保通过委托香港当地律所介入得知，买方清盘人仅为A公司登记了几万美金，与A公司报案的三十多万美金存在很大差异。对此，中国信保与A公司、买方清盘人多次沟通后发现，买方清盘人将A公司的境内母公司、境外子公司分别记账，而A公司仅提供了以其境内母公司名义签署的授权文件。在中国信保的强烈要求下，买方清盘人表示会更正A公司的登记金额。两周后，买方清盘人通知中国信保，A公司的登记金额与A公司向中国信保报案的金额一致。根据该通知，并结合A公司签署的保单及履约情况，中国信保按照保单约定的单一买方赔付上限，及时向A公司进行了赔款补偿。

三、启示和建议

通过上述案例，可以看到出口企业在投保了出口信用保险之后，规避了买方破产给企业带来的收汇风险，极大缓解了公司的经济压力。结合该案例处理过程，中国信保在此提出以下建议：

（一）出口企业应选择尽量安全的结算方式，并加强收汇跟踪；

（二）出口企业应规范合同签署及业务操作，在合同中对于结算方式、买方弃货等内容进行明确约定，并严格按照合同进行业务操作，不轻易变更结算方式、不随意放货；

（三）出口企业应密切关注目的国情况，积极跟踪已出运获取的物流信息。在获悉买方或其所在国的风险异动信息时，要及时与货代、船公司咨询沟通，针对变化准备减损工作；

（四）出口企业应了解国外的破产法律制度，获悉买方破产时应当按照要求及时登记破产债权，积极准备债权证明文件；

（五）出口企业应投保出口信用保险，并与当地的中国信保保持密切沟通，在风险发生的第一时间联系中国信保。

小微企业如何应对合同变更风险

广西分公司　游柳宁

摘要： 国际贸易实务中，交易双方在签订贸易合同后，如需对交易安排或付款事宜发生变更，往往会选择邮件、电话、会谈等方式进行。而留存与合同变更相关的书面文件，对于后期发生买方拖欠、买方拒收或买方破产等贸易风险时，确认保险责任及债权债务金额具有十分重要的意义。但部分小微企业在出口贸易实践中经常由于种种原因忽视书面证据的留存，埋下了风险隐患。本文通过一宗小微企业出口案件，对出险后变更合同付款方式的风险点进行提示。

一、案情介绍

2020年3月，国内出口企业C向国外买方Y分批出口价值8万美元的鱼苗，Y收货后仅支付了3批次鱼苗货款，价值3万美元。面对Y的恶意拖欠，2020年4月，C公司按照保险合同要求向中国信保提起索赔申请。经了解，C公司是一家从事水产养殖的小微出口企业，已经连续两年投保"小微信保易"。

二、案件处理

中国信保在接到报案后，第一时间指导C公司准备理赔资料，并立即启动案件调查追偿程序。在审核案件材料时，中国信保发现合同原记载支付方式为款到发货。针对这一问题，中国信保立即与C公司核实情况。C公司表示，交易过程中Y曾经通过电话沟通，双方协商后将合同原定的预付款方式改成了到货后即付款。渠道介入调查后反馈，Y承认与C的交易事实及收货，面对渠道关于欠款金额和合同支付方式变更为货到付款一事的问询未提出异议，称拖欠C货款是由于终端买方没有及时足额支付货款。为此，渠道根据Y提供的信息联络了终端买方，终端买方向渠道提供了已支付给Y的付款水单。面对渠道的进一步询问，Y选择回避追讨。

中国信保结合案件审理和勘查情况后分析：Y在中国信保渠道介入调查后，承认贸易事实，承认接收货物，对付款方式从款到发货变更为货到付款未提出异议，未否认欠款金额，并指出欠款系因下游买方不付款导致，渠道勘查情况已可基本印证合同支付方式变更的事实，买方信用风险明显。最终，中国信保按照买方拖欠损因，对出口企业8票货物损失承担了保险责任。

三、风险启示与建议

本案是出口企业忽视风险管理，在没有书面确认的情况下进行合同变更的典型案例。回顾整个案件，如果没有中国信保在出险后及时的介入，没有海外渠道尽职尽力的调查，最终的结果可能会令人遗憾。小微企业在对外贸易中，除了做好事前对买方的资信调查，事中对合同条款的把控，还应在合同签订及出运后对后续与买方的沟通保持足够的风险敏感性：

1. **严格履行合同**

若因为不可抗力原因导致出口企业无法按照合同约定及时发货，应在出运前与买方充分沟通，留存沟通记录，保护自身权益。

2. **沟通要注意保留书面证据**

重要沟通事项如涉及变更付款方式、路径或货物描述等一定要通过签订补充合同或以正式邮件沟通的形式与买方确认，留下书面证据以备不时之需。

3. **出现异常要及时与买方核实原因，不要抱有侥幸心理**

本案中，贸易双方原先合同约定款到发货，是比较保守的贸易方式。交易前，买方通过电话与出口企业约定付款方式由T/T更改为OA，出口企业认为买方在支付历史3批次货款时都比较准时，此次调整为赊销不会产生很大风险，抱着侥幸心理进行了支付方式的变更。但是后续买方借口终端客户没有足额支付货款，对剩余账款进行拖欠。若一开始出口企业能够坚持按照合同原约定付款方式，或采取逐步尝试放宽支付方式（如先尝试调整为 LC 或 DP 交易），有一定合作历史后再放开赊销交易，可能就会避免买方恶意拖欠受到损失。

老买家未必真君子　控风险切忌久拖延

河北分公司　林　青

摘要： 在国际贸易实务中，出于对长期合作产生的信任，国内出口企业往往容易忽略老客户的信用风险。但商场无兄弟，利益总优先。因长久合作带来业务量递增，但老买家一旦失信，可能直接导致出口企业遭受重创，轻则账面资金短缺，重则资金链断裂，经营难以为继。中国信保在处理案件的过程中，多次遇到类似情况，本案例就是其中一个典型代表，希望给出口企业带来启示和借鉴。

一、基本案情

2017年3月至4月，河北纺织品出口企业M公司按照与香港买方Y公司的合同约定，陆续向意大利发送2票货物，总金额9.4万美元，约定支付方式为D/P40天。

Y公司提货后，以到手货物尺码、颜色不全为由，要求M公司继续出货。考虑到双方合作已近3年，且确有后续交易约定，M公司安排第3票货物出运，金额2.8万美元，该票货物于2017年6月到港。M公司在货物到港前后多次要求买方如约付款，买方始终以资金紧张为由要求暂缓提货和延期支付。

3个月后，买方改口称由于滞港费用过高拒绝提货。2017年11月，M公司向中国信保报损，此时Y公司已基本不再回复M公司的催款邮件。

二、调查处理

收到M公司报损后，中国信保立即开展调查追讨，反复向Y公司质询。Y公司拒绝回应前2票货物的付款情况，并称M公司最后1票存在迟出运行为，且货物未按要求分类，因此拒绝提货，但始终未就其主张进行举证。沟通中，Y公司态度恶劣、拒绝配合工作。从M公司与Y公司的邮件记录可看出，Y公司提货意愿不强，且反复找各种借口回避提货及付款义务。

鉴于前2票出运货物属拖欠，同时第3票拒收滞港货物已缝入Y公司订制的标志，无法转卖，且截至2018年1月货物滞港费用已近4万美元，考虑到继续拖延将导致滞港费用大幅增加，在中国信保协调下，2018年2月，M公司与Y公司达成折扣金额为4.5万美元的和解方案，约定M公司先将第3票货物放单给Y公司，Y公司支付滞港费用后提货，并在提货后1个月内付清货款。在中国信保和海外渠道的反复催促下，买方于2018年4月提货，并于2018年6月支付了折扣后的剩余货款5.5万美元。

三、案件启示

（一）风险暴露后，务必审慎开展新交易

在上述案件中，前两票货物收货后，买方实际上已经出现了拖欠货款现象，且明确表示存在资金紧张问题。一般对于资金紧张的企业而言，继续扩大交易量只会导致资金更为短缺。在这种情况下，处理库存、回笼资金才是第一要务。如果买方提出同类货物的新交易需求，就显得尤为可疑，存在拖延时间、蓄意低价要货的嫌疑。

对于资金紧张的老买家，即使有足够证据确定交易稳定存续，出口企业也应要求买方预先结清前期交易货款，方可继续开展新业务，以防止买方出现资金崩盘、逃匿或破产清算等状况，否则交易扩大只会带来更严重的损失。

（二）发生拒收后，第一时间积极协商解决

中国的出口企业多信奉"以和为贵"，在面临国外买方特别是合作多年的老客户拖欠、拒收等信用风险时，出口企业往往觉得抹不开面子、怕伤感情，仿佛催款和磋商是对友谊的莫大损害。须知与人方便的底线是自

身利益不受根本损害,面对买方已失信的情况,唯有第一时间协商解决,才是交易双方互相之间最大的尊重和善意。

对于拒收事件来说,时间就是生命,时间就是金钱。由于货物吞吐量巨大而港口资源有限,港口方对于货物逾期堆放有严格的时间限制和以天数计的高昂超期费用。早日确定解决方案、买方早日提取货物,这是避免扩大损失的最优选择。

(三)遭遇风险后,借力中国信保降损止损

中国信保作为专业的出口信用保险机构,全面把握全球各国风险动向,具有丰富的案件处理经验,能够为出口企业提供针对性的解决方案和参考建议。同时,中国信保拥有庞大翔实的全球买方资信数据库,掌握着全球各个国别的出口信息和风险动态,并拥有庞大的海外渠道资源,从而使国外违约买方无所遁形。

对出口企业而言,风险发生后及时向中国信保报损和索赔,是通过专业的保险理赔尽快确认债权从而获取资金回笼的最优途径,也是把控风险最专业和最高效的选择。